权威·前沿·原创

皮书系列为
"十二五"国家重点图书出版规划项目

郑州蓝皮书
BLUE BOOK OF
ZHENGZHOU

2014 年
郑州文化发展报告

ANNUAL REPORT ON DEVELOPMENT OF ZHENGZHOU'S
CULTURE (2014)

主　编／王　哲
执行主编／常旭东　赵　君　许颖杰

社会科学文献出版社
SOCIAL SCIENCES ACADEMIC PRESS（CHINA）

图书在版编目（CIP）数据

2014 年郑州文化发展报告/王哲主编.—北京：社会科学文献
出版社，2014.9
（郑州蓝皮书）
ISBN 978 - 7 - 5097 - 6494 - 7

Ⅰ.①2…　Ⅱ.①王…　Ⅲ.①文化事业 - 发展 - 研究报告 -
郑州市 - 2014　Ⅳ.①G127.611

中国版本图书馆 CIP 数据核字（2014）第 216075 号

郑州蓝皮书
2014 年郑州文化发展报告

主　　编/王　哲
执行主编/常旭东　赵　君　许颖杰

出 版 人/谢寿光
项目统筹/邓泳红　高振华
责任编辑/高振华

出　　版/社会科学文献出版社·皮书出版分社（010）59367127
　　　　　地址：北京市北三环中路甲 29 号院华龙大厦　邮编：100029
　　　　　网址：www.ssap.com.cn
发　　行/市场营销中心（010）59367081　59367090
　　　　　读者服务中心（010）59367028
印　　装/北京季蜂印刷有限公司

规　　格/开　本：787mm × 1092mm　1/16
　　　　　印　张：18.75　字　数：300 千字
版　　次/2014 年 9 月第 1 版　2014 年 9 月第 1 次印刷
书　　号/ISBN 978 - 7 - 5097 - 6494 - 7
定　　价/65.00 元

皮书序列号/B - 2008 - 084

郑州蓝皮书编委会

《2014 年郑州文化发展报告》
撰稿人名单

（按文序排列）

赵　君	李兴志	王凯歌	王玉亭	郭　艳
宋艳琴	全　丽	刘晓慧	杨　华	董　娣
赵向忠	程大峰	孙晓燕	连建功	李燕山
范红娟	余　波	杜学霞	马洁华	张晓丽
秦海敏	熊项斌	熊　壮	史　蕊	罗来军
李秀清	刘涛	高云	李桂玲	周　颖
王丹妮	马志辉	王永峰	吴　静	郭金秀

摘　要

《2014 年郑州文化发展报告》是在中共郑州市委宣传部指导下，由郑州市社会科学界联合会、郑州市社会科学院组织编写的第六本年度区域性文化发展报告。

本书由总报告、分报告、专题研究、个案研究和大事记 5 部分构成。其中，总报告是全书的核心和统领，全面回顾和总结了 2013 年郑州文化发展的重大业绩和成功经验，综合分析了在十七届六中全会和十八大及中原经济区建设的背景下，郑州文化改革发展的经验与成绩，并提出了 2014 年文化改革发展的建议。分报告围绕文化建设的不同领域就重大问题和重要工作形成年度发展报告。专题研究围绕郑州现代文化市场体系建设、文化产业园区发展、文化产业创新能力提升、文化遗产的数字化保护、文化产业投融资现状、文化产业的促进机制建设等方面进行全方位、多角度的分析研究，提出了具体可行的研究建议。个案研究选取了郑州市群艺馆"情韵郑州"文化活动、郑州卧龙游乐设备有限公司与新密玉文化产业发展等成功典型和特色个案进行分析介绍。大事记详细记载了 2013 年郑州文化建设中的要事、大事。

本书以翔实的资料数据、客观的动态研究，较为全面地反映了 2013 年郑州文化发展的基本情况，既有对郑州过去文化发展的回顾和总结，也有对未来文化发展的展望；既有对郑州文化产业发展形势的宏观分析，又有对文化产业不同行业的权威性年度报告；既有典型个案分析，也有理论视野的专题研究，有较强的权威性、针对性和可读性，为政府进行科学决策、加快推进文化发展提供了理论依据，是郑州文化领域中一项重要的科研成果。

Abstract

Annual Report on Development of Zhengzhou's Culture (*2014*) is the sixth annual regional report by Zhengzhou Federation of Social Sciences Circles and Zhengzhou Academy of Social Sciences, under the direction of Propaganda Department of the CPC Zhengzhou Committee.

This book consists of five parts: general report, division reports, special researches, cases studies and chronicle of events. The general report is the core of the book, it presents a whole review of the outstanding achievements and the successful experiences in Zhengzhou's cultural development during the year 2013. And it gives a comprehensive analysis on the experiences and successes of Zhengzhou's cultural development, that is under the new situation of carrying out the spirit of the sixth plenary session of the seventeenth party central committee and the eighteenth National Congress of the CPC, of constructing Zhongyuan Economic Zone. Also it gives the advices of Zhengzhou's cultural reformation and development in the future. In the division reports of the book, they give annual reports on important issues and works in different fields of Zhengzhou's cultural development. The special reports present analyses, researches and feasible proposals from all angles, which are about the construction of a modern cultural market system, the development of Cultural Industry Park, enhancing the innovation ability of Cultural industry, digital protection for cultural heritage, the present situation of investment and financing in cultural industry, cultural industry promotion mechanism etc. Cases studies analyze and introduce some successful and typical cases in Zhengzhou's cultural development, such as, Zhengzhou Art Museum " charm Zhengzhou " cultural activities, Zhengzhou Wolong Amusement Equipment Co. Ltd. and the development of Xinmi jade cultural industry. Chronicle of events record the big and important events which happened in the year of 2013 in Zhengzhou cultural development in detail.

The report reflects fundamental state of the development of Zhengzhou's culture in 2013. It offers the review of the development of Zhengzhou's culture in the past, and also the prospect of the cultural development in the future. In the book, there are macroscopic analyses to Zhengzhou's cultural industry, and also authoritative annual reports on different cultural industries. There are typical cases studies, and also special topic studies. The report is authoritative and readable. It offers the theoretical basis to the government's policy-making, which is an important research findings in culture fields of Zhengzhou.

目 录

ⅢB Ⅲ　专题研究

B Ⅳ 个案研究

B Ⅴ 大事记

皮书数据库阅读 使用指南

CONTENTS

B I General Report

B II Division Reports

ßⅢ Special Reports

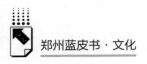
B IV Cases Studies

B V Chronicle of Events

总 报 告

General Report

B.1

郑州文化建设在巩固调整中
保持快速发展态势

赵 君 李兴志*

摘 要：

本报告以2013年郑州市文化改革发展的重要事件为主线，总结和分析了文化体制改革、公共文化建设、文化遗产保护、文化产业发展等方面取得的成绩和进步，认为在全面贯彻落实党的十八届三中全会的形势下，文化改革发展工作还存在一些突出问题，要在全面深化文化体制改革、转变文化发展方式、推进文化内容创新和文化聚集发展等环节加大工作力度，进一步加快文化强市建设，促进文化科学发展。

关键词：

郑州 文化 改革发展 工作建议

---

* 赵君，郑州市社科联主席，社科院院长，研究员；李兴志，郑州市互联网信息办公室副主任。

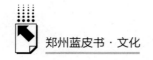

2013～2014 年，在深入贯彻落实党的十八大和十八届三中全会精神的进程中，全国改革发展进入新时期。郑州文化改革发展工作在市委、市政府的正确领导下，也进入新的阶段。总的基调是文化改革发展各项工作在巩固完善中不断提高，保持了深入推进、加快持续发展的好势头。

一 2013 年文化呈现繁荣发展的良好势头

（一）着力巩固成果，文化体制机制进一步完善

一年来，按照中央和省委文化体制改革搞好"回头看"、促进完善提高的总要求，全市文化体制改革深入推进，进一步促进了文化管理体制和文化单位经营机制创新，进一步激发了文化单位发展活力。

1. 把文化改革发展工作纳入政府目标考核体系

文化建设是"五位一体"的国家建设发展的重要方面，以科学发展观为指导，落实党的十八大和十八届三中全会精神，文化改革发展必须纳入各级政府目标考核体系。2013 年，省政府印发《2013 年省辖市文化改革发展主要目标任务考评认定标准》和《2013 年文化改革发展主要目标任务考评工作方案》，明确了各省辖市文化改革发展的考核内容。按照省政府要求，郑州市出台了《2013 年度政府目标管理工作方案》，将文化改革发展工作任务列入市政府对各县（市）区、开发区的目标考核体系。这标志着市政府对文化改革发展工作考核管理的重大变化，必将进一步加强各级政府对文化改革发展工作的领导，加快文化改革发展各项工作。

2. 完善非时政类报刊出版单位改革工作

加快对 2012 年转企改制的郑州百花园杂志社和郑州广播电视报社各项改革措施和配套政策的落实，加快完善经营机制，建立现代企业制度。郑州小小说文化传媒有限公司建立健全了董事会、监事会和编委会，与全体在职员工签订聘用合同，建立完善的岗位责任制。按照市政府非时政类报刊出版单位改革配套政策，落实 5 年内政府采购《百花园》、《小小说选刊》、《郑州广播电视报》每期 2 万册，发放到机关、学校、社区书屋及农家书屋等。2013 年第一批采

购财政资金郑州小小说文化传媒有限公司 288 万元、郑州广播电视报社有限公司 208 万元于 9 月底到位，为转制后文化企业的顺利平稳过渡提供了保障，也免费为市民群众提供了优秀的文化产品。同时，市文改办、市财政局、地税局、国税局联合发文，对全市第一批 10 家市属转制文化企业进行了认定，落实享受税收优惠的有关政策。

3. 继续推进了新闻单位体制机制的改革创新

一是积极推进电台、电视台合并。按照市委和市编委的要求，学习借鉴天津、太原等地电台、电视台两台合并改革的经验做法，研究制定了郑州人民广播电台、郑州电视台合并改革的工作方案。同时，郑州人民广播电台、郑州电视台进一步剥离经营性资产，加快经营机制创新和产业发展。二是郑州日报社进一步完善内部治理结构，理顺郑州报业集团的经营体制，加快郑州日报社印刷厂的改革，大幅提高了经营效率，促进了报业集团多元化经营发展。

4. 深化了出版发行单位管理体制和经营机制改革创新

理顺了省、市对郑州市新华书店的管理体制，理顺了产权关系，单位整体移交给中原出版传媒投资控股集团公司，并入其控股的上市公司"大地传媒"，实现了整体上市。按照上市公司的要求，郑州市新华书店进一步创新了内部经营管理机制。

（二）着力务实惠民，公共文化服务体系建设实现新突破

坚持以公共文化惠民利民为着力点，以创建国家公共文化服务体系示范区为载体，积极推进城乡公共文化一体化发展，积极推进重大公共文化服务工程建设，全市公共文化服务能力和水平得到不断提高。

1. 成功创建国家公共文化服务体系示范区

2012 年以来，郑州市按照统筹城乡、突出重点、注重特色、提供示范、惠及全民的总体思路，对照中部地区国家公共文化服务体系示范区创建标准的六大部分 29 项 72 个工作指标，全市动员，大力创建，共投入 20 多亿元用于新建、改建和提升文化馆、图书馆、群众艺术馆等公共文化服务设施，基本实现了全市四级公共文化设施网络的全覆盖，提高了全市公共文化的影响力和人民群众的幸福指数，较好地满足了人民群众日益增长的精神文化需要。2013

年11月6日，文化部、财政部在上海召开国家公共文化服务体系示范区创建工作会议，对第一批示范区创建工作进行总结表彰，郑州市作为第一批示范区创建城市被命名为"国家公共文化服务体系示范区"，这标志着郑州市自2011年开始的创建工作取得圆满成功，也标志着郑州市以文化惠民为核心内容的公共文化服务体系建设进入一个新阶段，为进一步提升全市公共文化服务水平打下了坚实基础。

2. 重点公益文化阵地和项目建设加快推进

一是加快推进现代传媒中心建设。郑州现代传媒中心主要包括郑州广电中心（新）、郑州广播电视发射塔（新）和中原报业传媒大厦项目，在市委、市政府和市委宣传部的大力推进下，健全了工作领导班子，完善了工作方案，确定了项目选址，加快推进了规划、立项等前期工作以及资产置换环节的评估工作，进一步明确了项目建设规模、功能、资金来源等问题。二是郑州报业宣传阵地得到大幅巩固和加强。2013年4月，《郑州晚报》社区报创刊，第一张社区报"金水　郑东金版"问世，这是河南省首份社区报，也是中部六省第一份社区报。《郑州晚报》社区报覆盖郑州7个县（市、区），加上主报，《郑州晚报》发行总量近90万份。5月，中原网改版并与广大用户正式见面，全面优化了网站页面风格、内容选择和用户体验，提升了用户体验，增强了用户黏度，提升了影响力。2013年底，中原网"心通桥"获得中国新闻奖一等奖，这是2013年唯一获此殊荣的地方网站。

3. 文化惠民工程惠及广大市民

郑州市图书馆新馆总投资6.1亿元，设计藏书量240万册，2013年底全面开放，成为郑州新的文化地标。在2013年度政府文化惠民实事项目中，新建、改建100个新型社区文化活动中心，新建200个公共电子阅览室，扶持100支民间特色队伍，培训1000名基层文化骨干。文化信息资源共享工程郑州支中心运行平稳，积极开展"共享工程精品资源展播"活动，播出文献纪录片、健康讲座等10余期，参与读者3000多人次。农村电影放映工程更新放映设备100台，完成每月每个行政村放映一场公益电影的目标，2013年已累计放映3582场，观影人员39万人次。全市205家图书馆、群艺馆、美术馆、文化站共开展讲座、培训、展览等活动1200多场次，受益群众达110多万人次。

（三）着力宏观调整，文化产业继续保持加快发展的好态势

1. 调整文化产业统计指标体系

按照十七届六中全会精神及国家和省政府要求，郑州市统计部门进一步完善了文化及相关产业统计指标体系，完善了统计范围，及时编印了《文化产业统计概览》手册。按照新的统计范围和统计方法，2012年，全市全社会文化及相关产业实现增加值236.73亿元，比2011年同比增长17.5%，占郑州市生产总值的4.3%。2008～2012年郑州市文化产业增加值由113亿元上升到236.7亿元，平均每年增长20.3%，高于同期郑州市生产总值的增长速度。全市文化产业增加值占全省文化产业增加值的比重稳定在25%以上，高于郑州市生产总值占全省的比重。2012年，郑州市文化产业对经济增长的贡献率达6.2%，比2011年提高2.7个百分点。全市文化产业总量进一步扩大，各项主要指标稳步发展，在一些领域和产品品牌上取得了新的突破和重大进展。

2. 调整文化产业扶持政策

一是着手制定促进文化产业发展的配套政策。为强调政策激励带动产业发展的作用，着手调研，通过学习借鉴党的十七届六中全会以来全国先进省市扶持文化产业发展的政策，完成了《关于加快文化产业发展的若干政策》的起草工作，文件对扶持文化企业发展壮大、推进文化产业集聚发展、鼓励发展内容产业、拓宽投融资渠道、拓展文化消费市场、激励文化人才创业等方面进行了详细规定，出台后必将大大地改善郑州文化产业发展政策环境。二是着手修订、完善市级文化产业发展专项资金管理暂行办法。按照国家、省、市关于加强专项资金管理的要求，参照郑州市新出台的《产业引导资金联席审批办法》，借鉴外地文化产业专项资金管理的做法，强化客观标准，减少评审的主观因素，对市级文化产业发展专项资金管理办法进行了全面修订，将专项资金的扶持范围、方式、程序等做了大幅调整，评审标准进一步公开透明。另外，有关单位还在抓紧制定《郑州市文化产业园区认定管理办法》，以推动文化产业园区提升规模和档次。

3. 加快推进重点项目建设

市级文化产业重点项目方特梦幻王国、郑州海洋生物博物馆（二期）、郑

州国际珠宝玉石博览园等进展顺利，石佛艺术公社产业园即将开工建设，白鸽文化创意产业园已经立项。加快国家动漫产业发展基地（河南基地）、金水文化创意园等园区建设，提升园区带动力、影响力，带动产业集聚发展。国家动漫产业发展基地（河南基地）入驻企业87家，其中郑州动漫企业14家，截至2013年11月份全市动漫产品有11部经国家新闻出版广电总局制作备案公示，总时长6870分钟。牢固树立大招商、招大商的思路，通过深圳文博会、杭州动漫节、中博会等项目招商活动，引导撬动社会资金300多亿元投入38个文化产业项目，为文化产业发展注入强劲动力。

艺术创作和文艺活动取得新业绩。郑州歌舞剧院的大型舞剧《水月洛神》2013年初获得文化部优秀剧目资助奖，10月份在第十届"中国艺术节"上获文华优秀剧目奖以及编剧、编导、舞美、表演等多个单项奖；舞蹈《手舞四季》、河洛大鼓《劝人要有好心态》获得全国群众文化政府最高奖"群星奖"。举办中国（郑州）国际街舞大赛，在国内外反响良好。成功举办了"郑州本土电影展映月"活动和"郑州本土电影展映月"活动，在中州索克影院展映电影8部，展映场次86场，7000多人次的观众走进影院，免费观看郑州本地电影，得到市民广泛欢迎，对引导健康文化消费起到良好的推动作用。

（四）着力传承创新，历史文化遗产保护工作进一步加强

郑州作为华夏历史文明传承创新区建设的重要核心区域，2013年，优秀历史传统文化保护传承取得新的明显进步。

1. 加强文物保护战略规划

按照国家对郑州市的定位，紧紧围绕实施郑州历史文化遗产保护展示利用"25101"工程目标（规划建设25个遗址公园、10座国有博物馆、1个郑州市文物保护科技中心），编制完成了《郑州大遗址片区保护利用战略规划》，该《规划》将郑州地区文物价值提炼为"四大核心价值"，即"东亚现代人出现到农业起源的核心地区、华夏文明起源与形成的核心地区、中国城市文明最早走向繁盛的核心地区、华夏传统文化体系形成发展与多元文化汇聚交融的核心地区"。以此为基础，制定了《"传承华夏历史文明，打造世界历史文化名城"三年行动计划》，着力围绕"四大核心价值"，打造"六大展示中心"，推进

20 个重点项目建设，加快推进郑州世界历史文化名城建设。

2. 文物保护重点项目加快推进

市委、市政府确定的"两园一中心"（郑州商城国家考古遗址公园、大河村考古遗址公园、郑州市文博展示中心）重点项目建设取得新进展。郑州商城国家考古遗址公园项目分期分批实施，城墙文物本体保护南城墙、东城墙南段工程已经完成，8 个节点已完成 3 项（东城门、内城东南城角、内城西南城角），5 个片区中商都博物院片区已启动拆迁工作，工程前期准备正在推进中。保护大河村考古遗址的《大河村遗址文物保护规划》国家文物局已批复，《大河村遗址公园规划》已编制完成。大河村遗址博物馆二期工程已经开工，包括遗址博物馆建设和陈列展览，新建房基遗址保护房正在施工，陈列展览正在进行内部装饰。郑州市文博展示中心项目已对博物馆建设内容进行论证，正在着手编制项目建议书。

3. 申报世界文化遗产工作取得新突破

中国大运河作为国务院批准的 2014 年中国申报世界文化遗产项目，郑州着力做好郑州段的工作，保证了包括郑州在内的沿线运河遗产于 2013 年 9 月迎接联合国教科文组织世界遗产专家现场评估验收，保证了 2014 年中国大运河申报成为世界文化遗产。郑州这方面的工作主要有建立机构、编制方案、维修本体、整治环境、展示标识、做好宣传报道等，为申遗成功奠定了坚实基础。如，在做好文物本体保护维修、环境整治及监测体系建设工作中，开展了惠济桥河段考古发掘工作，组织编制了《惠济桥保护维修及环境整治方案》，实施了保护整治工程；推进了大运河郑州段档案收集和档案中心建设，建立了遗产点监测系统，安装了视频监控防护设施，为郑州段的中国大运河遗产保护做出了积极贡献。

4. 文化遗产保护的基础进一步夯实

2013 年 5 月，国务院公布了全国第七批重点文物保护单位 1943 处，郑州市有 35 处上榜，全市国家级重点文物保护单位总数达 74 处（80 项），位居全省第一、全国前列。完成了全市第六批河南省文物保护单位和第三批郑州市文物保护单位的名单推荐和专家讨论。完成了《古荥城隍庙展示及环境整治方案》等 20 项文物保护单位保护规划方案的审核及报批工作。非物质文化遗产保护工作进一步加强。积极做好整理、评审省市级名录工作，目前全市国家级非物质文化遗产名录项目5个、省级项目40个、市级项目149个，编辑出版了《郑州非物质文化遗产》一书和《郑州非物质文化遗产邮票典藏》邮册。

二 郑州文化发展中存在的问题和差距分析

"十一五"到"十二五"期间应该是郑州改革开放以来文化发展得最好、最快的历史时期，郑州市文化事业、文化产业和文化体制改革都取得了较大进步和长足发展。但总体来看，文化建设发展整体上处于初级发展阶段，文化产业个别门类还处于起步和培育时期，按照郑州市委提出的各项工作"全国找坐标、中部求超越、河南挑大梁"的要求，与全国先进城市相比一些门类还很落后，与郑州市委明确的发展成为国民经济的支柱性产业定位相对照，还有很大差距，与郑州建设"大枢纽、大产业、大都市和中心城市"的要求还不相适应。主要表现在以下几个方面。

（一）文化整体发展不平衡，结构需要进一步优化

一是从地域上讲，县区不平衡、城乡不平衡。目前的情况是，城区要明显好于农村，城区的公共文化服务设施集中，条件好。农村的文化产品、文化市场、文化消费等要明显低于城市。而按行政区划的县区，金水区、登封市的文化产业发展要明显强于其他县区，这与文化发展的区位条件、资源条件有紧密关系。二是从产业门类讲，新兴文化产业占比偏低。据统计，2012年文化信息传输、文化休闲娱乐服务占全部文化产业的比重只有8.8%、4.1%，最能代表文化产业影响力的各类文化服务优势并不明显，特别是代表文化与科技相结合这一发展方向的、代表文化产业新兴业态的产业门类比重低。新兴文化产业比重偏低不利于产业结构优化和未来发展。三是文化消费市场体系不健全。郑州市文化产品市场相对单一，规模小、档次低，存在"小、散、乱"问题。资本、人才、技术、版权等文化要素市场还处于起步阶段，一些文化要素市场缺乏。

（二）文化经济总体规模不高，优势产业门类不突出

虽然近年来郑州市文化产业发展很快，但总体规模偏小。从文化产业增加值占全市生产总值的比重来看，2008～2012 年，郑州市文化产业增加值占全市生产总值的比重一直在 4.2% 左右摆动，2012 年虽然达到了 4.3%，与郑州市制定的目标——"十二五"末占到 7% 相比，差距大，发展压力大。长沙等省会城市的情况比郑州要好得多。2012 年，长沙文化产业增加值为 556.5 亿元，占 GDP 的 8.7%；杭州文化创意产业增加值为 1060.7 亿元，占 GDP 的 13.59%；上海文化创意产业增加值为 2269.7 亿元，占 GDP 的 11.29%；深圳文化创意产业增加值为 1150 亿元，占 GDP 的 9%。目前来看，郑州文化产业发展势头较好的门类如动漫、电影、工艺美术等效益也不高，在全国的影响力、竞争力并不强。动漫产业是这几年发展最快的门类，但多数漫画、动画片的质量不高，一些动画片制作完成后面临播出困难的问题；还有一些动漫公司依靠政府的扶持维持经营发展，没有找到很好的盈利模式和发展模式。

（三）文化原创能力差，竞争力不强

虽然郑州市近年来打造了大型舞剧《风中少林》、《水月洛神》等原创演艺产品，培育了"小樱桃"动漫品牌，文化创新、创意、创造出现了好的势头，但由于在体制机制、传播手段、运用高新技术、内容形式等方面创新不够，缺乏高层次文化人才，总体上讲文化原创能力还不强，群众喜闻乐见的、叫好又叫座的优秀精神文化产品不多。近年来，国内一些城市在自主创新方面取得了很大的成绩。如长沙创新推出了动漫、影视、出版等一批全国知名的文化品牌，培育了"电广传媒"、"拓维信息"、"天舟文化"等一批大型文化上市企业，文化产业高速发展，为近年来长沙市经济总量超越郑州做出了重大贡献。

（四）文化建设资金投入不足

文化建设发展同其他方面一样，也需要大量的资金投入，尤其是公共文化服务设施建设、公共媒体传播阵地建设都是政府必须直接投资的领域。比如，

从文化产业发展的角度来讲，全市文化产业总体上资金投入不足，没有形成全社会资本投资发展文化产业的局面。虽然文化产业发展了，总量提升了，对国民经济的贡献率提高了，但财政资金投入增长不快，一些方面的投资比重还下降了。据统计，2008～2012年，郑州市公共财政预算支出中的文化体育与传媒支出总量没有大的提升，文化体育与传媒支出占一般预算支出的比重没有上升，总体上是下降了，2008年、2009年、2010年、2011年、2012年的比重依次为2.41%、3.22%、2.16%、1.52%、1.55%。这5年，文化体育和娱乐领域固定资产投资额占全社会固定资产投资额的比重依次为0.88%、1.42%、1.39%、0.94%、1.09%。再者，全市文化产业投融资机制不成熟，民营文化企业融资渠道少、贷款难，相对来讲，北京、上海、杭州等城市比郑州要好。北京市文化管理部门与北京银行签订战略合作协议，为文化企业提供专项授信额度，并在北京银行创办了"北京文化创意产业金融服务中心"；上海、杭州等地也开发了与文化产业特征相结合的信贷产品。

（五）缺乏骨干文化企业，带动力不强

全市的文化企业总体上小、散、弱，处于粗放式经营阶段，尤其缺乏综合实力强的文化企业集团。在国有文化企业中，实现转企改制的郑州市影剧公司实力较弱，郑州市杂技团还没有成为合格的市场主体，甚至生存困难。郑州报业集团挂牌成立后，内部机制有待进一步理顺。郑州晚报有限公司、郑州中原手机报有限公司等新组建的国有文化企业，市场竞争力不强。一些发展势头很好的大型国有文化企业被省里收走。2008年郑州广电信息网络有限公司准备上市，已完成了尽职调查，被河南省有线网络集团公司收购；2013年，郑州市新华书店有限公司完成郑州购书中心的改扩建后，被中原出版传媒投资控股集团公司收购。民营文化企业发展处于自发状态，"小、散、弱"现象尤其普遍。近年来，周边省会城市在文化体制改革中，组建了一批核心竞争力较强的国有控股大型文化企业。合肥市组建了文广演艺集团有限公司，2010年收入2.06亿元；太原市组建了文化广播电视集团，2010年总体收入7.6亿元；西安市设立了曲江文化产业投资（集团）有限公司，注册资本42亿元。相比而言，郑州市没有大型国有及国有控股文化企业。

三 郑州市文化发展的前景及对策建议

十八届三中全会就我国全面深化改革做出重大决定，对包括文化体制改革在内的全面深化改革进行了总部署、总动员，其广泛性、深刻性前所未有，标志着文化改革发展进入全新阶段，郑州的文化改革发展也必将迎来一个崭新的局面。

（一）全面推进文化体制改革创新，充分激发文化发展活力

在前一轮文化体制改革的基础上，按照十八届三中全会的部署，制定了《深化文化体制改革实施方案》，列出了到 2020 年的一系列重要改革举措及工作项目，明确了路线图、时间表、任务书。郑州作为省会城市，要抓住新一轮文化体制改革的机遇，尽快制定郑州市《深化文化体制改革实施方案》，按照中央、省委的要求明确到 2020 年的重点改革任务，列出时间表、任务书和推进改革的责任主体，全力推进文化改革开放，全方位、高起点建设文化强市。这一轮改革应着力把握好以下几点：一是推动转制文化企业尽快建立现代企业制度。百花园杂志社、郑州广播电视报社、郑州市杂技团改革中人员安置的"老人老办法、新人新办法"政策要落实，转企改制单位的税收减免政策也要落实好，以此为基础，完善现代企业制度。二是继续深入推进广播电视体制改革到位。在广播电视体制上，要尽快组建郑州广播电视台，探索设立郑州广电传媒集团有限公司，大力推进郑州人民广播电台、郑州电视台内部管理机制创新，建立事业法人治理结构，大力推进郑州人民广播电台和郑州电视台的宣传与经营两分开和制播分离，创新广播电视节目制作机制和播出机制。三是支持郑州报业集团建立现代企业制度，完善内部经营机制，落实改革政策，鼓励其开展多元化经营和跨地区、跨领域、跨所有制经营，尽快使其成为支撑全市文化产业快速发展的重要国有骨干企业。加快推进中原网体制改革创新，形成市场主体，条件成熟时支持其上市发展。四是推进传统媒体与新兴媒体融合发展。互联网和数字技术的裂变式发展，带来了媒体格局的深刻变化，新兴媒体的快速发展对传统媒体造成巨大

冲击。要大力推进郑州广播电台、郑州电视台、《郑州日报》、《郑州晚报》与互联网新媒体融合发展，利用网络新技术创新传播方式，占领信息传播的制高点。五是完善文艺院团体制机制。保留事业单位性质的文艺院团和文艺研究机构，要尽快建立理事会制度，激发文艺研究创新活力。转企改制的文艺院团要建立现代公司制度，探索组建郑州演艺集团公司，独立自主地开展剧目的创作生产和市场推广，真正使国有文艺院团成为做强做大文化艺术产业的主力军。

（二）全面推进文化内容创新，建设社会主义核心价值观

文化改革发展的总体目标，就是要紧紧围绕建设社会主义核心价值体系、社会主义文化强国，巩固马克思主义在意识形态领域的指导地位，巩固全党全国各族人民团结奋斗的共同思想基础。这就决定了文化传播内容的极端重要性，内容的正确与否决定着文化发展方向，内容的文艺形式和传播方式决定着文化的影响力和吸引力。全面推进文化内容创新应着重把握好以下几点：一是把握好文化内容创新的正确性。要坚持社会主义先进文化前进方向，坚持以人民为中心的工作导向，坚持把社会效益放在首位，社会效益和经济效益相统一。二是处理好文化内容创新与市场传播的关系。发挥好市场的积极作用。十八届三中全会提出，经济体制改革的核心是处理好政府和市场的关系，市场在资源配置中起决定性作用。但要注意到文化的核心是内容、是意识形态、是核心价值观。文化有自身的特殊性，不能简单地把对经济领域提出的要求照搬到文化领域中，不能简单地将文化产业市场化、产业化，科学利用文化发展规律和市场经济规律，发挥市场在文化资源配置中的积极作用。三是以社会主义核心价值观为核心推进文化内容创新。十八大明确了社会主义核心价值观的内容，中央办公厅印发的《关于培育和践行社会主义核心价值观的意见》将其分为3个层面："富强、民主、文明、和谐"是国家层面的价值目标；"自由、平等、公正、法治"是社会层面的价值取向；"爱国、敬业、诚信、友善"是公民个人层面的价值准则。影视、文学、演艺、动漫等各种文艺形式，都应以弘扬、塑造核心价值为文艺创新的主线，提高文化产品的市场影响力和竞争力。

（三）全面转变文化发展方式，推进文化科学发展

转变发展方式、推进科学发展，是贯彻落实党的十八大、十八届三中全会精神和"十二五"规划的主线。一方面，加快发展文化产业对整个国民经济调结构、转方式具有重要的战略意义，同时文化发展自身也担负着转变发展方式的艰巨任务。一要加快推进文化与高科技的融合，提高全市文化产业发展档次。文化的传播和创新方式与高科技的发展紧密相连，当前我国文化已成为新技术集成应用最广泛的领域之一。数字技术、互联网技术改变了文化的传播方式，催生出新的文化业态，创造出新的文化消费方式。要整体推进全市文化数字化、网络化建设，用数字技术和网络技术促进文化建设转型升级。如，加快推进全市有线电视网络数字化和双向化改造，整合文化资源，实现从看电视向用电视的跨越。进一步推进市属广播、电视、报刊、互联网相互渗透，建立综合性的传播平台，迎接全媒体时代的挑战。提高公共文化服务的数字化、网络化水平，运用数字化技术手段建设文化市场技术监管平台，提升文化市场监管水平。在文化遗产保护上，要加快推进文化遗产信息资源、数字资源开发利用，提升郑州优秀华夏历史文明展示水平和传播能力。二要加快推进文化与经济的融合。文化与经济的融合是当前世界发展的大趋势，文化产业渗透进国民经济各行各业，不仅可以转变文化产业的发展方式，也可以增加物质产品和现代服务业的附加值、文化含量和人文关怀，从而推进整个经济发展方式的转变。如，2012年国家颁布的文化及相关产业分类标准，把"建筑设计服务"作为一个小类列入文化产业统计范围，充分说明建筑设计要突出文化的内涵，文化元素要融入建筑设计之中。改革开放30多年来，我国城市建设发生了翻天覆地的变化，然而城市建筑普遍没有个性和文化特色，其根源就是我们的建筑设计没有吸纳文化元素。推进我国传统建筑文化与当代建筑文化的融合创新，必能促进建筑业发生质的变化。再如，文化产业与制造、服装、信息、包装、旅游、装饰等产业融合，不仅能够大大提升文化的传播力和影响力，而且也提升了相关产业的品牌价值。三要积极引导和扩大文化消费。文化消费是推动文化产业发展的内在动力。统计数据表明，郑州市近年来文化消费正处于快速增加的旺盛时期。要适应这种城乡居民消费结构的新变化和文化产品的市场

新需求，利用数字化、网络化带给人们全新的文化消费体验，加大文化产品和服务的供给，提供个性化的文化产品和服务，培育新的文化消费增长点。要大力扶持文化企业开发特色文化消费，规划建设特色文化街区，拓展群众文化消费市场。要通过提供消费补贴等方式，刺激各类文化消费，大幅提升文化消费规模、档次和水平。

（四）全面推进文化聚集发展，进一步提高文化产业效益

一是做大做强文化产业。要尽快出台郑州市《关于加快文化产业发展的若干政策》，对广播电视电影业、文化艺术业、文化休闲娱乐业以及新兴文化产业等发展缓慢的产业，要切实加大培育和扶持力度。目前，郑州市电影业已呈现加快发展的势头，文化艺术业的原创基础比较好，文化休闲娱乐的市场潜力很大，新兴文化产业前景广阔。要抓住机遇，认真研究其发展的规律和特点，尽快分别制定出台培育扶持政策，促进其加快发展。同时，针对企业散、小、弱的情况，要做大做强，整合资源，培育大企业和企业集团，要引进文化产业的战略投资者，打造大型文化产业企业集群。比如，在国有文化企业培育上，要搞活电影放映和影剧院资源，吸纳社会资本，以产权为纽带，做大做强郑州市影剧公司；要加快理顺郑州日报社与郑州报业集团公司的体制机制，做大做强郑州报业集团公司；要整合郑州市杂技团、郑州市曲剧团、郑州市豫剧团和郑州歌舞剧院资源，组建郑州演艺集团公司，尽快做大做强；要剥离郑州人民广播电台、郑州电视台经营性资产，组建郑州广电传媒集团公司，尽快做大做强。也要扶持郑州小樱桃动漫集团公司等一批民营文化企业发展壮大。二是优化文化发展布局，抓好产业聚集区建设。要按照全市文化资源分布特点与产业发展基础，合理分布、集聚特色，优化文化产业区域布局，形成各具特色的功能区域，推进文化产业规模化、集约化发展。要加强文化产业集聚区规划建设，引导各集聚区错位发展，避免同质化竞争。要鼓励各区、新区和企业通过收购、升级改造旧城区、旧村、旧工业区等方式建设文化产业园区。要积极开展"郑州市文化产业示范基地"评选活动，鼓励郑州市文化产业集聚区争创国家、省文化产业示范基地（园区）。要加快推进中牟文化城、登封文化产业示范园区、国家动漫产业发展基地（河南基地）、石佛艺术公社、黄河滨河

公园等集聚区，扩大规模，提升竞争力。三是突出文化创新创意创造。文化发展的核心是文化内容产品的生产和传播，以此加强精神文明建设，弘扬社会主义核心价值观。要走文化内容精品路线，着力推进内容原创，全力扶持原创电影、电视剧、舞台剧、动漫、游戏的创作生产，全力扶持美术、绘画、书法、雕塑、工艺品等的创作生产，全力扶持广告、建筑、家装、工业、服装等各种原创创意和设计，提升"小小说"、"小樱桃"等文化品牌的影响力，不断促进文化的繁荣发展。

分 报 告

Division Reports

B.2

2012～2013 年郑州市文化
产业发展综述

王凯歌*

摘 要:

积极推进文化产业发展，对打造文化都市，提高郑州市城市品
位，促进和巩固郑州在中原经济区的核心地位有重要作用。本
报告在调研郑州市文化产业发展现状的基础上，分析了郑州市
文化产业发展中存在的问题，提出了加快郑州文化产业发展的
总体思路和对策。

关键词:

郑州 文化产业 行业发展 产业结构

先进文化作为社会发展的产物和人类文明智慧的结晶，在实现现代化的

---

* 王凯歌，郑州市统计局。

历史进程中始终占据特殊地位，发挥重要作用。作为一个新的经济增长点，文化产业正从经济边缘走向经济中心，越来越受到国家的高度关注。党的十七大明确提出，文化越来越成为民族凝聚力和创造力的重要源泉，越来越成为综合国力竞争的重要因素，丰富精神文化生活越来越成为我国人民的热切愿望，越来越需要文化产业又好又快发展。近年来，郑州市委、市政府审时度势，提出了把文化产业培育成国民经济重要的支柱产业，把郑州建设成为具有鲜明特色的国家区域性文化中心的宏伟目标，表明了郑州市委、市政府把促进文化产业的发展摆在了经济和社会发展的重要战略地位，文化产业迎来了空前的发展机遇。

一　郑州市文化产业发展的主要特点

2012 年，郑州市文化产业稳步发展，质量改善，效益提升，经济实力不断增强，对经济社会的贡献日益显著。

（一）文化经营单位快速增加

2012 年，郑州市共有文化产业法人单位 7242 个，比 2011 年增加 2376 个，同口径增长 48.8%。其中，文化物质产品生产单位 689 个，比 2011 年增加 279 个，增长 68.0%；文化物质产品销售单位 1370 个，比 2011 年增加 564 个，增长 70.0%；文化服务业单位 5183 个，比 2011 年增加 1533 个，增长 42.0%。文化产业经营单位快速增加，为全市文化产业经济的快速增长提供了载体（见表 1）。

表 1　2012 年郑州市文化及相关产业法人单位数及构成

单位：个，%

分类	法人单位数	构成
法人单位合计	7242	100
工业合计	689	9.5
规模以上企业	118	1.6
规模以下企业	571	7.9

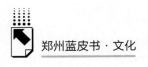
续表

分类	法人单位数	构成
贸易合计	1370	18.9
限额以上批零	56	0.8
限额以下批零	1314	18.1
服务业合计	5183	71.6
服务业企业	4302	59.4
服务业事业	301	4.2
服务业社团及其他	580	8.0

（二）文化经济总量持续扩大，对经济增长贡献提高

2012年，郑州市实现文化产业增加值236.7亿元（含个体），按现价计算比上年增长17.5%，增速高于同期现价地区生产总值（11.4%）6.1个百分点。文化产业增加值占地区生产总值的比重达4.3%，比2011年增加0.3个百分点。2008~2012年郑州市文化产业增加值由2008年的113亿元上升到2012年的236.7亿元，突破200亿元大关，平均每年增长20.3%。全市文化产业增加值占全省文化产业增加值的比重稳定在25%以上。2012年，郑州市文化产业对经济增长的贡献率达6.2%，比2011年的3.5%提高2.7个百分点。文化产业经济总量的扩大，对推动郑州市经济又好又快发展起到积极作用。

（三）文化产业经济效益提高

2012年，全市文化产业从业人员人均创造增加值11.2万元，比2011年10.2万元提高1.0万元。比全社会从业人员人均创造增加值高出0.3万元。文化产业经济效益提高，为促进郑州市文化产业发展起到积极作用。

（四）文化产业成为重要的就业渠道

2012年，全市文化产业从业人员达21.2万人，比2011年增加1.5万人，增长7.6%，占全社会从业人员的比重由2011年的4.0%上升到4.2%，提高0.2个百分点。根据西方学者的相关研究，文化产业与劳动者就业之间存在显著的相关关系，其就业增长速度相当于总体就业增速的 4 倍左右，2008～2012 年，郑州市全社会从业人员增长 17.6%，全市文化产业从业人员增长 57.1%，为全社会从业人员增速的 3.2 倍左右。

（五）文化产业结构进一步优化

2012 年，全市实现文化产业增加值 236.7 亿元，比 2011 年增长 17.5%。其中，文化物质产品生产企业（工业）实现增加值 95.9 亿元，比 2011 年增长 12.4%，占全市文化产业增加值的 40.5%；共有从业人员 4.5 万人，占全市文化产业从业人员的 21.3%。全市文化物质产品销售企业（贸易业）实现增加值 20.4 亿元，比 2011 年增长 15.3%，占全市文化产业增加值的 8.6%；共有从业人员 3.3 万人，占全市文化产业从业人员的 15.3%。全市文化产品生产企业（服务业）实现增加值 120.5 亿元，比 2011 年增长 22.3%，占全市文化产业增加值的 50.9%；共有从业人员 13.4 万人，占全市文化产业从业人员的 63.4%。工业、贸易、服务业法人单位实现的增加值之比为 40.5∶8.6∶50.9，从业人员之比为 21.3∶15.3∶63.4。文化服务业发展较快，文化产业结构进一步优化（见表 2）。

表 2　2012 年郑州市文化及相关产业核算

单位：千元，人

分类	增加值	从业人员
工业合计	9586457	45154
贸易合计	2040719	32559
服务业合计	12045663	134413
合计	23672839	212126

（六）分层文化产业发展水平不断提升

根据国家统计局 2012 年《文化及相关产业分类》标准，把文化产业分为两部分十大类，包括新闻出版发行服务、广播电影电视服务、文化艺术服务、文化信息传输服务、文化创意和设计服务、文化休闲娱乐服务、工艺美术品的生产、文化产品生产的辅助生产、文化用品的生产、文化专用设备的生产。在十大类中，实现增加值排名前四的类别是：文化用品的生产实现增加值47.7亿元，占全部文化产业增加值的20.1%；文化产品生产的辅助生产实现增加值43.2亿元，占全部文化产业增加值的18.2%；文化创意和设计服务实现增加值36.2亿元，占全部文化产业增加值的15.3%；新闻出版发行服务实现增加值28.2亿元，占全部文化产业增加值的11.9%（见表3）。

表3　2012年郑州市文化及相关产业分层

分类	增加值		从业人员	
	增加值（千元）	构成（%）	从业人员（人）	构成（%）
一、文化产品的生产	14213648	60.1	149244	70.4
（一）新闻出版发行服务	2816315	11.9	35952	16.9
（二）广播电视电影服务	1099094	4.6	6588	3.1
（三）文化艺术服务	993125	4.2	17493	8.2
（四）文化信息传输服务	1838163	7.8	5390	2.5
（五）文化创意和设计服务	3620872	15.3	38587	18.2
（六）文化休闲娱乐服务	1840082	7.8	29080	13.7
（七）工艺美术品的生产	2005997	8.5	16154	7.6
二、文化相关产品的生产	9459192	39.9	62880	29.6
（八）文化产品生产的辅助生产	4317197	18.2	30866	14.6
（九）文化用品的生产	4767332	20.1	30660	14.5
（十）文化专用设备的生产	374663	1.6	1354	0.6
合　计	23672840	100.0	212124	100.0

二　支撑郑州市文化产业发展的因素

（一）丰厚的文化底蕴

目前，郑州市有各类文物古迹10000余处，其中"天地之中"历史建筑群世界文化遗产1处，国家级重点文物保护单位74处80项，省级重点文物保护单位95处，市级文物保护单位268处，无论是文物古迹总量，还是全国重点文物保护单位数量，都位于全国地级市前三位。登封"天地之中"历史建筑群、黄帝故里、商城遗址等历史名胜古迹闻名海内外。

（二）不断增长的文化需求

在市场经济条件下，文化产业是满足人民群众多样化、多层次、多方面精神文化需求的主要途径，是改善文化民生、提高人们生活质量和幸福指数的重要手段。国际经验表明，人均国内生产总值达到3000美元时，居民消费进入物质消费和精神文化消费并重时期；超过5000美元时，居民消费将进入精神文化需求的旺盛时期。2012年，郑州市GDP（地区生产总值）达到5550亿元，人均GDP达到62049元，折合10052美元，2008～2012年，GDP年均增长12.5%，由3304亿元迈上4000亿元，并突破5000亿元大关。随着社会财富的积累，人们文化需求将不断提高。

（三）广阔的市场空间

随着社会财富的积累，城乡居民收入水平不断提高。2012年，郑州市城镇居民人均可支配收入达到24246元，农村居民人均纯收入12531元，比2011年分别增长了12.2%和13.4%，比2000年分别增长了3.1倍和3.3倍。与此同时，随着社会成员人均占有财富的逐步增加，社会需求结构和消费结构也发生深刻变化。2000年，郑州市城乡居民平均生活消费水平分别为5031元和1821元，2012年上升到16610元和8967元，每年的平均增幅达10.5%和14.2%。进入20世纪90年代以后，反映居民消费结构的恩格尔系数下降到了50%以下，到2012年，郑州市恩格尔系数达28.5%，最近5年下降了4.3个百分点。居民消费正由生存型、温饱型，向小康型、享受型转变，人民群众精神文化需求呈高涨之势。人们追求自我文化表达、参与自主文化创造活动的愿望更加强烈，为加快郑州市文化产业发展提供了广阔的市场空间。

（四）巨大的文化消费市场潜力

有关专家预计，未来几年，随着知识经济时代对劳动者智力需求的不断提高，随着市场经济体制的进一步完善，经济建设持续健康地发展，消费者对文

化产品需求的增速将快于对有形商品的需求增长。文化消费市场的巨大潜力将促进郑州市文化产业的发展。

（五）健康发展的文化事业

郑州历史悠久，文化遗存丰富。到 2012 年末，全市共有公共博物馆 15 个，藏品 24.6 万件，其中一级品 771 件，举办展览 88 次，共接待观众 365.5 万人次。全市公共图书馆 15 个，图书总藏量 646.9 万册（件）；书刊文献外借册数 234.7 万册次，为读者举办各种活动 336 次；群众艺术馆 2 个，组织文艺活动 175 次，文化馆 12 个，组织文艺活动 629 次。全市拥有市级及以上广播电台 2 座，广播发射台及转播台 4 座，广播套数 16 套；拥有电视台 2 座，电视发射台及转播台 8 座，公共节目 22 套；有线电视网络已联通各县（市、区），有线电视用户达 172 万户，郑州地区广播电视人口混合覆盖率已达到 100%，形成了覆盖全市城乡的广播电视传播网络。文化事业的发展，为人民群众享受精神文化生活打下了基础。

（六）不断发展的文化旅游业

2012 年，来郑州观光、旅游以及从事各种交流活动的境外人员 42.2 万人次，比上年增长 9.9%，实现旅游外汇收入 1.6 亿美元，比上年增长 6.7%。全年接待国内游客 6158.2 万人次，比上年同期增长 13.5%，实现旅游收入 690.1 亿元，比上年增长 18.9%。

三 郑州市文化产业发展的经验启示

（一）市委、市政府科学规划与引导为郑州文化发展提供不竭动力

近年来，市委、市政府把文化强市作为中心工作来抓，先后出台了《中共郑州市委、郑州市人民政府关于加快发展文化产业的意见》、《中共郑州市委、郑州市人民政府关于深化文化体制改革加快发展文化产业的意见》、《郑州市财政局、中共郑州市委宣传部关于印发〈郑州市文化事业建设费用管理

办法〉的通知》等一系列文件，支持文化产业发展，成立了文化产业领导小组，保证每年有专项资金支持文化产业发展。

（二）产业体系及机制初步建立

郑州市文化产业尽管起步晚，但发展迅速，产业发展规模不断壮大，初步形成十大类 7000 多家文化产业法人集群，已成为郑州市新的经济社会发展的增长点，初步形成了文化产业体系。伴随着文化产业体系的形成，文化产业机制初步建立，给文化产业快速高效发展注入了生机活力。

（三）重点项目和产业园区建设有力推进

一是完善规划，加大投入。为郑州市骨干动漫企业争取省级专项资金 715 万元、市级专项资金 1914 万元。通过深圳文博会、杭州动漫节等会展扩大招商引资规模，引导撬动社会资金 300 多亿元投入 38 个文化产业项目；在全市范围内征集到符合国家文化产业政策的融资项目 12 个，建立了《2012 年郑州市文化企业投融资项目库》，拟投资总额 104.2 亿元，融资总额达 21.3 亿元，取得了较好的效果。二是文化产业重点项目建设加快实施。国家动漫产业发展基地（河南基地）、郑州动漫产业基地建成投入使用，郑州市购书中心改扩建项目主体建设完成，郑州华强文化科技产业基地一期工程"方特欢乐世界"已经开业迎宾，郑州商城、郑韩故城、大河村、宋陵等遗址保护维修工程同时动工。三是郑州重点文化园区建设进入实质性推进阶段，包括嵩山文化产业示范园区、金水文化创意园区、石佛艺术公社产业园区、郑州西里路影像产业集聚区、郑州印刷产业园区等文化园区建设得到有力推进。

（四）文艺精品生产硕果累累

继《风中少林》之后，大型原创舞剧《水月洛神》获第八届"荷花奖"金奖和 5 个单项奖，文化部领导给予了"地方院团、国家水准"的高度评价。电影《念书的孩子》在 2012 年 8 月第九届美国圣地亚哥国际儿童电影节评选活动中，独揽"最佳电影奖"和"最佳演员奖"两项国际大奖。电视剧"快乐星球"系列填补了我国大型科幻少儿电视剧的空白，并先后在中央一套、八套、十二套、少儿频道多次重播。大型豫剧《斗笠县令》荣获中国戏剧最高奖等5个奖项。大型现代豫剧《清风茶社》被评为"中原清风杯"全省优秀廉政戏剧巡演活动重点剧目。2011年以来，郑州市有9件文艺作品被评为河南省"五个一工程奖"，名列全省第一。

（五）强力助推动漫产业，新闻出版产业稳步提升

截至2012年底，郑州市登记注册的动漫企业已达98家，其中入驻国家基地77家，入驻郑州基地12家，涌现小樱桃、华豫兄弟等一批知名品牌。郑州市大型电视动画片《黄帝史诗》前期筹备工作完成，并经国家新闻出版广电总局备案公示。据国家新闻出版广电总局统计数据显示，2012年郑州市动漫企业共有22部动画片（总时长12924分钟）经制作备案公示，14部取得发行许可，3部动画片（总时长1486分钟）被推荐为优秀国产电视动画片，发行漫画杂志516.5万册。新闻出版产业稳步提升。全市印刷复印企业年总产值82.3亿元，年缴税2.01亿元，利润总额10.08亿元；出版物经营单位注册资本达15.5亿元。销售总额同比增长23%，达41.2亿元，分别占全省出版物发行网点总量和全省出版物销售总量的17%和67%。

（六）文化会展影响力进一步提高

郑州市先后举办郑州图书交易会、动漫—欢乐汇、中国郑州印刷包装产品博览会、中原动漫嘉年华、中国·郑州绿博园休闲书博会等文化展会。这些展会的举办使文化市场影响力得到进一步增强，同时进一步推动了文化产业的发展进步。

（七）文化产业宣传力度不断加大

郑州市先后组织开展了"优秀文化企业"、"文化企业带头人"评选活动，2012年度"郑州最具文化影响力十大企业"和"十大企业家"评选活动，开展了"郑州市文化产业示范基地"、"郑州文化产业特色村"评选命名活动，有效地发挥了先进典型示范作用，在引导文化消费、服务文化企业、推动文化

企业发展方面起到了助推作用。目前,郑州市拥有国家级文化产业示范基地 2 个、省级文化产业示范基地 11 个、省级文化产业示范园区 1 个、省级文化产业特色乡村 4 个、市级文化产业示范基地 30 个、市级文化产业特色乡村 15 个。"郑州本土电影展映月"活动成功举办,共展映电影 8 部,展映场次 86 场,7000 多人次的观众走进影院,免费观看以郑州为拍摄内容,或者在郑州注册的影视公司拍摄的影片。

四　文化产业发展中存在的问题

(一)发展速度有待加快,占 GDP 的比重仍然较低

2012 年,郑州市法人单位文化产业增加值 173.0 亿元(省口径),总量位居全省第一,比上年增加 19.5%,但与周边武汉(21.5%)、合肥(23.0%)、西安(30.6%)的增速相比,仍有一定差距。占同期地区生产总值的比重为 3.12%,比 2012 年位居全省第一的开封市(5.49%)低 2.37 个百分点,比第二位许昌市(4.22%)低 1.1 个百分点;与郑州市 2015 年文化产业占地区生产总值的比重达到 7% 的目标还有很大差距。2012 年,郑州市新兴文化产业占比偏低,如文化信息传输、文化休闲娱乐服务占全部文化产业的比重均只有 7.8%。新兴文化产业比重偏低将不利于郑州市文化产业的快速发展。

(二)文化产业投入依然较弱

2012 年,郑州市公共财政预算支出中的文化体育与传媒支出为 10.85 亿元,比上年增加了 2.22 亿元,占公共财政预算支出的比重为 1.55%,比上年提高了 0.03 个百分点,但仍处于较低水平。在固定资产投资方面,2012 年全社会固定资产投资 3669.8 亿元,比上年增长 22.2%,其中文化体育与娱乐支出 40.0 亿元,所占比重为 1.09%,虽然比上年提高 0.15 个百分点,但仍低于全国平均水平(1.2%)(见表 4)。

表4 2007~2012年郑州市有关文化产业投入统计

单位：亿元，%

年份	财政一般预算支出	文化体育与传媒支出	占一般预算比重	全社会固定资产投资额	文化、体育和娱乐	占全社会固定资产投产额比重
2007	240.68	4.86	2.02	1367.31	22.43	1.64
2008	289.50	6.99	2.41	1772.75	15.63	0.88
2009	353.05	11.37	3.22	2289.08	32.42	1.42
2010	426.80	9.23	2.16	2756.98	38.19	1.39
2011	566.58	8.63	1.52	3002.53	28.25	0.94
2012	700.70	10.85	1.55	3669.80	40.03	1.09

五 进一步推动文化发展的对策与建议

（一）把文化资源优势转化为文化产业竞争优势

郑州市拥有丰富优秀的文化资源，但文化资源优势不等于文化产业竞争优势。把文化资源优势转化为文化产业竞争优势，首先，需要注意保持文化的民族特性。应注重挖掘郑州市独特的文化资源，提供民族特色鲜明、深受市场欢迎的文化产品和服务，探索郑州市文化企业的盈利模式和成长路径，从而在激烈的文化市场竞争中占据有利位置。其次，应加强文化产业创新。建立健全以企业为主体、市场为导向、产学研相结合的文化创新体系，努力掌握一批具有自主知识产权的核心技术和关键性技术，为郑州市文化产业发展提供技术支撑。最后，应改革和完善文化产业的投融资体制，推动风险投资基金、创业投资基金和知识产权交易的发展，为文化产业发展提供金融支持。

（二）以培育新兴业态为目标取向

以高新技术提升文化产业水平，增强文化传播力，引领和扩大文化消费，是加快文化产业发展的重要目标。积极利用数字、网络等高新技术改造传统文化产业，促使其从劳动密集型向技术密集型转变、从低附加值向高附加值转变、从粗放型向集约型转变。大力推进文化产业与工业、农业、旅游业等的对接，支持和引导文化企业运用高新技术拓展产业领域，催生新的文化业态，积极培育文化创意、数字出版、网络电视、手机电视、手机动漫等新兴产业。

（三）引导和鼓励文化企业"走出去"

文化企业的"引进来"和"走出去"，都是文化产业发展的有效途径。与"引进来"相比，目前郑州市文化企业"走出去"的步伐还不快。这与郑州市文化产业发展阶段有关。但如果这种"进"与"出"的不平衡长期存在，将影响郑州市文化产业的进一步发展和竞争力的提升。应积极开展多渠道、多形式、多层次的对外文化交流活动，在互利共赢的基础上寻求合作发展的机会和空间，进而促进郑州市的文化企业做强做大，塑造具有影响力的文化品牌，提高郑州市文化产业的竞争力和影响力。

（四）努力培育创新型文化产业人才

培养和用好大量文化产业人才，是实现郑州市文化产业大发展的重要保证。应改进人才管理、使用制度，建立规范的人才流动机制，允许和鼓励拥有自主知识产权的人才创办文化企业或持有企业股份、参与利润分配，使其价值得到充分体现；加强相关基础教育和职业培训，培养具有想象力、创造力和个性化的文化人才；开拓文化产业人才来源渠道，大力引进国内外创新型人才。通过加快改革，创造有利于人才辈出的体制机制。

B.3

郑州市文广新局年度发展报告

"郑州市文广新局年度发展报告"课题组

摘　要：

本报告简要回顾了文广新局 2013 年主要工作及工作业绩，分析了文广新局在推进全市文化建设中面临的突出问题，并对今后的发展提出了思路与对策。

关键词：

郑州市文广新局　文化建设　发展报告

2013 年，在市委、市政府的正确领导下，全市文广新战线紧紧围绕郑州都市区建设和"三大主体"工作总体布局，不断完善公共文化服务体系，持续推动文化事业繁荣发展，舆论引导能力不断提升，文化精品战略深入推进，文化市场健康有序，全市文化、广电、新闻出版等各项工作继续保持平稳发展的良好态势，为全市经济社会的发展提供了良好文化条件、坚强思想保证和有力舆论支持。

一　2013 年主要工作成绩

（一）完善服务设施，提升服务功能，创建国家公共文化服务体系示范区取得圆满成功

2011 年 11 月 6~8 日，文化部、财政部在上海浦东召开了国家公共文化服务体系示范区创建工作总结表彰大会，郑州市作为第一批示范区创建城市被命名为"国家公共文化服务体系示范区"，这标志着郑州市自 2011 年开始的创建工作取得圆满成功，也标志着郑州市以文化惠民为核心内容的公共文化服

务体系建设进入一个新阶段。一是市、县、乡、村四级公共文化设施网络体系更加完善。总投资约 6.1 亿元、设计藏书量 240 万册的郑州市图书馆新馆部分场馆于 2013 年 8 月开始试运行，年底前将全面开放，成为郑州新的文化地标；郑州美术馆、郑州市群艺馆等市本级"五馆"均为国家一级馆；12 个县（市）、区的文化馆、图书馆全部达到国家三级馆以上标准；全市 114 个乡镇（街道）建成综合文化站；全市建成社区文化活动中心 560 个、农家书屋 2288 个、公共电子阅览室 787 个、农村文化大院 2100 个，基层公共文化设施基本实现全覆盖。二是公共文化服务供给持续加大。以实施文化惠民工程为载体，持续提升公共文化服务供给能力。目前，为基层免费演出优秀戏曲（剧目）1000 场项目已经全部完成演出任务；为每个行政村每月免费放映一场公益电影项目累计放映 23520 场，完成了全年任务；新建公共电子阅览室 200 个，新建、改建新型社区文化活动中心 100 个项目已经建成完工。全市 205 家图书馆、群艺馆、美术馆、文化站共开展讲座、培训、展览等活动 1200 多场次，受益群众达 110 多万人次。三是群众性文化活动推陈出新。围绕"三大主体"工作，推出了大型系列群众文化活动品牌"情韵郑州"，分春夏秋冬四个篇章，举办文艺会演、专家讲座等活动 300 多场，把思想宣传工作以及百姓文化生活紧密结合，在党委、政府与人民群众之间架起"连心桥"；"群星讲堂"、"公益大展厅"、"公益大讲堂"、农民工艺术培训基地、"市群星奖"评选等群众文化活动项目共举办专题讲座、动漫展播、有奖征文 300 余场次，受益群众达 40 万余人；第十届绿城读书节围绕"让阅读融入生活"的主题，举办"十佳书香家庭评选"、"绿城读书讲座"等 18 项活动，在全市营造了"尚学、好学、善学"的良好文化氛围。四是非遗保护工作继续加强。在完善非遗保护制度基础上，积极做好整理、评审省市级名录工作。目前，郑州市国家级非物质文化遗产名录项目 5 个、省级项目 40 个、市级项目 149 个，编辑出版了《郑州非物质文化遗产》一书和《郑州非物质文化遗产邮票典藏》邮册。

（二）文艺精品不断涌现，艺术创作再创佳绩，郑州市文化影响力不断扩大

一是参加第十届"中国艺术节"收获大奖。郑州歌舞剧院排演的大型舞剧《水月洛神》继 2013 年初获得文化部优秀剧目资助奖之后，在 10 月由文化部主办的第十届"中国艺术节"上，又获文华优秀剧目奖以及编剧、编导、舞美、表演等多个单项奖；同时，郑州市群艺馆选送的舞蹈《手舞四季》、河洛大鼓《劝人要有好心态》获得全国群众文化政府最高奖"群星奖"。二是文艺精品亮点纷呈。舞剧《水月洛神》不仅连获大奖，演出邀约更是全年不断，2013 年先后在国家大剧院、长安大剧院及新疆、澳门演出 40 多场，引起轰动，广受赞誉，提高了郑州的美誉度和文化影响力；豫剧《斗笠县令》作为癸巳年黄帝故里拜祖大典专题文艺晚会节目成功演出，国家省市领导观看演出后给予了高度评价。三是文艺创作更加活跃。豫剧《都市阳光》创作已进入了排练阶段，被省委宣传部列入 2013 年"中原人文精神精品工程"重点项目，并受到文化部主管领导的高度认可；大型动画连续剧《黄帝史诗》制作顺利推进。

（三）加强政策扶持，坚持园区带动，推动文化产业蓬勃发展

充分发挥文化资源优势，加大扶持力度，完善产业政策，着力打造动漫文化品牌，努力增强文化创新能力和传播能力，努力把文化产业打造为文化强市的重要引擎和经济发展新的增长点。

一是坚持园区带动，文化产业聚集发展初具规模。已规划建设国家级文化产业示范基地 2 个、国家级动漫产业基地 1 个、省级文化产业示范基地 11 个、郑州市文化产业示范基地 30 个、郑州市文化产业特色乡（村）15 个；国家动漫产业基地（河南基地）和郑州动漫产业基地已经基本建成，其中 87 家企业入驻国家基地，14 家企业入驻郑州基地，这两个基地成为郑州市动漫产业发展的两大产业聚集区；快乐星球创意产业园、新郑黄帝故里文化产业园、石佛艺术公社文化园等园区正在加紧建设。

二是坚持品牌带动，文化品牌知名度持续提升。郑州动漫"小樱桃"、"快乐星球"等在国内已具有较强的知名度，带动了相关衍生产业的发展；《风中少林》、《水月洛神》和《禅宗少林·音乐大典》成为演艺精品力作；节会品牌影响扩大，2013 年郑州图书交易会吸引北京、天津、上海等 10 余个省、市的 200 多家出版、发行单位参会，近 3 万名专业观众前来订购观展，交

易总额达到 2 个多亿元，取得了良好的经济效益和社会效益。

三是坚持提升发展，努力打造郑州国家动漫创意产业中心。牢固树立"大招商、招大商"的思路，通过深圳文博会、杭州动漫节、中博会等项目招商活动，引导撬动社会资金 300 多亿元投入 38 个文化产业项目，为文化产业发展注入强劲动力；重点培育河南小樱桃动漫集团有限公司、河南漫画时代传媒有限公司、河南华豫兄弟动画影视有限公司、郑州索易动画有限公司等 5 家重点动漫企业。截至 2013 年 11 月份，全市动漫产品有 11 部动画片经国家新闻出版广电总局制作备案公示，总时长 6870 分钟。

四是坚持强化管理，文化相关产业快速发展。郑州市印刷、发行、电影行业等各项经济指标继续位居全省前列。全市电影放映经营单位达到 33 家，票房收入 2.6 亿多元；发行单位达到 1606 家，注册资本近 20 亿元，销售数量 31.5 亿册（张/盘/份），销售总额 42.5 亿元；全市印刷复制企业达到 659 家，产值 69 亿元，利税 1.4 亿元，年利润总额 4.7 亿元；互联网上网服务单位达到 1013 家，歌舞娱乐场所达到 255 家，电子游艺场所达到 234 家。

（四）舆论宣传主阵地发挥积极作用，为全市发展营造良好舆论氛围

坚持团结、稳定、鼓劲和正面宣传为主的方针，做到了重大政治事件立场坚定、旗帜鲜明，重要工作深入宣传、广泛发动，重大活动精心策划、营造氛围，为全市中心工作的推进提供了坚强思想保证和有力舆论支持。一是围绕"三大主体"工作突出宣传效果，开办《瞩目郑州新区》、《国家战略——加快中原经济区建设》、《挑大梁走前头》、《两环十五放射》、《坚持依靠群众，推进工作落实》等 180 多个专题栏目，全面、深入、系统地宣传、报道市委、市政府的各项重点工作；圆满完成全国、省、市两会等重要会议和历年黄帝故里拜祖大典，创建全国文明城市等重大活动的宣传报道任务。二是充分发挥媒体助政功能。先后完成了煤矿安全、十字路口交通、城市卫生等 42 个方面的问题调查暗访，为市委、市政府的决策提供可靠的依据；先后推出了《九类违法车辆综合整治》等一系列有影响的民生报道。三是外宣创优工作再创佳绩。外宣创优工作保持全省领先，郑州电台在中央

广播电台发稿量连续 13 年位列全国省会城市第一名；郑州电视台在中央电视台播发稿件数量持续领跑中部 6 省省会城市。四是实现安全播出无事故。始终把安全播出放在首位，坚持制度，加强管理，确保"双节"、"两会"及重要会议等重要保障期的安全播出，连年实现全市广播电视安全播出无重大责任事故。

（五）"扫黄打非"工作成效明显，文化市场健康有序发展

坚持一手抓繁荣发展，一手抓管理服务，努力营造健康有序的文化市场环境，努力建设"统一、开放、竞争、有序"的文化市场运行体系。一是市场监管机制完善。实行分级管理，制定了分包联系责任制，实行执法人员"全员执法、全天备勤"，确保日常检查的长效性；充分发挥 12318 举报电话和网络监控平台的作用，全天 24 小时受理群众举报。二是"扫黄打非"成果显著。积极发挥网格化管理的优势，充分调动各级网格的工作积极性，横向到边，纵向到底，全面覆盖，不留死角；各级"扫黄打非"工作部门开展集中行动 240 多次，出动执法人员 21680 人次，取缔违法出版物市场、摊点 95 个，查办案件 46 余起，收缴各类非法出版物 198155 张（盘、册）；成功破获查处"9·08"销售违禁非法出版物案，收缴政治性非法出版物、淫秽色情非法出版物及盗版侵权非法出版物共计 6.6 万多册。三是软件正版化工作顺利推进。统筹兼顾，强化督查，市直机关正版软件采购资金现已到位，招标工作顺利推进，年底前将完成 2000 套操作系统软件购置安装任务。

（六）文化体制改革任务基本完成，遗留问题取得突破性进展

市歌舞剧院、市曲剧团、市豫剧团、市杂技团改制工作基本结束，激发了内部活力，提高了市场运作水平；通过与市委、市政府积极沟通、协调，凤凰电影院改制遗留了 12 年的问题取得突破，市政府印发了《郑州市人民政府关于解决我市文化体制改革遗留问题的会议纪要》等政策文件，明确了解决凤凰电影院遗留问题的职责分工、转移办法和时间节点等，推动了有关遗留问题的解决。

（七）突出重点，狠抓落实，长效机制建设不断完善

围绕以新型城镇化引领郑州都市区建设大局，"坚持依靠群众推进工作落实"长效机制建设取得实效，文广新局群众工作队作为全市 4 个先进典型之一在全市联乡驻村工作会议上介绍了经验。一是加强领导，落实责任。调整充实了"坚持依靠群众、推进工作落实"长效机制推进领导小组，完善了县处级干部分包联系县（市、区）制度、责任追究制度、双向考评制度等各项制度；组织市局机关和市文化市场综合执法支队 97 名工作人员，分包全市 196 个乡（镇）办，全系统人员融入二级网格，联系三级网格，做到文化服务体系网格的全覆盖。二是发挥功能，强化监管。组织网格管理人员分别对网吧市场、印刷市场、出版物发行市场进行了集中检查，累计出动人员 5000 余人次，检查场所 2000 余家次，纠正不文明经营行为、查处违法违规经营行为累计 410 余家次。三是深入基层，服务群众。文广新局群众工作队积极参与郑东新区网格化建设，基本做到了"大事不出办事处、小事不出村委会、化解问题于萌芽"。发现"六个重点领域"等各类事项等问题 112 件，问题解决率达到 98%；在"走访排查"过程中，共收集整理社情信息 26 件，办结 26 件，办结率达 100%；组织协调郑州市人民医院颐和医院的医护人员先后赴刘江、徐庄村开展义诊送健康活动；暑假期间，捐赠价值 1.2 万元的少儿安全手册，为孩子暑期生活营造安全环境；协助刘江村做好以刘江黄河鲤鱼生态养殖品牌为主体的郑东水乡—刘江生态产业示范区项目推进工作；利用职能优势，协调成立了金光路办事处群众文化活动基地，丰富了群众文化生活。

二 当前工作存在的主要问题

在看到成绩的同时，也应清醒地认识到，工作中还存在不足和薄弱环节：一是文化体制改革遗留问题还没有解决，文艺院团改革走向市场，从思想观念到完善运作还有很多工作要做，一些文化单位改革发展的动力不足、力度不大，存在"等、靠、要"的现象。二是与周边省会城市相比，文化投入明显不足。比较"十一五"期间政府的文化投入，长沙投入 60 多亿元，武汉投入

51 亿元，合肥投入 50 亿元，而郑州市仅为 32.3 亿元。从投入总额上看，郑州市文化投入与城市经济总量、发展速度不相匹配，文化投入增幅与 GDP 增长不同步。三是文化产业发展相对缓慢，整体实力不强。按照文化产业作为主导产业总产值应达到同期地区 GDP 的 5% 以上的标准，郑州市还差 0.8 个百分点，文化产业存在起点低、规模小、缺乏品牌，文化资源管理分散，缺乏有效整合和集聚等问题。四是现有文化设施与满足人民群众日益增长的文化需要之间，仍然存在较大差距。需要在城市发展建设和新型城镇化建设中统筹规划、统一建设文化惠民服务设施。五是文化人才青黄不接，队伍建设亟须加强，缺乏有影响力的领军人才，懂经营、懂管理、懂业务的复合型人才以及能够承前启后的中青年人才。

三　2014 年进一步推动工作开展的对策建议

2014 年是实施"十二五"规划的攻坚之年。全市文化广电新闻出版工作的总体思路是：以科学发展观为指导，以构建现代公共文化服务体系和建设文化强市为目标，推动文化发展与繁荣，提升文化软实力，为实现郑州都市区建设提供文化支撑。

（一）繁荣文化事业，全面推进公共文化服务体系建设

继续坚持以政府为主导，以公共财政为支撑，以公益性文化事业单位为骨干，以全民为服务对象，以基层特别是农村为重点，深入推进覆盖城乡的公共文化服务体系建设。一是提高标准，完善内容，巩固提升国家公共文化服务体系示范区创建成果。紧密结合郑州都市区建设和新型城镇化建设，不断提升和完善市、县（市）区、乡镇（街道）、行政村（社区）4 级公共文化设施建设标准化和规范化水平；进一步落实县、乡文化场馆建设标准和设备配置标准，抓好村级文化大院和社区文化活动中心的升级改造，统筹实施文化共享工程、数字图书馆推广工程和公共电子阅览室建设计划等公共数字文化工程，推动公共文化服务向农村和社区延伸。二是贴近群众，贴近基层，全面提高公共文化产品生产供给能力。继续实施农村公益电影放映、舞台艺术送农民、更新 100

家社区文化活动中心图书、扶持 200 支民间特色队伍、培训 1000 名基层文化骨干等文化惠民工程；继续扩大文化馆（站）、博物馆、图书馆、美术馆等公共文化服务设施的免费服务范围，提升服务标准，充实服务内容，创新服务方式，全面提高公共文化设施免费开放水平；积极开展群众性文化活动，围绕市委、市政府中心工作和市民群众文化需求，全力打造"情韵郑州·四季风"群众文化活动新品牌。以"绿城读书节"为载体，深入开展全民阅读活动。切实加强非物质文化遗产传承和保护。三是明确重点，统筹推进，加快重点文化基础设施建设。以建设郑州文化艺术中心和现代传媒中心等城市地标性文化设施为契机，重点推进郑州大剧院、新广电中心、广播电视发射塔规划建设工作，满足市属文艺院团发展需要；满足广播电视信号的发射需要，解决偏远地区人民群众看电视、听广播难的问题。

（二）加强文化精品创作生产，提升城市文化影响力

全面贯彻"二为"方向和"双百"方针，坚持文艺创新提升和文化普及惠民两手抓，为人民群众生产更多、更优秀的文化产品。一是积极推进《水月洛神》、《风中少林》、《斗笠县令》、《清风茶社》等文艺精品的市场运作力度，重点加快豫剧《都市阳光》等剧目的创作、排练。二是积极推进动画电视连续剧《黄帝史诗》、电影《快乐星球大营救》等一批影视作品的创作。三是着眼长远、整合资源，搭建各种形式的对外文化交流平台，策划组织郑州印刷包装产品博览会、中原动漫嘉年华等一系列高端的文化交流和文化节会，提高郑州市对外文化交流的整体水平和文化影响力。

（三）继续深化文化体制改革，推动文化产业成为郑州市支柱性产业

以改革创新为动力，坚持政策、园区、品牌带动战略，认真组织实施《郑州市"十二五"文化创意产业发展规划》，着力提升城市文化品质和文化软实力。一是重点培育出版印刷发行、演艺娱乐、影视制作、动漫游戏、文化创意、文化旅游、文化会展、艺术品和工艺美术八大优势文化产业；二是重点推进国家动漫产业发展基地（河南基地）、郑州动漫产业基地、华强文化科技产业基地、登封文化产业示范园区、石佛艺术公社产业园区、百汇地文化产业

创意园区、快乐星球文化产业园区等"三基地四园区"建设；三是认真落实鼓励支持文化产业发展的优惠扶持政策，进一步加大作品原创、技术研发、人才激励等方面的政策扶持力度；四是培育市场主体，深化文化单位改革，激发经营性文化单位内在活力，逐步完善公有制为主体、多种所有制共同发展的文化产业格局，推动文化产业整体实力和竞争力大幅提升。

（四）大力发展广播电视事业，不断提升新闻媒体舆论引导能力

一是加快包括郑州影视传媒中心、郑州广播电视发射塔在内的现代传媒中心建设，力争打造集新闻采编、报刊图书出版、互联网运营、影视制作传播于一体的大型现代传媒基地，构建技术先进、传输快捷、覆盖广泛的现代传播体系；二是围绕中心，服务大局，牢牢掌握意识形态工作领导权和主导权，紧紧围绕中原经济区郑州都市区建设和"三大主体"工作，提高新闻策划能力，把握正确舆论导向，充分发挥广电新闻媒体助政作用，为加快郑州都市区建设营造良好氛围，不断增强全市上下干事创业、推动发展的凝聚力；三是加强行业管理，确保安全播出，加强网络剧、微电影等网络视听节目管理，积极推进全市数字影院建设。

（五）加强文化市场监管，净化文化市场环境

坚持以网格化管理为抓手，深入开展"扫黄打非"斗争。一是以封堵政治性非法出版物、淫秽色情出版物为重点，始终保持"扫黄打非"的高压态势，坚决防止非法、有害出版物在郑州市的运输、制售、传播；二是推进文化市场综合执法制度体系建设，精心打造文化市场技术监管体系；三是强化培训，建立机制，提高网格管理人员完善发现问题、解决问题的能力，切实加强文化市场的监管执法；四是严厉打击侵权盗版活动，积极推进软件正版化工作，提高全民版权保护意识，深入开展版权保护进社区、进学校、进企业等宣传教育工作。

（六）进一步完善保障措施，为文化发展提供基础

一是加大政策支持力度。对已纳入"十二五"规划的文化产业项目，要

按照市政府出台的《关于文化创意产业项目用地实施意见》的精神和要求，在项目立项、规划许可、土地审批等环节给予政策支持，以保障项目顺利实施推进；二是应当将文化建设纳入经济社会总体发展规划，明确提出财政投入比例，将文化发展列入政府考核目标项目；建议增加"从城市住房开发投资中提取1%，用于公共文化设施建设"的考核指标；三是要制定完善文化人才培养、引进、激励机制，落实基础文化设施管理人员编制、工资、补助等各项政策，切实加强文化人才队伍建设。

B.4
郑州市文物局年度发展报告

"郑州市文物局年度发展报告"课题组

摘　要：

文物局高度重视文物的管理保护，在文物保护的基础工作开展、文物的勘探挖掘、文物科研等方面发挥了重要作用。本报告总结了近年来文物局的主要工作成绩，并提出推进 2013 年文物事业发展的对策与展望。

关键词：

郑州市文物局　文物事业　发展报告

一　郑州文化遗产保护工作成就

近年来，郑州的文化遗产保护事业发展很快，特别是中原经济区上升为国家战略后，更是面临千载难逢的发展机遇。在市委、市政府的正确领导下，在社会各界的热心帮助下，在全市文物工作者的艰苦努力下，郑州市文化遗产保护事业不断迈出新步伐、跃上新台阶，大批珍贵文化遗产得到科学保护和有效传承，多数工作走在全省前列，许多工作得到国家文物局的充分肯定。特别是随着登封"天地之中"历史建筑群申遗成功、2012 年中国文化遗产日主场城市（郑州）活动取得圆满成功，郑州的文化遗产保护事业更是受到全国乃至世界的关注。因圆满完成登封"天地之中"历史建筑群申遗任务，河南省人民政府给郑州市文物局记集体一等功。

（一）郑州的历史文化资源更加丰厚

通过第三次全国文物普查，全市共计登录各类不可移动文物达 10315 余处，是此前的 7 倍多，大批文物点的新发现，极大地丰富了郑州的历史文化资源。目前，郑州有世界文化遗产 1 处，2013 年 5 月全国第七批国保单位公布后，郑州市国保单位已达 74 处（80 项），省级重点文物保护单位 95 处，市级文物保护单位 269 处，郑州市国保总数位居全省第一、全国前列。中国最古老的村落在郑州，中国最古老的城池在郑州，中国最早的国都在郑州，丰厚的历史文化资源既是一笔宝贵的财富，也是实现华夏历史文明传承创新区战略目标的重要载体和支撑。

（二）郑州的申遗工作取得显著成效

郑州市世界文化遗产申报主要涉及两个项目：登封"天地之中"历史建筑群申遗、中国大运河郑州段申遗。登封"天地之中"历史建筑群 2006 年被列入《世界遗产预备名单》，2007 年经国务院批准正式启动申报工作。在国家文物局、省文物局大力支持下，在郑州市各相关单位、相关部门密切配合下，经过几年坚持不懈的努力，2010 年 8 月 1 日，登封"天地之中"历史建筑群在第 34 届世界遗产大会上成功列入《世界遗产名录》，成为郑州市第一处世界文化遗产。全力以赴推进大运河郑州段申遗工作，中国大运河申遗项目于 2007 年 9 月正式启动，将于 2014 年提交世界遗产大会审议。按照国家文物局部署，圆满完成了大运河郑州段申遗项目申报点遴选、保护规划编制、本体维修、环境整治、标识展示及档案中心、监测体系建设等任务，2013 年 9 月 19 日，联合国教科文组织世界遗产专家对大运河郑州段进行了现场评估验收。

（三）郑州的文博研究工作走在了前列

主动开展考古发掘和对外学术交流工作，重大科研成果不断涌现。新郑唐户遗址、荥阳娘娘寨遗址、新密李家沟遗址、新郑望京楼夏商城址、老奶奶庙旧石器遗址获"全国十大考古新发现"，郑州已连续 5 年获全国十大考古新发现，在近 20 年全国评出的 220 项年度考古大发现中，郑州有 12 项入选，在全国城市中独领风骚。积极开展郑州中华之源与嵩山文明研究，出版了《嵩山行》、《郑州历史地理研究》等中华之源与嵩山文明研究系列丛书。《嵩山文明研究通讯》正式出版，出版《古都郑州》33 期。阎铁成局长撰写的《重读郑

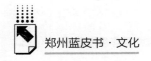

州》在全市引起较大反响，吴天君书记在《郑州日报》上做出重要批示：印发全市干部学习认识郑州、宣传热爱郑州、奉献添彩郑州。

（四）郑州的文物大市地位更加巩固

登封"天地之中"历史建筑群成功申报世界文化遗产，充分彰显了郑州文物大市的重要地位。郑州以其悠久的历史、厚重的文明，以及近年来文化遗产保护事业取得的成果，赢得 2012 年中国文化遗产日主场城市活动的承办权并取得圆满成功，受到国家文物局及社会各界的好评。郑州与西安、洛阳、荆州、成都、曲阜一起被确立为"十二五"期间国家重点支持的 6 个大遗址片区，郑州商城、郑韩故城、大河村、宋陵、古城寨、王城岗 6 处大遗址被列入国家重点保护的 150 处大遗址。

（五）郑州的文化遗产保护快速起步

近年来，郑州文化遗产保护工作者奋发图强、奋勇争先，各项工作快速起步、后来居上，始终保持了好的发展形势、好的发展态势。

1. 坚持规划先行

科学制定文物事业发展规划，《郑州市历史文化遗产保护展示利用五年规划实施方案》明确提出实施"25101"工程（规划建设 25 个遗址公园、10 座国有博物馆、1 个郑州市文物保护科技中心），全面提升郑州的历史文化遗产保护展示利用水平。委托北京大学编制完成了《郑州大遗址片区保护利用战略规划》，该《规划》将郑州地区文物价值提炼为"四大核心价值"：郑州地区是"东亚现代人出现到农业起源的核心地区、华夏文明起源与形成的核心地区、中国城市文明最早走向繁盛的核心地区、华夏传统文化体系形成发展与多元文化汇聚交融的核心地区"。2013 年 5 月，市委第 45 次常委会听取了《郑州大遗址片区保护利用战略规划》专题汇报，原则同意该《规划》。在此基础上我们起草了《"传承华夏历史文明，打造世界历史文化名城"三年行动计划》，围绕"四大核心价值"，打造"六大展示中心"，推进 20 个重点项目。积极筹措资金，完成一批国家、省、市三级文保单位保护规划或方案的编制工作，通过规划建设遗址公园、遗址博物馆等，提升城市品位，彰显地域魅力，美化城乡环境，实现文物保护与经济社会发展和谐共赢。

2. 坚持项目带动

郑州商城、郑韩故城、大河村、宋陵等大遗址保护维修工程同时动工前所未有，商城遗址保护成果已经显现，受到国家文物局和省、市领导充分肯定。积极争取国家、省级文物保护专项资金，近4年来争取国家文物保护资金3亿多元，充分发挥郑州市文物保护专项资金效益，对36处文物本体进行了保护维修，使大遗址和周边县（市、区）文物保护单位得到科学有效保护，巩义、登封、新郑等地的不少文物景区、景点已成为当地发展旅游经济的重要支撑。

3. 积极服务经济社会发展大局

制定了《文物调查勘探发掘报告编制办法》、《文物环境影响评估报告编制办法》、《文物行政许可办理操作规程》、《郑州市文物勘探工作质量检查验收办法》，完善工作程序，规范工作行为，被省文物局作为典型和标准推广。强化服务意识，提高服务质量，认真落实重点项目联审联批制度、重点项目跟踪服务制度，扎实做好基本建设尤其是国家、省、市重点项目建设中的文物勘探发掘工作，在抢救保护文物的同时，为各项工程建设赢得了宝贵时间，为经济建设提供了优质服务，多次受到项目单位好评。

4. 全面提升公共文化服务水平

博物馆网络体系逐步形成，陈展水平不断提升，免费开放不断深化，较好地保证了人民群众日益增长的精神文化需求。全市有博物馆16家，文物部门归口管理的9家国有博物馆全部免费开放。郑州博物馆被认定为国家第一批一级博物馆，2012年9月18日正式上线成为国内首家入驻百度百科的省会城市博物馆。郑州博物馆主题陈列"古都郑州"成功入选第八届"全国博物馆十大陈列展览精品"，成为全国省会城市综合类博物馆中的唯一获奖陈列。

5. 重视夯实文物安全工作基础

高度重视安全生产、文物安全工作，建立健全了一系列文物系统安全生产、安全工作制度和措施。加大检查督导力度，郑州市连续多年实现文物安全年。文物行政执法得到加强，有效地维护了文物管理秩序。在国家文物局迄今举办的4届文物行政执法案卷评查活动中，郑州市连续4次蝉联最高奖。

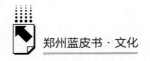

二 2013 年郑州文化遗产保护工作及特点

2013 年，全市文物系统深入贯彻落实党的十八大、十八届三中全会精神，按照市委、市政府工作部署，紧紧围绕"三大主体"工作及实施郑州历史文化遗产保护展示利用"25101"工程目标，牢牢把握文化遗产保护事业历史性发展机遇，解放思想，更新观念，攻坚克难，有所作为，全面提升文化遗产保护展示利用水平，为繁荣郑州市文物事业，促进经济社会发展，打造中原经济区核心增长区、华夏历史文明传承创新区、世界文化名城做贡献，全市文化遗产保护事业继续保持好的形势、好的态势。

（一）全力以赴地做好大运河郑州段申遗工作

中国大运河是经国务院批准的 2014 年中国申报世界文化遗产项目。按照国务院工作安排，包括郑州在内的沿线运河遗产于 2013 年 9 月迎接联合国教科文组织世界遗产专家现场评估验收。为确保迎检工作万无一失，郑州市着力从机构建立、方案编制、本体维修、环境整治、标识展示、宣传报道等方面积极开展工作，为申遗最后成功奠定了坚实基础。一是切实加强对申遗各项基础工作的组织协调。筹备召开郑州大运河申遗全市工作会，成立申遗迎检工作领导小组，制定迎检工作方案，细化具体工作任务，明确实施标准和完成时限，协调各相关单位全力以赴地推进大运河申遗相关工作。二是扎实做好文物本体保护维修、环境整治及监测体系建设工作。开展惠济桥河段考古发掘工作，组织编制惠济桥保护维修及环境整治方案，实施了保护整治工程；推进大运河郑州段档案收集和档案中心建设，建立了遗产点监测系统，安装了视频监控防护设施。三是实施大运河节点展示和标识系统建设工程。对大运河沿线进行了实地勘察，确立节点位置，制订展示计划，进行遗产保护范围界桩的标立和遗产展示系统标识的设置，按照国家文物局下发的运河导视标识系统指导意见，委托专业机构制作并安放了运河导视标识系统。四是积极做好大运河申遗宣传工作。将申遗宣传和"六大展示中心"、"中国文化遗产日"等主题宣传结合起来，通过"前期宣传"、"活动预热"、

"活动烘托"、"后续报道"等宣传方式,为 2013 年大运河申遗活动造势、营造氛围。

(二)加快推进"两园一中心"重点项目建设

郑州商城国家考古遗址公园、大河村考古遗址公园、郑州市文博展示中心项目都在按计划稳步推进。①郑州商城国家考古遗址公园项目。根据项目推进情况分期分批实施,"一环"即城墙文物本体保护南城墙、东城墙南段工程已经完成,8 个节点已完成 3 项(东城门、内城东南城角、内城西南城角),5 个片区中商都博物院片区已启动拆迁工作,工程前期准备正在推进中。南城墙紫荆山以东城墙的木栈道铺设和城墙外侧绿化工程已完成。②大河村考古遗址公园项目。《大河村遗址文物保护规划》国家文物局已批复,《大河村遗址公园规划》已编制完成,大河村考古遗址公园项目建议书发改委已批复,并完成了规划选址办理,正在办理土地预审。作为大河村考古遗址公园核心内容的大河村遗址博物馆二期工程已经开工,包括遗址博物馆建设和陈列展览,目前新建房基遗址保护房正在施工,陈列展览正在进行一层、二层内部装饰。③郑州市文博展示中心项目。根据博物馆使用要求,组织人员对博物馆建设内容进行论证,待项目具体建设地点及用地面积确定后,将对项目建议书进行编制。

(三)全面夯实文化遗产保护事业发展基础

一是抓好文物资源基础工作。2013 年 5 月 3 日,国务院公布了全国第七批重点文物保护单位 1943 处,其中河南省 169 处,郑州市 35 处上榜,至此郑州市国保总数达 74 处(80 项),位居全省第一、全国前列。完成了郑州市第六批河南省文物保护单位和第三批郑州市文物保护单位的名单推荐和专家讨论,经各县(市、区)文物主管部门反馈意见后的名单已报至省文物局。二是抓好文物保护规划、方案编制及评审、报批工作。完成《古荥城隍庙展示及环境整治方案》、《郑州纺织工业基地(国棉三厂)文物保护展示方案》、《列子祠、列子墓保护规划及展示方案》等近 20 项文物保护单位保护规划或方案的审核及报批工作,正在推进《"天地之中"历史建筑群总体保护规划及少林寺建筑群保护规划》、《郑州文庙、城隍庙保护展示方案》、《郑州纪信庙及碑刻复原展示方案》等10余项保护规划或方案的编制及报批工作。三是抓好文物保护和环境整治工程项目。继续推进2011年、2012年及2013年第一批市级文物保护专项资金项目的实施工作，组织开展郑韩故城城垣遗址保护等中央、省级财政资金项目的巡视及检查工作，完善工作程序，确保工程质量。新密洪山庙、新密城隍庙、新郑水月寺、上街重阳观、巩义刘镇华庄园、荥阳秦氏旧宅等多项维修工程完工并通过竣工验收，有效改善了文物的保存状况及周边环境，成为宝贵的旅游资源和教育基地。新郑郑韩故城车马坑保护展示改造、巩义杜甫陵园环境整治、荥阳苏寨民居本体维修、新密魏长城保护维修等多项工程正在积极推进中。老奶奶庙旧石器遗址保护中心建设、纺织工业遗址大门维修及环境整治等正在办理施工前期手续。四是抓好国家考古遗址公园申报工作。按照国家文物局开展第二批国家考古遗址公园申报工作部署，认真抓好国家考古遗址公园申报工作，郑韩故城获得国家考古遗址公园立项。

（四）积极为郑州经济社会发展提供优质服务

重视优化经济发展环境，积极为郑州的经济社会发展提供优质服务，以服务重大项目为重点，先后对省市重点项目34项进行了文物勘探和考古发掘。特别是郑州新郑国际机场二期文物勘探和考古发掘工作时间紧、任务重，郑州市文物部门想方设法克服困难，坚持科学组织，交叉工作，能进即探，施工先探，发掘跟进，全面展开，为项目建设提供了优质服务。2013年9月17日、26日，省政府督察组两次在机场二期工程进展推进会上听取考古发掘汇报，对文物部门服务机场二期工程建设工作给予充分肯定。2013年，共签订文物勘探协议379个，协议面积1713万平方米。完成项目378个，完成勘探面积2169.6万平方米，发现各类遗迹1289处。配合城市基本建设，完成考古发掘面积67250平方米，清理各时期墓葬2658座、陶窑60座、井25个、沟43条、灶6个、灰坑3102个，出土完整器物3532件。

（五）深化博物馆免费开放，开展可移动文物普查

全市各博物馆、纪念馆认真做好免费开放工作，切实保障社会公众的基

本文化权利，不断满足人民群众日益增长的文化需求，全年共接待观众 185 万人次。举办"何家安晋京作品汇报展"、"君子四艺琴棋书画展"等专题展览 25 个。开展巡展及主题活动 40 场，受众达 31 万人次。举办了"博物馆（记忆 + 创造力）＝社会变革"为主题的"国际博物馆日"宣传活动。重视馆藏文物征集、保护及规范管理工作，郑州博物馆通过收购、捐赠、移交等途径，征集各类藏品 38 件套，清洁、分类整理古钱币 1.3 万枚，装裱书法、字画作品 37 幅，完成了 16 件残损陶器和 6 件馆藏书画的修复工作，巩义博物馆接收出土文物 1389 套、派出所破案收缴文物 12 套。积极推进可移动文物普查工作，2013 年 5 月，第一次全国可移动文物普查工作正式启动，认真制定方案，加强人员培训，积极开展可移动文物调查，目前正在对市级以上国有单位调查表及汇总表进行整理核对。

（六）不断强化文物行政执法和安全生产工作

强化文物行政执法工作，2013 年以查处涉及郑州商城遗址保护范围和建设控制地带内的违法建设行为、全市范围内的大型基本建设违反文物保护法律法规的行为为执法工作重点，积极开展文物稽查活动，坚决查处违法案件，全年共开展文物行政执法巡查 280 多次，查处案件 24 起，结案 24 起，罚款 20 万元；加强对县（市、区）文物行政执法活动的监督指导，与县（市、区）共同查处 4 起文物违法行为，反响比较好。强化安全生产工作，认真贯彻落实安全郑州创建 2013 年行动计划，层层签订文物安全目标责任保证书；进一步完善文物安全考核细则和考核程序，通过文博单位自查、主管部门检查、各级部门互查等方式，认真排查整治文博单位存在的安全隐患，对检查发现的问题和隐患进行了整改，建立了隐患排查档案；全年开展检查 23 次，下达责令改正通知书 14 份，确保了文物安全。

三 积极推进郑州文化遗产保护事业发展

随着文化软实力在社会发展中的地位越来越重要，文化遗产保护事业在经济社会发展中的地位越来越高，人们对文化遗产保护工作的要求也越来越高。

近年来，郑州市文化遗产保护工作大规模启动，特别是随着郑州连续 5 年获"全国十大考古发现"、登封"天地之中"历史建筑群申遗成功、2012 年中国文化遗产日主场城市（郑州）活动成功举办等，郑州作为文物大市的地位、郑州文物在全国的重要地位逐步被确立、被认可。但是，长期以来对文化遗产保护认识不到位，文化遗产保护投入欠账多，随着文化遗产保护工程快速推进，在修缮一处、开放一处的同时并没有相应增设保护管理机构，文物系统机构和人员编制严重短缺等，都成为影响和制约郑州市文化遗产保护事业科学发展的"瓶颈"。《国务院关于支持河南省加快建设中原经济区的指导意见》中，中原经济区五大战略定位之一"华夏历史文明传承创新区"，成为推动郑州市社会主义文化大发展、大繁荣的有力支撑。郑州都市区 5 年发展规划目标之一，就是最终把郑州建成世界历史文化名城。应该说，目前郑州市文化遗产保护事业发展正面临前所未有的机遇和挑战。

（一）注重创新思维，始终保持文化遗产保护事业发展方向

文化是城市的灵魂。郑州历史文化厚重，给古老的郑州注入特有的灵性，让人民群众分享文明成果，是我们发展文化遗产保护事业必须确立的思想观念。一要紧紧围绕经济社会发展大局推进文化遗产保护事业。要认清形势，解放思想，转变观念，紧跟中原经济区郑州都市区建设的步伐。要自觉融入经济社会发展这个大局中，紧紧抓住加快推进郑州都市区建设机遇，在配合重点项目建设、实施文化惠民、促进旅游发展、服务对外开放等方面有所作为。要统筹文物保护与新型城镇化建设的关系，通过规划建设遗址公园、遗址博物馆等，提升城市品位，彰显地域魅力，美化城乡环境，改善人民生活，实现文物保护与经济社会发展和谐共赢。二要紧紧围绕推动社会主义文化大发展、大繁荣，推进文化遗产保护事业。文物是中华民族优秀文化遗产的结晶，凝聚着以爱国主义为核心的民族精神，凝聚着中华民族传统道德观念。郑州历史文化资源丰厚，在推进社会主义文化大发展、大繁荣方面具有独特的资源优势。要抓住各种时机，深入挖掘、充分展示、大力宣传文物所凝聚的深刻内涵，将其融入社会主义核心价值体系之中，为打造中华民族共有的精神家园做贡献。要充分发挥文化遗产保护在提高文化软实力中的作用，完善全市文物保护单位和博

物馆基础设施，打造一批知名历史文化景观，为全社会提供高品质的文化产品和服务。三要紧紧围绕让人民群众共享发展成果来推进文化遗产保护事业。人民群众是文化遗产的创造者、使用者和守护者，要把实现好、发展好、维护好最广大人民群众的根本利益作为推进文化遗产保护事业发展的出发点和落脚点。要加强经济社会发展中的文物保护工作，通过文物保护改善城乡的生态环境，保持浓厚的文化环境，创造美好的宜居环境，使人民共享文化遗产保护成果。要加强特色博物馆建设，积极支持、鼓励民办博物馆发展，形成与郑州城市地位相匹配的博物馆体系。深化博物馆纪念馆免费开放工作，发挥自身资源优势，不断推出文物保护、陈列展览、科学研究新成果，促进精品展览、特色展览进社区、进学校、进企业，不断丰富和满足广大人民群众的精神需求。

（二）注重转变方式，不断创新文化遗产保护事业发展举措

一要抓住最急需的保护项目求发展。文物是人类文明的历史见证，是不可再生的珍贵资源。近年来，随着郑州市工业化、城镇化进程不断加快，文化生态也发生了巨大变化，文物遭受破坏的情况时有发生，保护文化遗产刻不容缓。要按照郑州市文化遗产保护事业发展规划确立的指导思想、基本原则和发展战略，注意区分轻重缓急，部署任务、编制规划、投入经费等，都要优先保障最急需保护项目，确保最急需保护项目得到最及时、最有效的保护，绝不能让优秀文化遗产遭受损失。二要盯住最能率先推进项目求发展。这最能体现工作力度，展示保护成果。鉴于目前人力、物力、财力等诸多因素的制约和限制，要区分层次，突出重点，对时机成熟、条件具备的项目，要集中精力，率先推进，用重点工作的突破带动各项工作协调发展。三要抓住最有价值保护项目求发展。要凝聚智慧，形成共识，通过抓最有价值保护项目，在郑州都市区建设中做好文化遗产保护这篇大文章。商城遗址保护是郑州市的重点工程，目前保护成果已初步显现，相信随着规划的全面实施，郑州商城遗址所在老城区将成为全市环境最为优美、文化氛围最为浓厚的历史文化区域和郑州文化地标。当然，像郑州商城、郑韩故城、大河村等大遗址保护项目，仅仅靠文物部门的力量是远远不够的，还必须调动政府相关部门和社会力量共同参与。四要最大限度地利用国家政策求发展。郑州是"八大古都"之一、国家历史文

名城，也是"十二五"期间国家重点抓的"六大片区"之一。总的来看，郑州市具备好的基本条件，但要取得国家文物局、省文物局支持，还必须要有好的抓手和载体。要充分发挥积极性、主动性、创造性，从抓规划编制、项目申报等做起，积极争取国家文物局政策和资金支持，为郑州市文化遗产保护事业长远发展奠定坚实基础。

（三）注重破解难题，不断强化文化遗产保护事业发展保障

尽管郑州市近几年文化遗产保护事业发展很快，但面临的困难和问题也不少，如机构人员编制短缺、保护经费投入不足等问题，已严重影响和制约了郑州市文化遗产保护事业的发展，必须想方设法加以解决。一要下大力气完善编制，为文化遗产保护事业发展提供组织保障。郑州文物资源丰厚，无论是文物数量，还是保护级别，都位居全省第一、全国前列。目前，郑州市文物保护机构少、人员少的问题比较突出。郑州市古荥汉代冶铁遗址博物馆，只有七八个编制，还要同时负责荥阳故城、汉代冶铁遗址、小双桥遗址、西山遗址、后庄王遗址5处全国重点文物保护单位和古荥城隍庙、纪信庙等两处省级文物保护单位和多处市（县）级文物保护单位的日常管理维护工作，仅遗址面积就达13平方公里，还要负责大运河郑州段18公里长的监测管理工作，人员数量与所要从事的工作量严重失衡。郑州市商城遗址保护管理处编制23人，不仅要负责25平方公里的郑州商城遗址的保护管理，还要负责国保单位城隍庙、文庙的保护和管理工作。这些代管的单位由于人员局限或是工作性质不同，造成部分国保、省保单位处于无人有效管理状态。随着打造华夏历史文明传承创新区核心区、世界历史文化名城工作推进，特别是制定实施《"传承华夏历史文明，打造世界历史文化名城"三年行动计划》，这种由于体制机制不合理所造成的机构、人员编制短缺问题将更加突出。这种问题应引起各级政府高度重视，并从根本上加以研究解决。二要下大力气争取投入，为文化遗产保护事业发展提供经费保障。文物保护经费严重不足，长期以来一直是困扰郑州市文物事业发展的难题。要通过编制规划、项目立项等多种方式，积极争取国家、省级文物保护专项资金，多方位、多渠道筹措，使全市优秀的文物资源得到更好保护。在用好郑州市文物保护专项资金的同时，积极争取市政府相关部门加大

对文物保护相关配套设施建设的支持力度，在项目立项、资金投入等方面给予更多关注和支持。要参考和借鉴西安等兄弟城市的做法，争取建设、维修一处文物遗迹，设置相应的保护机构，给予相应的经费保障，确保文物设施的日常维修保养，从根本上扭转重建设、轻维护的问题。三要下大力气建好队伍，为文化遗产保护事业发展提供人才支撑。由于历史的原因，文物系统还缺乏一支门类齐全、梯次合理的文博人才队伍，特别是文博专业人才还存在较大缺口，这与郑州市打造华夏历史文明传承创新区核心区、世界历史文化名城目标任务的要求不相符。要注重创新人才管理机制，健全文物系统吸引人才、留住人才、用好人才的工作机制，积极争取优惠政策，面向全国招聘文物工作紧缺人才和高层次人才。要创新教育培训机制，适应新形势下文物事业发展需要，有计划、分层次地抓好人才教育培训，特别是要定向培养一批高层次文物保护研究和技能人才、复合型人才。

B.5

郑州报业集团年度发展报告

"郑州报业集团年度发展报告"课题组

摘 要：

郑州报业集团做强日报、做大晚报、做活中原网、做优多元化，文化产业与文化事业获得较快发展。本报告立足于2013年郑州报业集团的工作实际，系统总结了郑州报业集团在重大报道、发展战略、体制改革和重大活动开展等方面的工作成绩。

关键词：

郑州报业集团 重大报告 新闻宣传

2013年以来，在郑州市委和宣传部的正确领导下，郑州报业集团党委班子团结带领全体干部职工，认真学习贯彻省、市主要领导关于新闻宣传工作的指示精神，按照市委"宣传全媒体 发展多元化"的要求，深入推进实施集团发展"四做"路径：做强日报、做大晚报、做活中原网、做优多元化，新闻宣传、经营发展以及集团内部管理等方面均取得较大突破和提升。

一 围绕中心、服务大局，策划推出了
一系列重点报道、重大报道

作为省会郑州的主流报业集团，围绕市委、市政府中心工作做好宣传报道是第一要务，通过新闻宣传为全市经济社会发展和民生改善凝心聚力、营造氛围是首要担当。2013年以来，以党报《郑州日报》为龙头，积极构建正舆论、全媒体宣传平台和载体，着力解决服务党委政府中心工作跟不上、跟不紧、宣

传效果差的问题，多举措、全方位唱响主旋律，打好主动仗。在集团党委的统一协调部署下，《郑州日报》、《郑州晚报》、中原网、《中原手机报》等媒体一方面积极做好常规报道，另一方面加强策划，强化报道效果。2013年以来，在重点报道、重大报道方面，先后推出了产业聚集区系列报道，并将报道结集成册，出版了《产业隆起　领跑中原——河南省产业集聚区探访》，受到省委主要领导的肯定；推出了郑州航空港经济综合试验区系列报道，两报一网均策划推出特刊，取得了较好的宣传效果；推出了"三走进　三郑州"系列报道，积极宣传报道郑州生态廊道建设及城乡面貌的巨大变化；推出"学讲话、比先进、找差距、强责任、抓重点、求提升——认真学习贯彻全市领导干部会精神"系列报道；策划采写"一切为了群众　一切依靠群众"畅通郑州、三大主体工作系列报道，系统回顾总结2013年以来全市以"三大主体工作"为抓手，以航空港综合试验区为统览的郑州都市区建设所取得的巨大成就及城乡居民生活的幸福变化；以增加公益广告数量、提升宣传效果为重点，加大文明城市迎检工作的宣传报道；重点做好中博会、郑州两会、黄帝故里拜祖大典等重大活动、重要会议报道；开设"中央主流媒体报道郑州"专栏，对《人民日报》、《光明日报》、中央电视台等主流权威媒体关于郑州的报道在《郑州日报》、《郑州晚报》、中原网上进行转载，使中央媒体关于郑州的正面报道"连天线、接地气"，放大效应，受到省新闻阅评组的好评。

国内大事、要事宣传报道方面，重点做好2013年初的全国两会、11月的十八届三中全会和全省两会、省委经济工作会等报道，并按中央及省市要求开设了"厉行勤俭节约　反对铺张浪费"系列报道。在全国两会期间，提前研究部署立体式宣传方案，从《郑州日报》、《郑州晚报》、中原网、《中原手机报》、郑州十九楼、《郑州晚报》官博等媒体抽调17名主力记者，成立"全媒体新闻中心全国两会北京报道组"，以此为切入点推动媒体互动共融，发挥优势，形成合力，提升舆论引导能力，在宣传全媒体方面做出了积极探索。两会以后，集团"全媒体新闻中心"的组织机构和宣传报道形式仍在持续，凡有重大报道、重点报道，均以此为中枢，进行组织和推进，达到了较好的效果。

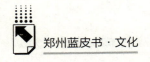

二　明晰思路、看准方向，研究确立了
集团的发展战略、发展路径

郑州报业集团成立以来特别是集团新一届党委成立后，我们一直在思考报业集团应该发展什么、怎么发展，研究适应郑州报业实际的集团组织架构、管理模式和体制机制，谋求集团更快更好发展。3 月 22 日，我们召开了 160 余人参加的集团中层以上会议，分析报业集团面临的形势、肩负的责任，集中研讨郑州报业集团的发展战略和发展路径。结合王哲部长及市委其他领导的指示要求，我们将郑州报业集团的发展战略确定为"宣传全媒体　发展多元化"，明晰了"一个中心、两个基本点"的发展路径，并将之具体化为"四做"：做强日报、做大晚报、做活中原网、做优多元化，为集团今后的科学、健康、持续、快速发展指明了道路。通过会上讲解、讨论发言和会后深入学习研讨，全体干部员工对集团的发展战略和发展路径有了清晰而准确的认识，统一了思想，达成了共识，凝聚了人心，提振了信心，为集团持续快速发展开了局、起了步，奠定了基础。

三　理顺关系、科学管理，推动实施了
一系列体制机制创新

集团在理顺组织架构、推动集团实质化运营方面做了一些探索。一是进一步明确《郑州日报》、《郑州晚报》、中原网等单位为集团的二级机构，集团支持和鼓励两报一网特别是晚报和中原网主动作为、自主发展，但在涉及宣传、发文等对外事务时，必须向集团报告。二是确立集团与二级机构和其他单位之间的"二八定律"管理模式。集团只管 20%，80% 的权力下放，最大限度地调动大家的积极性。不能放的 20% 中，10% 是导向，另外 10% 就是红线不能碰，底线不能破，违法违纪的坚决不能做。集团对二级机构的管理要"抓住两头、关注中间"。"两头"中的"一头"是任务，"一头"是结果；"关注中间"即流程、廉政与效能，及时提醒纠正。具体到经营上，"抓住两头"就是

只管总收入和总利润，"关注中间"就是要求实事求是，有多少是多少，不能作假。目前，两报一网及其他单位正在根据这一管理架构和管理模式，调整各自的工资绩效、人事、财务制度及经营发展目标，集团行政管理部门的人事和薪酬绩效改革方案也正在起草和完善之中。三是调整和完善集团党委领导下的党总支、党支部建设，发挥党组织的战斗堡垒作用和党员的先锋模范作用。在集团党委的统一领导下，增设《郑州日报》、《郑州晚报》2个党总支，设置9个党支部，并按照有关规定对党总支、党支部负责人进行了换届改选，既有利于加强集团党员的领导和基层党组织建设，也有利于发挥党员的先锋模范作用促进集团各项事业发展。四是谋划推进集团内部干部员工的"上挂下派"制度。借鉴市委、市政府在"三大主体工作"主战场培养和锻炼干部的机制，统筹整合全集团优秀人才，集团机关选调干部下派到两报一网及其他实体单位，二级单位选调干部上挂到集团机关，一人多岗、一岗多责，兼职工作、各有侧重，在新闻采编、生产经营一线发现干部、历练干部、培养干部，解决部分单位中层栅架、效率低下问题，提升干部素养和办事效率，提升事业发展成效和发展业绩。目前，此项工作正在积极推进之中。

四　提升品牌、扩大影响，组织举办了一系列重大活动

2013年以来，集团先后承办、举办了"全国晚协会长年会"、首届"郑州好新闻奖"等重要会议、重大活动，推进实施了"晚报改版"、"中原网改版"、"社区报创刊"等创新举措。4月25日，《郑州晚报》第一张社区报"金水　郑东金版"问世，这是河南省首份社区报，也是中部6省第一份社区报。5月底，"管城东区社区金版"、"二七中原社区金版"相继出版，将郑州主城区的北区、东南区、西南区全部覆盖。另外"登封金版"作为另一种样式的社区报也同时推出，《郑州晚报》社区报覆盖郑州7个县市区，加上主报，《郑州晚报》发行总量近90万份。社区报的高密度、高覆盖和亲和力赢得了市民和网友的欢迎，也引来了省内外同行的关注与考察，得到了新闻界、学术界、企业界的赞赏。郑州市委常委、宣传部长王

哲，美国社区报研究权威 Jock 教授等领导及专家学者也给予了肯定和鼓励。5 月 21 日，新版中原网与广大用户正式见面，从页面风格、内容选择和用户体验上进行了全面优化，简化了版面，提升了用户体验，增强了用户黏度，提升了影响力。继 2013 年 7 月与《南方都市报》签订战略合作协议后，《郑州晚报》于 8 月 6 日全新改版，并在嵩山饭店举行了"风华郑茂"《郑州晚报》新版新闻发布会。南方报业传媒集团及省、市宣传系统有关领导及专家、知名人士参加会议。《郑州晚报》和《南方都市报》牵手，对国际新闻、财经新闻、体育新闻、娱乐新闻进行高度整合，集中精力做最"中"的新闻，为读者奉献河南最好的报纸。新闻发布会还对《郑州晚报》的全媒体集群进行了重点推介，以主报为龙头的拥有《社区报》、《中原手机报》、郑州 19 楼网站、官方微博、微信、二维码等多种媒体形式的全媒体集群，将为读者提供更加全面和多样化的服务。2013 年 8 月 10 ~ 11 日，我们承办了"中国晚报新闻工作者协会 2013 年会长会议"，《北京晚报》、《新民晚报》、《羊城晚报》、《今晚报》、《扬子晚报》等 23 位晚报总编辑出席会议，会议听取中国晚协工作报告，研究确定 5 年一次的换届选举办法，定评中国晚协"赵超构"新闻奖名单，决定 2013 年中国晚协年会研讨主题。省委常委、市委书记吴天君与中国晚协会长、执行会长、副会长进行了交流。2013 年 10 月 25 ~ 27 日，我们在北京举办了首届"郑州新闻奖"评奖活动，检阅梳理近两年在郑新闻媒体"走基层、转作风、改文风"活动，最终评出 89 篇获奖作品。这些获奖作品都是新闻战线"走转改"活动的典型成果，离实际更近、离生活更近、离群众更近。评委都是来自党报、通讯社、电台、电视台、都市报、网络、新闻院校的重量级业界专家和学者，新华社原总编辑、郑州大学新闻与传播学院院长南振中教授担任评委主任，评委阵容强大，在全国省会城市和地市级城市中也是不多见的。

五　调整结构、提升效益，谋划推进了一批经营性项目

2013 年 9 月，集团在郑州航空港的房地产项目正式启动，面向职工的

房屋预发售工作也取得较好成果，为集团的多元化经营再拓新空间。2013年10月25日，在北京梅地亚中心，郑州报业集团与国内知名影视制作企业——欢瑞世纪影视传媒股份有限公司正式签约，成为欢瑞世纪在全国报业合作中唯一的战略投资者，标志着郑州报业集团跨区域、跨领域的多元化战略又迈出重要一步，也使集团成为河南地区首家进军影视行业的报业集团。

六　强化责任、提升素养，着力加强编辑记者的马克思主义新闻观教育

为贯彻落实党的十八大精神和习近平总书记在全国宣传思想工作会议上的讲话精神，全面加强马克思主义新闻观教育，不断提升采编人员的整体素质，根据省市《关于在新闻战线深入开展马克思主义新闻观培训的意见》及中宣部有关精神，郑州报业集团在2013年9月、10月、11月集中开展了马克思主义新闻观培训活动。重点学习坚持马克思主义新闻观的重要性和必要性、马克思主义新闻观的主要观点以及践行马克思主义新闻观的基本要求。集团成立了马克思主义新闻观教育活动领导小组，所属媒体各自成立分小组，《郑州日报》、《郑州晚报》、中原网、中原手机报、郑州19楼等全体采编人员全员参与培训教育。邀请专家学者集中授课，全球商报联盟理事长陈锡添以"忆小平南巡　话改革开放"为题，讲解马克思主义新闻观及新闻的把关流程、新闻记者的职业素养和职业精神；集团领导集中授课，集团党委书记、全体党委成员、旗下媒体班子成员、骨干采编人员结合工作实际研讨坚持马克思主义新闻观的重要意义；开展研讨交流，11月8日记者节当天，邀请首届郑州新闻奖获奖者开展"践行马克思主义新闻观　做合格新闻人"业务交流会。

总的来说，在市委的正确领导和市委宣传部的具体指导下，经过全集团干部员工的共同努力，2013年我们在新闻宣传、经营发展、内部管理等方面都取得了一定的进展。在传统报业受到严峻挑战、市场大幅下滑的背景下，《郑州日报》、《郑州晚报》的经营取得了不错的业绩，中原网经营收入也有较大

提升；中原网"心通桥"获得中国新闻奖一等奖，这是 2013 年唯一获此殊荣的地方网站，也是郑州报业多年来继《郑州晚报》3 次获得中国新闻奖一等奖之后第四次斩获中国新闻奖最高奖项。至此，郑州报业集团 4 次获得中国新闻奖一等奖，两次获得中国新闻奖二等奖，获奖次数在省会城市报业集团和地市报中名列榜首。

郑州市文联年度发展报告

"郑州市文联年度发展报告" 课题组

摘　要：

郑州市文联坚持以学习宣传贯彻党的十八大精神为主线，以文化强市、文艺惠民为目标，以建设社会主义核心价值体系为根本任务，以改革创新为动力，全面提升各项工作水平。本报告立足于文联工作实际情况，系统总结了 2013 年文联工作概况，分析了文联在发展过程中的薄弱环节和存在问题，提出了今后的发展前景和思路。

关键词：

郑州市文联　文艺事业　发展报告

2013 年，郑州市文联根据市委、市政府要求，工作主要是围绕一条主线，实现两个目标，搞好三项服务，实现四个快出。即：坚持以邓小平理论、"三个代表"重要思想、科学发展观为指导，按照高举旗帜、围绕大局、服务人民、改革创新的总要求，以学习宣传贯彻党的十八大精神为主线，以文化强市、文艺惠民为目标，以建设社会主义核心价值体系为根本任务，以不断满足人民精神文化需求为出发点和落脚点，以改革创新为动力，突出强化以人民为中心的工作导向，以搞好服务中心大局、服务省文联和各协会、服务会员为根本，实现"出人才、出精品、出局面、出效益"的目的，全面提升各项工作水平，为推动全市文艺大发展大繁荣、加快郑州都市区建设做出新的贡献。为推动郑州市文艺事业繁荣发展和社会进步，为郑州都市区建设做出了积极贡献，取得了一定的成绩。现将有关工作开展情况汇报如下。

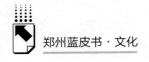
一 2013年度重点工作完成情况

（一）深入开展"坚持依靠群众、推进工作落实"长效机制工作和基层党组织及共产党员"创先争优"活动

（1）为深入贯彻落实党的十八大精神，着力构造"坚持依靠群众，推进工作落实"长效机制，努力发挥文艺工作引领群众、深入群众、面向群众、联系群众、依靠群众、服务群众的积极作用。市文联群众工作队在认真学习、提高思想认识的同时，深入基层开展调研活动。以钟海涛主席、徐大庆书记为队长的群众工作队多次深入社区及农村，走访、摸排情况，结合当地实际及文联自身情况，有的放矢地开展工作。工作队在钟海涛主席的带领下，多次深入基层与管城石建社区有关领导进行座谈，就进一步加强社区文化建设，丰富广大市民群众精神文化生活等问题展开了认真的讨论。大家表示"坚持依靠群众、推进工作落实"，不断加强帮扶工作，就是要以实实在在为群众办实事、办好事为出发点和落脚点，切实建立起"长期、对口、分片"联系帮扶机制，通过组织艺术家经常性地下基层、进社区，开展近距离和群众面对面的交流、授课、辅导及文艺演出等活动，努力营造稳定、有序、和谐的发展环境和群众生活环境，把"坚持依靠群众，推进工作落实"长效机制真正落到实处。市剧协、市音协组织老艺术家深入航海东路街道办事处开展"种文化到基层"活动，特邀国家一级演员、国家非物质文化遗产传承人的虎美玲老师，面对面地向大家讲述有关戏曲舞台表演艺术的常识，受到群众的肯定和赞扬。通过"种文化到基层"活动的开展，形成机关深入基层、联系群众、听取群众意见的长效机制，建立完善机关党建带动基层党建、机关党建和基层党建共建共促的机制和制度，真正抓好共建活动的落实。

（2）市文联积极开展文艺志愿者活动。在管城回族区航海东路街道办事处映月路社区隆重举行了"中国书法驻万家文艺志愿者活动中心暨书法家之家"授牌仪式。此次活动是文联贯彻市宣传思想文化工作会议精神、积极响应中国书协"中国书法驻万家"号召而举办的一项具体活动，目的是充分发挥文艺志愿者的专业优势，更好地为基层培养骨干，提升基层自身文化建设的能力。

（3）为贯彻落实市文明委关于组织学雷锋文化志愿者进乡村少年宫活动的指示要求，提高农村未成年人的文化涵养。文联学雷锋文化志愿队专程赶赴新密市曲梁镇中心小学少年宫组织开展"摄影与书法艺术欣赏和辅导"活动。活动有摄影和书法作品展览以及相关知识辅导，活动结束时，市文联学雷锋文化志愿队将展览的作品全部赠送给少年宫，并同时赠送了书法和摄影知识的书籍、光盘，为其下一步开展相应活动积极创造条件。

（二）坚持服务中心工作及重大节庆、纪念日，发挥文联职能作用，大力开展文艺展演活动，文艺界作用日益凸显

市文联和各文艺家协会紧紧围绕"坚持科学发展，构建和谐郑州"这一主题，广泛开展各类文艺活动，为建设和谐文化、构建和谐社会提供精神动力和智力支持。

（1）为响应中宣部号召，贯彻落实中国文联、省文联关于开展"送欢乐、下基层"活动精神，丰富城乡基层文化生活，由市文联、市书协、市美协主办的"送欢乐、下基层"文化活动于2013年1月在郑州市嵩山饭店启动。郑州市著名书画艺术家10余人参加笔会，共创作书画精品70余幅，义写春联200余副捐赠给嵩山饭店。表达了艺术家关注基层、奉献爱心的一片深情。

（2）喜迎新春佳节，2013年1月24日由市文联、郑州老艺协组织的"送欢乐下基层"活动在郑州电力公司拉开帷幕。市人大原主任、郑州市老艺协会长岳修武，市文联主席钟海涛同志带领李智、翟本宽、王晨、罗治安等著名书画家10余人，为郑州电力公司职工现场书写对联数百副，创作书画作品近百幅，全部无偿赠给电力公司职工。受到广大职工的热烈欢迎，进一步提高了职工的文化艺术修养，丰富了职工群众的文化生活。

（3）为庆祝建党92周年，丰富市民群众的文化生活，郑州市文联与管城区航海东路办事处在映月路社区活动广场联合举办了"唱支山歌给党听"广场文艺活动。演出节目包含了舞蹈、戏曲、小品、相声、快板等多种文艺形

式，演出节目都是观众喜闻乐见的文艺形式和耳熟能详的精品名曲，使现场观众享受到一次高品质的精神盛宴。

（4）由市委宣传部、郑州市文联主办，郑州市音协承办的"走向复兴——郑州市庆祝中国共产党建党92周年合唱专场音乐会"在郑州大学西亚斯国际学院音乐厅成功举办。音乐会大气磅礴、催人奋进，以合唱艺术的独特魅力，为中国共产党建党92周年献上了一份厚礼。进一步丰富了校园文化生活，提高了学生的艺术修养。

（三）围绕郑州厚重历史、人文景观，挖掘中原地方文化特色，树立地域文化品牌，着力打造文联工作亮点

（1）郑州市文联、登封市委宣传部和荆浩艺术研究院联合主办了"天地之中"——全国著名画家走进中岳嵩山采风活动，全国20多位画家为登封绘制了美丽的画卷，用写意的形式展现了"天地之中"文化，展示了中岳大地文明，为登封留下了宝贵的精神财富。

（2）举办了"中国·伏羲山杏花节全国摄影大赛"，来自全国各地的300余名影友参加了开幕式。这届摄影大赛除设有人文、风景奖项外，还根据摄影的发展设置了视频奖项。

（3）举办了由郑州市文联、长沙市文联主办，郑州市书协、长沙市书协承办的"美丽郑州——长沙·郑州书法艺术联展"，该展览在郑州升达艺术馆隆重开幕。本次展览是两个中部大省的省会城市书协首次联手，在艺术方面有诸多相似之处和深厚历史渊源。

（4）举办了由郑州市文联、青岛市文联、乌鲁木齐文联和海口市文联共同主办的"美丽郑州——郑州·青岛·乌鲁木齐·海口书法联展"。此次联展促进了协会间的精诚合作和事业上的共同进步和发展。

（5）为认真落实中国文联关于在全国开展文艺志愿者服务的精神要求，更好地使全市广大艺术家和文艺工作者参与社会实践，服务人民群众，奉献艺术才华，市文联在二七区文化馆启动了郑州市"中国书法驻万家"文艺志愿者服务活动暨"书法家之家"授牌仪式。对二七区文化馆、亚星社区等7个单位和荥阳电业局等5个单位进行了"书法家之家"授牌。"中国书法驻万

家"活动将在全市各社区、村镇、机关、学校逐步展开，设立"书法家之家"，根据基层单位实际情况，按照要求统一指导、统一规划、统一安排分批实施，并将实行三级网格管理服务，对学员进行书法教学辅导。"中国书法驻万家"活动的开展，是变过去的"送文化"为现在的"种文化"的重要举措。此次活动弘扬了中国书法艺术，让书法这门古老的艺术在人民群众中生根、开花、结果，以不断发现和培养优秀书法人才，壮大郑州市书法队伍，使郑州实现书法大市向书法强市的跨越，从而为郑州都市区建设和文化强市做出有益的探索和积极贡献。

（6）市文联组织的"种文化到基层"系列活动之"音乐名家讲座音乐艺术"在管城区航海东路街道办事处举行。郑州市著名音乐家、国家一级作曲、河南省音协副主席、郑州市音协主席朱金键老师用通俗易懂的语言、讲唱结合的方式，深入浅出地介绍音乐乐理、发声要领、合唱技巧等方面的知识，赢得了广大群众的欢迎。

（四）以"出作品，出人才"为文联工作重点，着力培养优秀文艺人才，不断推出文艺精品

（1）为庆祝"三八"国际妇女节，丰富郑州市市民文化生活，由市文联、郑州市女子书画家协会联合主办的"庆'三八'郑州市女子美术作品展毛鸿雁油画写生作品专场"在郑州市群众艺术馆举办，受到书画界名家的高度赞赏。

（2）郑州市音协合唱团荣获首届河南省音乐"金钟奖"合唱比赛金奖，并应邀参加了在河南艺术中心音乐厅举办的"'金钟之声'合唱暨颁奖音乐会"，向全省人民展示了郑州市合唱艺术的魅力，也为郑州市的精神文明建设做出了一定的贡献。

（3）市文联党组书记徐大庆同志荣获第三届河南省摄影金像奖、创作奖。2013年10月份，作为"北京国际摄影周2013"主题展之一的"亦幻——徐大庆摄影作品展"在北京国际摄影周主会场中华世纪坛精彩亮相。独具意境、灵动唯美的12幅天鹅系列作品受到了摄影界专家和观众们的一致好评。人民网、新华网、《大河报》、《郑州日报》等多家媒体进行了报道。徐大庆摄影作品展亮相北京国际摄影周，是郑州市力推本土文化名人的具体举措，不仅让全国乃至世界观众看到了"郑州摄影"的存在，也为提高郑州文化美誉度起到了积极的推动作用。

（4）中国书协会员、河南省书协理事、河南省书协草书委员会副主任、郑州市文联主席钟海涛向母校河南大学捐赠章草长卷《河南大学赋》和《钟海涛章草毛泽东诗词》作品集。该长卷长 20 余米，由河南省诗词学会副会长、秘书长王国钦撰写赋文，钟海涛作书。

（5）由河南省美术家协会、郑州市美术家协会主办的"禅境犁痕——罗治安山水画精品展"在中原古玩城宏远经典水墨经纪中心成功举办。

（6）由郑州市慈善总会、郑州市电视台联合主办的"当代书画名家作品鉴赏及慈善义卖会"在东方鼎盛中心六楼隆重举行。郑州市著名书法家钟海涛的两幅四尺书法作品以 76500 元的竞拍价格创此次义卖的新高。此次书法作品义卖活动主要是针对登封市大金店镇桑楼村小学教室简陋破旧，教学设施老化落后而举办的。义卖所得善款将全部捐献给该村小学用于改善学生的学习生活条件。

（7）在河南省戏剧家协会主办的第十届河南省少儿戏曲小梅花大赛暨第十八届"中国少儿戏曲小梅花荟萃"河南选拔赛中，由郑州市剧协推荐报名参赛的 8 名小选手以突出的表现获得了"小探花一名、金奖二名、银奖三名、铜奖一名、优秀奖一名"5 个奖项 8 枚奖牌的优异成绩。

（8）郑州市文联书法家协会副主席、著名书法家王富强以其在书画艺术上的独特创作及在艺术界的崇高声望，被特邀参加"2013 海峡两岸（重庆）书画作品交流展暨两岸书画艺术发展论坛"。王富强用他独特的书法技艺挥毫泼墨，独有的悬空书写的绝技一气呵成，钢骨有力的作品展示在海峡两岸艺术家的面前，得到了高度评价。

（9）2013 年 10 月，文联主办了"诗情墨韵——岳修武书法作品展"。全国政协常委、中国书协主席张海、市领导王璋等及书法界数百人参加了开幕活动。此次书法展，让更多人参与到群众文化和艺术创作中，对提升郑州市人民群众的文化素养和文明程度起到了积极推动作用。举办了"孙永茂扇面书法精品展"；举办了"丹青四味——钟海涛、王一汀、刘佳、焦新帅书画作品展"，并由海燕出版社出版发行了《丹青四味》作品集。

（10）举办了"郑州市第 24 届文学笔会暨黄帝故里诗歌散文创作启动仪式"。来自郑州市以及新郑、新密、巩义、登封、中牟、上街等县（市、区）的作家 60 余人参加了此次笔会。河南省作家协会副主席、河南省文学院院长何弘，新郑市市委副书记、代市长刘建武等领导出席了启动仪式。举行了"美丽郑州　诗意生活"著名诗人中牟采风活动，河南省美术出版社出版发行了《钟海涛章草道德经》一书。

（五）进一步提升文艺工作和文联工作的科学化水平，抓好文联自身建设和各文艺家协会的组织建设

（1）河南省民间文艺最高奖——金鼎奖在郑州颁奖，新密市民间文艺家协会获民间文艺"成就奖"（集体奖），新密市民协高力升、登封市民协吴长军获民间文艺"成就奖"，郑州作家赵富海的《老郑州三部曲》获民间文艺学术著作奖，郑州作家吴小妮的《嵩山神话传说》获民间文学作品奖。郑州市民协秘书长赵昕炜获 2012 年民间文艺工作先进工作者，充分显示了近年来郑州市民间文艺事业走在全省前列的地位。

（2）2013 年 5 月，中国民间文艺家协会发文，正式命名荥阳市为"中国象棋文化之乡"、"中国嫘祖文化之乡"，并建立"中国嫘祖文化传承基地"。

（3）在纪念毛主席《在延安文艺座谈会上的讲话》发表 71 周年之际，由郑州市文联、郑州老艺术家协会主办的"郑州老艺术家协会书画研究班书画汇报展"在市文联当代艺术馆开幕。

（4）为庆祝第 86 个建军节，增进驻郑部队与郑州人民的鱼水情谊，丰富广大官兵的精神文化生活，2013 年 7 月，市委宣传部与市文联的相关领导来到驻郑预备役高炮师，举行郑州本土电影入军营启动仪式，郑州市电影电视家协会相继组织 8 部优秀本土影片送进驻豫部队，在丰富部队官兵文化生活的同时，让官兵们对郑州及郑州的发展有更多的了解，进一步巩固同呼吸、共命运、心连心的军政、军民关系。

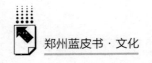

二　文联工作中存在的问题

就目前文联和协会的现状来看，还存在着诸多制约全市文艺发展和繁荣的因素和问题，其主要表现为：发展郑州市文艺事业任重道远，做好文联工作永无止境。在看到成绩的同时，我们也要清醒地认识到，我们的工作与市委、市政府的要求和全市人民的期望还有不少差距：①各文艺门类精品力作还不平衡，与郑州的经济社会发展还不相适应；②对优秀文艺人才的发现、培养、扶持、推介的力度还需要加强；③对各协会和各县（市）区文联的联络协调服务水平和质量还有待进一步改进和提高；④工作中仍存在机制不活、观念保守、服务弱化、经费缺乏、品牌不多、名人较少等诸多问题。

三　进一步推动工作的措施

针对以上现状及问题，为使郑州文艺界取得更大意义上的发展与繁荣，与省会城市地位相称，在全省各地市居于龙头地位，特提出以下建议及改进措施。

（一）建立奖励激励机制

鼓励艺术家积极投身创作，激励不断出精品。建议市委、市政府设立"郑州文艺奖"，每年拿出一定资金，对影响大、反响好的作品及优秀文艺人才给予重奖。盼望市委、市政府加大对文联政策、经费等方面的倾斜和支持力度，加大对文联各协会文艺骨干的培养、使用，促进其相互交流。

（二）建立郑州市文艺人才引进机制

为了更好、更多地出人才、出精品，呼吁郑州市委、市政府建立《郑州市文艺人才引进办法》，以优惠条件，不断吸引优秀人才落户郑州，借外力发展和繁荣郑州文艺事业。

（三）建立郑州文学院

文学是文艺发展的根本和排头兵。郑州作为省会城市，组建文学院已是当务之急。建议市里给编制，成立郑州文学院，一方面奠定郑州省会城市文学的龙头地位，另一方面从根本上解决文联和协会编制少、人才不能流通的问题。

面对新形势、新任务、新要求，在今后的工作中，市文联要在市委、市政府的领导下继续坚持"双百"方针、"二为"方向和"三贴近"的原则，进一步更新观念，解放思想，求真务实，不断地为开创郑州文艺事业的新局面而勤奋工作，为更好地满足全市广大人民群众日益增长的精神文化需求而努力奋斗，为郑州都市区建设，助力郑州新型城镇建设提供精神支持，为全市经济社会跨越式发展、实现郑州经济社会持续又好又快发展做出新的更大的贡献。

B.7
郑州市社科联（院）年度发展报告

王玉亭*

摘　要:

本文回顾了郑州市社科联（院）2013年的工作情况，重点介绍了围绕郑州经济社会发展中的重大理论和现实问题，团结攻关所取得的成绩，针对当前社会科学发展的现状客观分析了存在的主要问题，对今后社科工作的发展趋势和前景进行了预测。

关键词:

郑州市社科联（院）　社科事业　发展报告

2013年，郑州市社科联（院）紧紧围绕市委、市政府中心工作和郑州经济社会发展中遇到的重大理论和现实问题，组织理论研讨，规划调研课题，以调研成果助推郑州市"三大主体"工作的开展，促进社会和谐进步，"思想库"、"智囊团"作用得到了较好发挥，圆满完成了年度各项目标任务，被评为全国城市优秀社科联单位、全国城市社科院先进单位、全省社科系统先进单位、郑州市"坚持依靠群众推进工作落实"长效机制工作先进单位等。

一　发挥"参谋"、"智囊"作用，助推经济社会发展

（一）贯彻党的十八大和十八届三中全会精神，学习型党组织建设卓有成效

郑州市社科联党组按照建设学习型党组织的要求，加强组织领导，专

---

* 王玉亭，郑州市社会科学院副院长。

题研究改进学习方法，根据社科工作实际，制订详细的学习计划。认真学习习近平总书记一系列重要讲话，用党的十八大精神统一思想，指导实际工作，参加组织系统封闭式研讨班，专题组织班子领导集中学习 10 次，集中研讨 7 次。在抓好中心组理论学习的同时，每周以"读书会"为平台，组织机关干部职工学习、研讨，提高了学习的自觉性，在机关上下形成浓郁的学术氛围。

（二）围绕重大理论和现实问题，理论研究成果丰硕

1. 精心谋划重点招标课题

围绕郑州市中心工作，破解郑州经济社会发展"瓶颈"，组织重大课题研究，调研成果进入领导决策，较好地发挥了"参谋"、"智囊"作用。2013 年 1 月 4 日，胡荃副市长在"2012 年重点调研课题成果"上批示："请二处分交各相关部门研究，供借鉴采纳研究成果。"课题发送给市发改委、市文化局等 24 个相关市直部门参考。2013 年上半年，在广泛征求意见、请专家论证分析的基础上，市社科院拟定了"郑州航空都市建设问题研究"等 10 项重点课题，面向社会公开招标；2013 年 8 月 16 日，召开 2013 年重点课题评标会，经专家评审，"文化助推经济社会发展问题研究"等 10 项课题中标，2013 年底将结项。孙金献副市长在我们呈报的"2013 年重点调研课题成果摘要"上批示："请建东、书峰同志阅研。10 个重点研究课题研究有较大的参考价值和利用基础，请组织人员研究在智慧城市规划纲要和都市区提升规划修改完善中予以应用借鉴和吸纳。"

2. 申报省（部）级和市级课题有突破

申报中标的中国老龄办部级课题"老龄农业的发展现状与价值分析"，已上报结项；申报的省计生委课题"河南省农村人口转移的现状、问题及其对策研究——新型城镇化背景下的人口转移问题分析"、省社科联课题"郑州东区高铁站网格化管理研究"、市科技局软课题"郑州市科技与文化融合发展战略研究"、市社科联调研课题"郑州市新型城镇化研究"均获得立项，并于年底顺利结项，获发标单位好评。

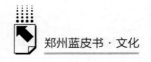
3. 高标准完成了市委、市政府领导交办的临时性调研课题任务

积极参与王璋副书记主抓的《坚持依靠群众，推进工作落实——郑州市以网格为载体长效机制的实践与探索》一书的编写。该项工作经过近半年的调研和编写，在评审会上获得市委领导好评，该书已公开出版发行，受到读者好评；参与调研和编写市委宣传部课题"郑州市'坚持依靠群众推进工作落实'长效机制深化规范提升调研报告"，已经结项，得到宣传部领导的赞许。

4. 注重横向合作项目的运作，锻炼了队伍，提升了研究水平

主动与政府政研室合作，编写国发中心课题"郑州市建设用地集约利用问题研究"，目前初稿完成，已上报国发中心；与省规划设计院合作，参与编写《中原食品工业园发展规划》；与郑州职业经贸学校合作，参与省社科联课题"郑州东区高铁站网格化管理研究"获得立项，目前正在编写中。

（三）《社科内参》定位准确，效果显著

《社科内参》创办定位是：突出一个"真"字，打造一个"实"字，编辑一个"精"字，把《社科内参》的"内"字和"参"字的含义凸显出来，实现"快"和"准"，便于领导参考。按照这一定位，我们针对郑州市经济社会发展中遇到的热点、难点和亟待解决的问题，调研编印了《我市网格化管理的阶段特征与提升方向思考》、《"文化大郑州"发展战略研究》、《崛起的"共享经济"给予郑州发展的启示》、《紧抓"两大规划获批和高铁开通"机遇提升区域合作水平》、《文化大郑州战略研究》、《"曹妃甸"现象对我市城市建设的警示》6 期《社科内参》，把专家学者提出的新思路、新观点、新措施等，及时呈送市领导决策参考，受到了各级领导的关注和好评。

（四）年度调研课题结项、立项顺利完成，获市主要领导批转肯定，成果进入领导和部门决策

2013 年 4 月，郑州市社会科学优秀成果评奖委员会、市社科联对本年度公开招标社科调研课题立项 920 项，结项 772 项，经郑州市社会科学优秀成果评奖委员会评定，共有 176 项社科调研课题获奖。从课题质量和针对性上看，

呈现针对性强、调研深入、理论水平高、可操作性强等特点，为郑州经济社会发展提供了可靠的理论支持和决策参考。我们将这些获奖课题的主要观点、论证分析和对策建议，以"建议、归纳、整理、汇总"的形式呈送市领导阅示，引起高度关注。2013 年 7 月 21 日，吴天君书记批示："请市发改委领导同志学习借鉴，归纳合理的建议可转化为推动工作的措施。"马懿市长批示："社科联组织的研究课题很有意义，请金献、建慧、马健同志阅研。"王璋副书记批示："调研课题选得准，对策建议也比较具体，有针对性。请分门别类，将研究成果分转有关部门和领导小组，把好的对策和建议融入具体工作中去，防研究与使用两张皮现象。望今后的工作更加贴近市委、市政府中心工作，突出长效机制建设工作，突出航空港区和中原经济区两大国家级战略重点，开展更具针对性课题。"

（五）创新形式，社科知识宣传普及成效明显

一是社科知识大篷车活动。为学习贯彻落实党的十八大和十八届三中全会精神及省委书记郭庚茂关于实现中原梦的讲话精神，普及哲学社会科学知识。我们在 7～11 月份开展了"河南省郑州市社科知识大篷车进基层"活动，邀请各类专家学者进行不同形式的讲座 15 多场次，听讲人数 8900 余人。其中，2013 年 9 月 16 日和 11 月 14 日，邀请中国人民解放军信息工程大学肖占中教授以"美国战略东移与中国安全问题"为题，分别为全市公务员和社区基层干部做了两场精彩的军事专题报告，取得良好的社会效果。

二是中原大讲堂活动。为丰富市民精神文化生活，提高公众人文素质，2013 年郑州市社会科学界联合会主办的"中原大讲堂·郑州讲堂"系列公益讲座成功举办了 19 场，直接参加群众 3 万余人，在市民群众中取得了很好的反响。

（六）搭建平台，"社会科学学术年会"有新意

为进一步推动郑州市广大社科工作者的理论研究和应用研究，不断提高学术水平、学术层次，切实提升研究质量，推动学术、学科建设深入发展。2013 年 11 月 1 日，由郑州市社会科学界联合会、中州大学联合举办的郑州

市 2013 年社会科学学术年会在中州大学隆重举行，主题为"贯彻十八大精神　实现郑州新跨越"。与会专家围绕提高郑州市对航空港区的支撑作用、构建现代产业体系、节约集约用地研究、"文化大郑州"建设的思路与对策、郑州市网格化管理机制运行情况等，提出了不少具有很强针对性的对策建议。并为"贯彻十八大精神　实现郑州新跨越"学术论文获奖的 50 项成果颁奖。这次学术年会的召开，为郑州市社科界搭建了一个高层次、品牌化的学术交流平台，也为促进郑州学术交流与创新，打造郑州市学术品牌提供了舞台。

（七）社科学会活动积极活跃，学术氛围浓厚

指导各学会召开了丰富多彩的学术活动。郑州市行为科学学会 1 月召开"2012 年学会暨首届研究生论坛"；10 月，郑州市逻辑学会召开 2013 年年会，郑州市地方史志学会举办了"第十届全国中心城市地方志工作交流会"；郑州市法学会等其他各学会也相继开展了一系列丰富多彩的学术活动，服务于郑州市经济社会发展。

（八）把握正确舆论导向，全新理念办好社科期刊

《中州纵横》杂志把握了正确舆论导向，传递社会信息，发表理论观点，展示时代风貌，效果显著。将原有的"论坛"调整为"学习、宣传、落实十八大精神"，全年围绕解读、宣讲十八大精神的主题共组织理论稿件 20 多篇；对原有的"前沿"、"关注"栏目进行重点策划包装，突出其理论性、预见性和可读性，邀请相关领域专家围绕专题深入探讨，精心策划，走精品化道路；立足郑州，贴近郑州，新开辟了"郑州名片"、"时评"、"新语"等几个栏目，深受读者的好评，本年度荣获"河南省社科联系统优秀内部资料"荣誉称号。

二　社会科学面临的主要问题分析

从宏观角度分析，当下社会科学领域还有以下问题需引起关注。

（一）对社会科学作用认识不够，社会地位不高

社会科学是中国传统文化的精髓，"万般皆下品，唯有读书高"是封建社会人们的思想写照；"知识改变命运，科技强国"是被现代人认同的读书"哲理"。因此，从历史到现实，社会科学逐渐获得了作为一类学问的社会地位。

改革开放以来，思想文化领域拨乱反正、正本清源，助推了社会科学研究的恢复和健康发展，各地的社科联、社科院也相继建立，社会科学的政治色彩也逐渐淡化。然而，社会科学在普通民众甚至领导层心目中的本真形象却未确立起来，尤其是在市场经济快速发展的今天，在片面追求经济效益和急功近利的文化氛围和社会环境中，社会科学始终未获得应有的社会地位。主要表现为以下三点。一是讲起来重要，实际工作中忽视。社会科学见效慢，不能立竿见影，对一个地方的影响不像抓经济那样"快出政绩"，因此实际受关注度不够。二是社会科学与自然科学的成熟程度不同，导致两大知识体系之间的人为冲突，造成自然科学的社会地位和作用远高于社会科学，因而也占有更多的社会资源，使得社会科学成果难以得到社会的普遍承认。三是必要的经费投入不够，受急功近利和短期行为的影响，社会科学不被社会重视，经费投入严重不足。改革开放以来，我国经济持续快速增长，国家财力显著增强，但是社会科学投入的增长却十分缓慢，远低于同期自然科学投入的增长，从各地自然科学研究项目和社会科学研究项目的投入可见一斑。经费投入的严重不足制约了社会科学的日常研究，更谈不上繁荣发展，2004年《中共中央关于进一步繁荣发展哲学社会科学的意见》强调的自然科学与社会科学"如车之两轮，鸟之两翼"就成了一纸空文，各级政府适当增加对社会科学的经费投入已到了刻不容缓的地步。

（二）片面意识形态化制约社会科学的繁荣发展

社会科学研究既不能片面强调意识形态化，更不能强调绝对的独立化，应突出自身领域特点或超越意识形态，科学公正地得出研究结论，为经济社会发展提供有价值的参考和未来的发展预测，否则不利于促进社会科学的客观性和科学性的发挥，其作用也会大打折扣。改革开放初期，阶级斗争绝对化的思潮

还根深蒂固，市场与计划的问题还定位在姓"资"和姓"社"的上，违背了社会科学求真的精神，甚至以现实的政治需要决定学术的真伪。人文社会科学研究应该建构起自己的研究对象，而不是简单地将那些社会热衷的现象作为其研究的对象，而迷失对整个社会宏观和微观的认识。尤其要防止简单地，甚至是不加批判地去迎合，将个人的学术观点嵌定在"人云亦云"的浮躁层面上，丧失求真精神的"科学"研究。当下，网络信息发达，各种观点、热点、诉求和敏感问题炒作盛行，社会科学研究更应该稳住阵脚、把握全局、冷静思考、科学分析，得出经得起历史检验的正确结论，从而凸显社会科学的批判性与超越性，起到其先导性和预测性作用。

（三）评价机制不规范，社会科学成果转化难以真正实现

社会科学成果的评价，是对社会科学研究成果的进一步确认、进一步社会化。社会科学研究工作是一项复杂的、艰苦的、创造性的劳动，社会科学研究成果是社科工作者科研劳动的凝结。如何评价社科工作者的创造性劳动，评价社科成果的价值，评价的标准公正与否，是否科学、合理地反映出其劳动价值，也关系着社会科学研究的方向和兴衰。由于社会科学和自然科学的不同特点，社会科学研究的评价标准长期困扰着社会科学界。值得注意的是，在社科成果评价中，存在着一定程度的重实践应用，轻理论研究；重领导批示肯定，轻学术评价；重大部头的著作，轻调研报告；重发表刊物"级别"，轻文章本身质量；重学会（单位）名额分配平衡，轻社会自然人的申报，如此等等长期形成的成果评价"思维定式"，必须尽快得到纠正。就社会科学而言，什么样的成果才算科学成果，字数多少才算得上成果；具体到科研成果的形式，应该重视专著，还是论文、调研报告呢？我们应该正确对待这些问题，尤其要具体问题具体对待。就科研成果的形式来说，我们不仅要重视专著、论文，而且还要重视与现实紧密结合的优秀的调研报告。因为好的调研报告不仅会影响到政府决策的制定，甚至会直接转化为政府政策，推动经济社会的和谐发展。优秀调研报告的创造性、科学性、转化性，特别是在转化性上并不亚于论文或专著。社会科学成果的评价是一项影响因素多、评价结果的准确度难以控制的复杂工作，比起自然科学、工程技术成果

的评价要复杂，难以定性、定量，需要进一步科学化、规范化。我们要积极探讨社科成果评价的科学方法，基础理论和成果应用并重，学术价值和社会化统一，多想办法；在实践价值、创新程度、影响力度和效益评估的统一上，给社科成果一个科学的评价；在评价方法上，运用好定性、定量和多因子综合评价方法，体现其评价的客观公正。

从某种意义上说，社会科学存在的全部意义和本质是对社会变化进行说明和预测。我们要增强社科工作者参与重大决策咨询的能力，加大为经济建设和社会发展服务的力度，研究的内容和课题应更多地着眼于现代化建设中的重大理论问题和实践问题，着眼于分析新情况和面临的新问题，提出解决对策。我们在重视社会科学理论成果的"社会化"的同时，也要承认社会科学的基础理论研究不适于直接社会化，更难以市场化，但它为应用研究与咨询服务提供了理论支撑和积累，没有基础理论研究的支撑，应用与咨询服务也难有研究权威性与市场的号召力。社会科学必须通过"社会化"以实现自身的价值，社会科学的成果要进入社会，服务社会，更好地为党和政府的科学决策服务，只有这样才能使社会科学成果在人类社会进步事业中产生更大的影响，发挥更大的作用。因此，建立一套科学的、便于操作的社科成果评价机制已刻不容缓。

三　社会科学发展的趋势探析

随着经济社会全球化进程的日益加快，尤其是信息化的飞速发展，人们的思想意识和行为观念正发生着深刻的变化。社会科学作为研究社会现象及其规律的科学，必将凸显它的地位和作用。

（一）社会科学重要地位和功能将会逐步得到人们认可

改革开放给国人带来的变化举世瞩目，特别是进入 21 世纪以来，我国改革开放的深入推进和综合国力的不断提升，社会科学的地位和作用更加凸显。特别是党的十八大和十八届三中全会制定的一系列改革宏伟目标，使社会科学在我国进入全面深层次改革中显示出更加重要的作用。随着改革的逐步深化，

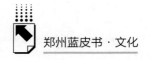

许多前所未有的社会矛盾、社会问题和社会热点，等待社会科学深入研究，社会科学的地位和功能将进一步被重新认识，广大社会科学工作者将大有可为，社会科学事业必将再次迎来自己繁荣发展的春天。

（二）社会科学服务社会的需求作用将会进一步加强

改革开放以来，社会需求的多元化和人们思想观念的多元化发展，迫切需要社会科学的引导和阐释，社会科学较好地发挥了咨政育人、服务社会的作用，促进了社会的和谐进步，功不可没。社会的进步和信息化领域的迅速扩展，使社会科学发挥作用的空间和潜力更大。社会科学来源于实践、来源于社会，理所当然也就应该主动服务于实践、服务于社会，这也是社会科学之所以始终保持生机和活力的原因所在。社会科学既要在学理创新上迈出更加坚实的步伐，也要努力把为社会服务作为自己的历史使命和研究治学之本。值得注意的是，社会科学由于自身的特殊性和功能性，在对经济社会发挥作用时，不能有急功近利、立竿见影的思想，科学阐释、分析预测、导向作用才是社会科学咨询研究的根本。

（三）社会科学总体创新能力将会进一步提升

改革开放以来，经济社会得到了飞速发展，许多新情况、新问题也给社会科学研究拓展了空间，社会科学迎来千载难逢的创新机遇，出现了一批具有战略视野的研究成果，其创新能力也有了很大提高。但是，与迅速发展中的经济社会需求相比，与党和人民的期望相比，还远远不够，差距还比较大。从各级、各地创办的社科类理论刊物和研究成果来看，尽管研究的成果绝对数量庞大，但绝大多数成果还在阐释、介绍和宣传层面徘徊，深层次、有见地的独立思考不够，对一些重大理论和现实问题的回答还不能令人满意和信服，其原因主要是受一些外界环境因素的左右还比较大。因此，还需进一步解放思想，打破固有的思维定式，创造良好的学术研究环境，强化社科队伍自身建设，不断提升科研成果质量，相信社会科学在新一轮的改革大潮中，总体创新能力定将进一步提升。

（四）社会科学研究成果的内外交流将会更加广泛

社会科学作为国家软实力的一个重要方面，其功能不仅是服务本国人民，还在于对外的学术传播、交流与推广。国际上有几家知名的咨询服务公司，起步早，发展比较成熟，涉猎社会科学的诸多领域，具有较大的影响力，其研究成果被国际上广泛采用和认可，无形中也增强了所在国的国际话语权，提升了所在国的国际地位。相比之下，我国不仅在国际交流方面显得还比较弱，而且国内社科机构间的交流机制也不健全，这与我国快速发展的经济水平，与我国迅速提升的国际地位，不相符合。随着我国综合国力的不断提升，加强学术交流尤其是国际交流，必将成为未来的发展趋势，这不仅有利于具有中国本土特色社会科学成果的传播，同时也符合构建和谐世界的大潮流。

专题研究

Special Reports

B.8

郑州现代文化市场体系的培育与提升研究

郭 艳[*]

摘 要:

郑州文化产业近年来发展迅速，但也出现了一些深层次矛盾和问题，培育现代文化市场体系已经成为破解难题的基础。未来应当针对郑州现代文化市场体系建设过程中存在的突出问题，着眼于"统一开放、竞争有序"的建设目标，以增强创新能力为突破口加强顶层设计，通过兼并重组来发展和壮大市场主体，积极推进文化要素市场的发展，鼓励和引导居民文化消费，构建文化市场法制化管理机制，建设良好的信用体系，打造发达的现代流通体系，发展文化市场中介和行业组织。

关键词:

郑州 文化市场体系 提升对策

* 郭艳，河南省社会科学院中原文化研究所副研究员。

《中共中央关于全面深化改革若干重大问题的决定》指出要建立健全现代文化市场体系，这是中央对文化市场工作的基本要求，也是未来文化市场发展的目标。建立健全现代文化市场体系，对于破解郑州文化产业发展"瓶颈"、激发文化创造活力、推进文化大发展大繁荣，具有重要意义。今后，为了进一步培育与提升郑州文化市场体系，大力发展文化产业，必须着眼于"统一开放、竞争有序"的建设目标，重点解决郑州文化市场现有体系中不健全的薄弱环节，重点抓好文化市场主体、要素市场、流通体系和监管体制等方面的建设。

一　现代文化市场体系的内涵与特征

（一）基本内涵

市场体系是社会化大生产发展到一定阶段的产物，由生活资料市场、生产资料市场、劳动力市场、金融市场、技术市场、信息市场、产权市场、房地产市场等各类市场组成的相互联系、相互制约的有机整体。从构成要素来看，文化市场体系就是指文化市场主体在一定的市场环境中，生产、流通、分配、消费文化产品、服务、要素等市场内容的统一过程。这种市场内容不仅包括面向市场的各类文化产品市场、文化服务市场，也包括文化资本、产权、人才、信息、技术等文化生产要素市场。文化市场体系就是文化市场主体、文化市场内容、文化市场活动与文化市场环境诸要素的统一与互动。所谓现代文化市场体系，是指文化产品、文化服务市场和各文化要素市场在相互联系和相互作用中形成的文化市场有机整体。

（二）主要特征

现代文化市场体系具有如下特征。

第一，统一性。一方面在构成上，它是由书报、电子音像制品、演出娱乐、影视剧等文化产品和服务市场及资本、人才、信息、技术等生产要素市场相互作用、相互联系在一起形成的有机结合体。另一方面在空间上，各种类型

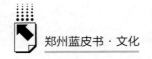
的文化市场在全国区域内是一个整体，不存在条块分割、地区封锁、城乡分离的文化市场格局，各种生产要素都能在全国范围内自由流通。

第二，开放性。各类市场主体能够自由地进入市场参与竞争，商品和要素能够在不同行业、部门、地区、国内外自由流动。通过对外开放促使各类文化市场主体主动参与国际分工和国际竞争，使国内市场与国外市场有效对接起来。

第三，竞争性。在各类市场竞争中，垄断竞争对当代市场体系的开放具有特别重要的意义，它促进了国际分工，扩大了产品的市场空间，促进了市场一体化。现代文化市场体系保护各种经济主体的合法经营和公平竞争，建立良好的市场竞争秩序，净化市场环境，从而促进文化生产要素的自由流动和优化配置，提高效率。

第四，有序性。有序的市场体系才有效率，各类市场都必须在国家法律和政策规范的要求下有序地运行。

二　建立现代文化市场体系的重要意义

随着郑州经济社会的发展，无论是文化资源配置，还是文化产品生产、传播和消费，都越来越离不开市场。构建统一开放、竞争有序的现代文化市场体系，已经成为郑州文化大发展、大繁荣的重要内容。

（一）现代文化市场体系有助于发挥市场在文化产业中的积极性作用

市场体系的基本功能是配置资源，实现商品价值，核算盈利，分配盈利，满足消费，促进生产服务。现代市场经济必须借助完整的市场体系，才能有效地配置资源。因为，市场经济中的市场机制是通过市场体系来发挥调节作用的，市场运行过程、市场秩序的形成和治理都需要通过市场体系来实现。构建统一开放、竞争有序的现代文化市场体系，有利于充分发挥市场在文化资源配置中的积极性作用。由于长期以来我国文化事业遵循计划经济体制下形成的模式进行建设，甚至改革开放以后出现的文化企业也没有完全按照市场经济规律进行经营，因此，我国真正意义上的文化大市场还没有形成。文化产业条块分割，部门垄断、地方垄断、国有垄断的现象依然存在；文化生产运行机制不活，面向市场、适应市场的能力较差；文化产业的市场主体尤其是民营企业发展缓慢，规模偏小，因此健全文化市场体系、发挥市场在文化资源配置中的积极作用，对促进郑州文化产业的大发展，增强郑州文化软实力尤为重要。

（二）现代文化市场体系可以促进郑州文化资源的产业转化

培育郑州现代文化市场体系，发展文化产业，对促进中原崛起、河南振兴、富民强省具有重要的意义。随着我国经济飞速发展，居民文化消费需求不断增长。有研究表明，当人均 GDP 超过 3000 美元的时候，文化消费会快速增长；而当人均 GDP 接近或超过 5000 美元时，文化消费则会进入"井喷时代"。根据国家统计局发布的数据，2013 年我国人均 GDP 已经达到 6629 美元，理论上已经进入文化消费"井喷时代"，然而事实并不乐观。尽管我国经济快速发展、居民收入不断提高，但居民文化消费总量却偏低。据调研数据测算，我国文化消费潜在规模为 4.7 万亿元，占居民消费总支出的 30%，而当前实际文化消费规模为 1.038 万亿元，仅占居民消费总支出的 6.6%，存在 3.662 万亿元的文化消费缺口。这对拥有丰富文化资源的中部省会城市郑州来说，是一次历史性的重大机遇。而建立完备的市场运作机制，充分发挥市场配置资源的能力，能够促使郑州丰富的文化存量资源转换为产业发展优势。由于文化资源作为一种非垄断性的无形资产，可以为任何国家、任何地区的创意企业进行开发利用，因此谁抢占市场先机谁就可以拥有其带来的经济社会效益。所以，郑州在建立健全现代文化市场体系时，不仅要意识到其重要性，更要意识到其紧迫性。因为，郑州的文化资源完全有可能会被其他文化市场体系健全的区域抢先开发利用。到时郑州即使拥有再多的文化资源，也生产不出具有巨大经济效益和社会影响的文化产品。

（三）现代文化市场体系可以更好地满足人民群众丰富的文化需求

文化企业不仅要生产大量的文化产品，还要努力使自己的产品在市场竞争中占有尽可能多的份额。只有让更多的消费者在市场中了解并接受自己的产品，文化企业才能获得利润，取得发展。随着人民群众收入的增加，文化娱乐支出比重和文化消费时间也在逐年增长，群众对文化产品和文化服务的多样性要求日益增强。与之相应，群众对文化产品和服务的质量也会有更高的要求。只有健全文化市场，不断形成多门类、多层次、多类型的文化生产和服务体系，才能从数量和品种等方面满足群众的文化需求。

（四）现代文化市场体系可以提升文化企业的生产能力

由于市场的配置作用，不同企业生产出不同的特色文化产品，提供不同的文化服务方式。消费者选择文化产品和文化服务时，余地也越来越大；而消费者选择文化产品自由度的增加，会进一步刺激并影响企业的生产。成功的文化企业通过消费环节对企业的生产进行调节，提升其生产能力，积极地向市场推出大量优秀的文化产品。当一种文化产品不再符合消费者的需求时，企业会努力改进自己的生产方式，提高产品的质量，从产品生产的创意、生产技术手段以及包装宣传等方面做出相应的调整。企业不是停留在原有水平上进行简单的调整，而是努力创新，用新的思路、生产方式和表现形式来生产出更好的文化产品。因此，通过市场体系的调节作用，文化企业不断创新生产的产品和提供的服务，从而不断增强其竞争力。这从客观上"催生"出一大批文化精品，对郑州文化产业的大发展和文化软实力的提升起了重要的促进作用。

三 郑州文化市场体系建设现状与存在问题

（一）郑州文化市场体系建设情况

郑州文化市场体系建设始于 20 世纪 80 年代，1984 年郑州市率先办起了全省第一家营业性舞厅之后，全省各地纷纷仿效，以国营单位兴办第三产业的形式开办舞厅、游戏室、录像厅、售书亭等，现代意义上的文化市场在中原大地初露端倪。1991 年起，各级文化行政部门以行政的、经济的、法律的、舆论宣传等多项措施，进一步加大培育郑州文化市场的力度。到 1998 年全市已形成包括娱乐、演出、电影、音像、书报刊、文物、美术、业余艺术培训、对外文化交流等主要艺术门类在内的市场格局，形成了国有、集体、私营、中外合资、合作等多种经营成分共同开发文化市场的经营体制。进入 21 世纪以来，随着社会主义市场经济体系不断成熟和文化体制改革不断深入，郑州文化市场体系建设无论在深度上还是广度上都取得了许多突破。

1. 文化市场总量不断扩大

随着郑州经济的快速发展和城乡居民消费结构的转型升级，文化市场规模和市场需求持续扩大。在文化教育、休闲保健、娱乐旅游等方面的消费迅速增加。据国家统计局郑州调查队对城区 400 户城镇居民抽样调查显示，2012 年郑州市居民人均教育文化娱乐服务支出为 1878.04 元，同比增长 27.7%，其中教育支出 607.00 元，占 32.32%。

2. 文化商品市场初步建成

改革开放以来，郑州文化商品市场快速成长，在文化产业发展中发挥着越来越重要的作用。多层次的商品市场体系初步形成，包括有形市场和无形市场、期货市场和现货市场、批发市场与零售市场、城市市场与农村市场、国内市场和国际市场。以古玩为例，郑州市区内就有天下收藏、郑州古玩城、珍宝大世界、中州古玩城等多个古玩市场。郑州文化市场在多年的培育和发展过程中，逐步适应消费者消费行为、消费需求、消费结构的变化，不断满足文化市场的多种消费需求。

3. 多元的市场主体开始形成

多种所有制结构日趋多元化，外资企业、国有企业、个体私营企业等多种所有制市场主体共同竞争的格局初步形成，文化产业的微观活力逐步增强。一些国有文化企业通过建立现代企业制度推动了制度创新和机制转换，实力进一步增强。混合所有制企业快速发展，成为郑州文化产业发展的重要力量。个体、私营等小微文化企业蓬勃发展，数量和效益开始提高。

（二）郑州文化市场体系建设中存在的问题

目前，郑州文化市场体系的建设水平滞后于全国市场体系的发展水平，与先进城市相比还有不小差距。

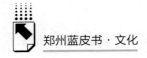

1. 文化市场意识滞后

首先，有些地方和部门尚未充分认识到发展文化产业的重要性，对文化的认识还停留在"文化建设是公益事业"、"文化不能产生经济效益"等陈腐观念上，对文化市场的前途和文化产业的发展很少重视、很少关心。其次，长期以来人们形成的"文化属于意识形态领域，主要靠政府、靠财政投入"的传统思想尚未从根本上得到转变。在计划经济时期，郑州文化建设主要由财政供养，其发展主要靠政府投入。另外，一些国有文化企业虽然转企，但尚未建立现代企业制度，依然沿袭以前计划经济模式运营；民营或私人文化企业数量少、规模小，外资或合资企业更是凤毛麟角。投融资渠道单一，资金匮乏，已经严重制约了郑州现代文化市场体系的发展与提升。

2. 文化市场的管理体制尚未完全理顺

有些地方依然存在政府大包大揽的宏观管理体制，习惯于用计划经济的手段管文化、办文化，把经营性文化产业混同于公益性文化事业，政企不分、政事不分、管办不分的管理体制依然未能得到有效改革；另外，一些已经进行文化体制改革的地方，受多种因素的制约，改革不到位，体制依然不活，文化产业缺乏活力和竞争力，发展缺乏内在动力，尚未走上良性发展的轨道，距离市场经济体制要求还有较大差距。总体而言，郑州文化市场的调控能力落后于整个市场调控的水平，缺乏一套针对郑州文化市场的核心评估指标体系，没有开展动态的文化统计评估工作；也缺乏对国内外文化市场的对比分析，这就造成郑州文化领域对国内外文化市场信息的反应不够灵敏。缺乏针对各个文化分类市场的具体政策和办法，对市场调控的手段相对单一，未能充分发挥投资拉动和消费拉动对促进郑州文化市场的双重作用。文化市场的管理手段还没跟上科学技术的发展水平和郑州文化产业的增长水平，尤其是对于许多新兴的文化业态和消费领域，在市场信息和动态评估的把握上不够及时，缺乏短期有效、长期有利、透明规范、高效灵活的管理体制和管理手段，未能起到有效的促进效应；而对于影响文化市场健康发育的问题如盗版、侵犯知识产权等，还缺乏长效的治理手段。

3. 文化市场人才十分匮乏

郑州文化经营管理人才十分匮乏。文化系统内部文化产业人才培训滞后，各地普遍缺乏懂经营、善管理的文化产业人才，尤其是能有效开拓文化市场的优秀人才。郑州历史悠久、文化灿烂，是中华民族的重要发祥地之一，历史上曾五次为都、八代为州，是中国历史文化名城、中国八大古都之一和"世界历史都市联盟"成员。目前，郑州有世界文化遗产1处、国家级重点文物保护单位74处80项、省级重点文物保护单位128处、市级文物保护单位269处，无论是文物古迹总量，还是全国重点文物保护单位数量，都位列全国地级市前三名。少林寺、中岳嵩山等人文自然景观闻名海内外，诞生了列子、韩非子、杜甫、白居易等一大批思想家、文学家，作为郑州主要文化组成的嵩山文化、黄河文化、黄帝文化、商都文化为中华文化的形成和发展、华夏文明的创立与辉煌做出过突出贡献。郑州历史文化资源丰富，可供文化生产的"原料"充足，但这种文化存量意义上的丰厚本身并不必然能带来郑州文化产业的迅猛发展或者文化产业的跨越式前进，这些资源在某种程度上还只是一种分散的低端产品。现代文化市场的发展趋势迫切地呼唤一大批优秀的文化市场人才的涌现，他们必须善于把握文化商机，善于投资融资，熟练掌握市场运营规则，同时也是懂文化的"专家"。但目前这种人才在郑州很缺乏。

4. 文化消费滞后于社会经济发展水平

目前，郑州文化消费市场总量的增长幅度落后于整个社会消费市场的增长幅度和郑州经济的整体增长幅度，这与郑州要成为区域性文化中心城市的战略目标不符。文化消费市场的层次发育水平和区域发育程度不够平衡。文化产品和文化消费市场的发育，超过文化要素市场的发育程度；中心城区的文化消费市场，超过郊区的文化消费市场。文化产品供给不足，供求矛盾比较突出，难以满足消费者多样的需求，同样制约了郑州文化产业的强劲发展。市民文化消费结构和文化产品消费形态较为单一，主要集中在看电视、看报纸、看电影、上网、听广播、打牌等，消费层次偏低。总体来说，相对于人民群众日益增长的精神文化产品需求，郑州文化市场的有效供给力和实际文化消费吸纳力就显得严重不足。

5. 文化市场开放程度不高

郑州文化市场与发达城市相比开放程度不高，没有建立起规范的准入和退出机制，也没有形成公平的市场竞争关系。参与改革的国有文化机构难以在真正的市场环境中进行企业化运作，因而也就难以通过市场实现优胜劣汰。与其他产业相比，郑州文化产业的市场化和产业化程度明显不足。这就造成市场配置文化资源的程度低、效率差。政府作为文化资源配置的主体，仍然习惯于按照行政系统分配资源，进行管理。长期形成的区域性"壁垒"和行业条块分割，在一定程度上影响了对文化生产要素和文化资源的市场化配置进程，使许多文化企业难以做大做强。

四　大力培育和提升郑州现代文化市场体系

郑州现代文化市场体系建设是一项系统、复杂的工程，需要在思想认识、体制机制、工作重点、战略选择等方面下功夫，要彻底改变当前郑州文化市场"小而散"的局面，通过资源重组、市场整合、改革体制、调整机制，充分调动各方面的积极性，将郑州分散的低端的文化资源通过市场化运作整合起来，将郑州文化市场做大做强。解决郑州现代文化市场体系建设过程中存在的突出问题，需要不断扩大市场配置资源的范围和作用，以全面创新推动文化市场体系建设取得新突破。

（一）以增强创新能力为突破口加强顶层设计

自主创新能力是区域竞争力的决定性因素，是实现经济社会可持续发展的关键，也是郑州文化产业健康、快速发展的战略基点。激发全社会的文化创造活力是郑州文化改革发展的核心目标之一，也是郑州现代文化市场体系建设的灵魂。抓住这个灵魂，就找到了构建郑州现代文化市场体系顶层设计的突破口。文化市场创新体系作为郑州文化创新体系的有机组成部分，应当包括文化市场理论创新、制度创新和科技创新等内容。多年来文化市场存在的老问题（如散、滥、小、差）和新时期对文化市场工作的新要求（如发挥市场在文化资源配置中的积极性作用），使制度创新成为当前一项极为迫切的任务。郑州今后应当用好用足国家出台的一系列支持文化企业发展的优惠政策，认真梳理河南省现有的文化经济政策，对当前行之有效的文化经济政策进行延续和规范，对不适应实际需要的原有政策及时进行修改和完善，对工作中出现的新情况、新问题要及时研究出台新的政策措施，逐步形成支持郑州文化改革发展的政策体系。建立健全郑州现代文化市场体系，关键是深入落实十八届三中全会的部署，围绕加快完善文化管理体制和生产经营机制，加强战略思维和顶层设计，增强改革的协同性、整体性、系统性，激发社会的文化创造力。

（二）通过兼并重组来发展和壮大市场主体

那些具有重要影响力的国际大型文化企业及品牌，大多是经历"九死一生"的残酷市场竞争才成长起来的。郑州现代文化市场体系中的经济主体也只有经过兼并重组的过程，才可能成长为全国知名企业。党的十八届三中全会提出，要推动文化企业跨地区、跨行业、跨所有制兼并重组，提高文化产业规模化、集约化、专业化水平，为郑州现代文化市场体系中的市场主体培育指明方向。发展和壮大郑州文化市场主体，打造知名文化企业和品牌，扶持龙头企业是重点。一要加快推进文化企业公司制、股份制改造，尽快形成符合现代企业制度要求、体现文化特点的资产组织形式和经营管理模式。二是重要国有传媒企业要积极探索实行特殊管理股制度，确保国有资产的保值增值。三要转变文化发展方式，提高规模化、集约化、专业化水平，推动文化产业成为郑州国民经济支柱性产业。四要支持郑州重点文化企业以市场需求为导向，以创新创意为动力，以自主知识产权为核心，不断提高研发生产和市场开拓能力，扩大投资，加快发展。实施品牌带动战略，打造一大批具有郑州特色、在国内外具有较高知名度的文化品牌。五要鼓励郑州综合实力强的文化企业跨地区、跨行业、跨所有制兼并重组，使之成为郑州文化产业发展的中坚力量和文化领域的战略投资者。六要积极吸纳社会资本和外资进入法律和政策允许的文化产业领域，如对外出版、网络出版、影视制作等。着力引进一批国内外知名文化企业、跨国公司和重大项目，提升郑州文化产业的整体实力。七要促进郑州中小文化创意企业向"专、精、特、新"方向发展，形成合理的文化产业发展格局。

（三）积极推进文化要素市场的发展

规划建设若干个区域性的书报刊和电子出版物、动漫产品、广播影视节目、演艺节目、音像制品、工艺美术等文化产品和服务交易市场，推动各类文化交易市场拓展规模，深化服务，增强辐射力和影响力。规划建设一批集新华书店、数字影院、时尚文化娱乐和文化产品销售于一体的大型文化综合体。健全文化融资体系，要放宽市场准入条件，降低门槛，减少限制，积极引导国有、民间资本进入郑州文化产业领域。同时，政府要创新信贷担保手段和担保办法，为那些市场发展前景好、科技含量高、带动作用强的中小文化企业向金融机构贷款提供便利条件，从而缩短其创业期到高速成长期的时间。企业也可以通过发行公司股票、企业债券在资本市场直接融资。鼓励文化企业通过投资、合资、控股、参股等多种方式，在境外设立分支机构，建立海外文化中心、营销基地。积极利用黄帝拜祖大典等重大文化活动以文会友、以文招商，吸引国内外客商投资郑州文化建设。加强文化领域核心技术研究，重点开发数字动漫制作、数字音视频和高清影视制作、下一代广播电视网、网络出版、OED电子纸电泳、MPR多媒体复合关联编码等关键技术，加强研发文化领域具有自主知识产权的软件、技术标准、关键元器件和装备，推动若干重大文化科技成果实现产业化。建立郑州文化技术创新体系，可以选择部分有实力的文化企业作为试点，在试点企业内部建立技术开发机构和信息服务机构，运用高新技术创立品牌产品。

（四）鼓励和引导居民文化消费

研究把握郑州城乡居民消费结构变化的趋势，创新文化产品和服务，培育消费热点，开拓消费领域。文化产品生产要面向群众、贴近群众，降低成本，为群众提供高质量的丰富多彩的文化产品与服务。开展文化消费补贴和发放市民文化消费卡试点，探索对人民群众看电影、看戏、看数字电视和购买书籍与音像电子产品等基本文化消费进行补贴的机制。加强文化引导，培养市民良好的文化消费习惯，提高市民的阅读意识和文化消费意识，通过开展文化消费节、文化消费月等活动，激活市民的潜在文化消费需求。鼓励和培育以互联网为载体的新兴文化消费模式，积极发展教育培训、健身、旅游、休闲等与文化相结合的服务性消费。结合新型城镇化建设，大力培育农村文化市场，采取多种措施鼓励各类农村文化消费。通过建立农村文化站、农家书屋、广播电视村村通工程、农村电影放映工程、文化信息资源共享工程、农村文化户等，大力培育乡村文化消费群。支持金融机构积极开发文化消费信贷产品，为文化消费提供便利的支付结算服务，不断满足文化产业多层次的消费信贷需求，促进郑州文化消费市场繁荣发展。

（五）构建文化市场法制化管理机制

法制化管理是现代文化市场健康发展的重要保障。郑州现代文化市场体系建设必须加强法制化管理建设，推进郑州文化市场综合行政执法改革，提高执法人员业务素质和执法水平，根本上改变文化市场管理中存在的突击治理现象，促进文化市场有序和稳定发展，实现文化市场管理的规范化、制度化、法治化。建立健全郑州文化市场准入和退出机制，落实国家和河南省关于非公有资本、外资进入文化产业的有关规定，根据文化产业不同类别，通过独资、合资、合作等多种途径，积极吸收社会资本和外资进入政策允许的文化产业领域，参与国有文化企业的股份制改造。建立和完善以许可证制度、备案制度、内容审查制度相结合的文化市场准入机制，简化行政审批手续，降低准入门槛。构建统一、高效、便捷的文化市场管理信息网络，建立文化企业信用档案和文化市场信用制度，扩大诚信企业的知名度和市场占有率。加强知识产权保护。社会上盗版侵权现象屡禁不止，给文化市场带来极大的危害。郑州现代文化市场体系建设过程中应该增强知识产权保护意识和法制观念，实行研究、创作、开发、生产、销售全过程的知识产权保护。文化企业所经营的文化产品和文化服务进入市场前，应及时进行专利申请、商标注册、作品和软件登记，以取得法律保护并依法正确使用。

（六）建立良好的文化市场信用体系

诚信是现代市场竞争的一个重要规则。信用体系建设是规范文化市场秩序的重要保障。长期以来，文化市场形成了一个"市场兴旺—市场混乱—治理整顿—新的市场出现"的怪圈。郑州要建立现代市场体系必须破解这一怪圈。其中，加强信用体系建设是重要的破解途径之一。政府在全社会弘扬诚信之风，将诚信渗透到文化产品的生产、流通、消费诸环节，使市场主体自觉以诚信来维护市场秩序，降低因市场主体信用缺失和市场混乱带来的政策风险。这有利于改变长期以来管理部门被动治理整顿市场的机制，营造一个稳定的市场发展空间。要通过契约制度建设，使文化企业树立诚信意识，形成自己的企业文化，提高本企业的信用度。管理部门通过建立信用公示制度，进行信用监督和失信惩戒。对依法诚信经营的企业给予表彰和奖励，对有违法、违规行为的依法给予处罚，必要时可在各大媒体上以黑名单形式及时向社会公布，对其进行重点监管和教育。

（七）打造发达的现代流通体系

郑州文化市场的流通和服务渠道还不够畅通，已影响了郑州文化的繁荣发展。今后要重点抓好以下几项工作来加快现代文化流通体系建设。一是培育、发展以跨地区连锁经营、信息化管理为特征的大型现代文化流通企业。二是建设区域性文化产品物流中心。郑州居于国家规划的"五纵五横"综合运输通道中心位置，是全国铁路"心脏"和公路网主枢纽，多条空中航线网络交会于此，距京津唐、长三角以及武汉、西安等区域中心城市的直线距离大都在800公里之内，货物会集能力强，集散、分拨、配送成本较低，非常有利于建设区域性文化产品物流中心。三是发展现代文化产品连锁经营。依托全市新华书店、河南出版物物流配送中心、大河报发行网络、云书网等，大力发展连锁经营、物流配送，形成一批区域性文化产品连锁企业。

（八）发展文化市场中介和行业组织

搞好文化市场中介和行业组织是建设好郑州文化市场的一项重要工作。文化行业组织要在规划行业发展、制定行业标准、专业资质认证、组织行业交流等方面真正起到作用。政府要加强对文化中介组织和行业组织的管理，尽快出台相关管理条例，规范文化中介组织机构如经纪机构、代理机构、仲裁机构等的工作，提高文化中介组织的综合素质。要对在职人员加强教育，使其不断更新知识，提高业务水平。在相关的院校开设中介服务管理培训班，为郑州现代文化市场体系建设培养大量急需的文化市场中介服务人才。严格市场中介组织的资格认定，取消不具备条件、未经资格认定和依法登记的文化市场中介组织从事中介活动的权利。定期对文化市场中介组织及其从业人员进行严格的考核和执业资格的审查。

　　总之，郑州文化产业的大发展离不开完善的市场体系，市场的发育程度决定了郑州文化产业发展的水平。因此，今后郑州在文化建设和发展中要更加尊重和运用市场规律，充分发挥市场在文化资源配置中的积极作用，加快构建统一开放、竞争有序的现代文化市场体系，形成更加健康公平的市场环境，推动郑州文化产业的繁荣发展。

B.9
郑州文化产业园区发展调研报告

宋艳琴 全 丽*

摘　要：

文化产业园区已成为郑州市文化产业发展的重要载体，促进了郑州文化产业的快速发展；但郑州文化产业园区多数还处于在建阶段，成熟型园区较少，仍存在一些问题。本文通过对郑州文化产业园区的发展现状和问题的分析，有针对性地提出了几点对策与建议，以促进郑州文化产业的可持续发展。

关键词：

郑州　文化产业　文化产业园区　发展

文化产业园区化已成为一个显著特征，也是未来文化产业发展的重要趋势。郑州文化产业园区建设在 2010 年以后得到了快速发展，各级各类文化产业园区数量激增，成为文化产业发展的重要载体，催生出一批有较强竞争力和自主创新能力的文化企业和企业集团。

一　郑州文化产业园区发展的基本现状及特点

近年来，郑州各区县都在加大对文化资源的开发力度，大力推进文化产业园区建设，引导文化产业集聚发展。据各级政府规划和立项统计，郑州市目前已建和在建的文化产业园区约 30 个（见表 1），其中，属省重点建设的园区有 9 个（全省共 59 个），位列全省第一。2012 年，全省文化产业法人单位实现增加

---

* 宋艳琴，河南省社会科学院副研究员；全丽，中州大学讲师。

表 1　郑州市在建的文化产业园区情况统计

所在区县	园区名称	基本信息
高新区	河南石佛艺术公社——河南文化艺术创作及产业发展基地	高新区科学大道以南
	国家动漫产业发展(河南)基地	郑州高新区科学大道
惠济区	郑州动漫产业基地	开元路北,文化北路西郑州信息创意产业园
金水区	金水文化创意产业园	中州大道 2 号
	金水区滨水产业带	东风渠(贾鲁河—中州大道)及魏河(惠金交界—中州大道)沿岸,全长 17.2 公里,其中东风渠流域全长 11.6 公里,魏河流域全长 5.6 公里,可规划用地面积 10488.59 亩。其产业定位是集餐饮、休闲、娱乐、酒店、文化和 IT 产业于一体的大型亲水全景式滨水长廊
	郑州海洋生物博物馆	—
	国家知识产权创意设计园	位于文劳路东段与渠西路交叉口,占地 1100 余亩
	大河宠物文化公园	位于郑州市金水区连霍高速以北、花园北路以西、丽水路以南、香山路以东的大河宠物文化公园,属于郑州市跨越式发展文化产业建设工程重点项目,也是金水区文化旅游组团的重点项目。项目占地 823 亩,总建筑面积约 48.67 万平方米,项目总投资约 30 亿元人民币。项目整体建成后将带动高效农业、休闲产业、商业、文化产业,链条式发展,形成特色主导产业集群
	郑州点点梦想动漫城少儿职业体验馆	位于金水东路的郑州点点梦想动漫城少儿职业体验馆,是由郑州众之鑫投资管理有限公司投资建设,项目投资达 8000 万元人民币,占地 1 万平方米,总计 50 个体验馆,是国内首家职业体验与动漫相结合的少儿活动场馆。目前,园区已经接待少年儿童 12 万人次,被命名为"郑州市青少年(红领巾)素质训练基地"和"青年创业就业见习基地"
	郑州古玩城北区文化广场	位于国基路、丰庆路交叉口的郑州古玩城北区文化广场,是一座成立于 2005 年,总投资 12 亿元,占地面积 133200 平方米,建筑面积 145000 平方米,集茶文化、婚庆礼仪、工艺品、古典家具与盛唐书画于一体的大型文化购物中心。市场现有商户 2000 余家,从业人员 7600 余人,来自福建、云南、安徽、信阳等地茶商在此经营
	群英汇创意工场	群英汇创意工场位于金水区天明路与群英路交叉口,占地 18 亩,建筑面积 2 万平方米,计划投资 1 亿元,年上缴利税预计超过 500 万元人民币。园区在改造中,将保留老厂房的原有外貌及内部结构,以"音乐 + 创意"为主线,搭建八大平台,把园区打造成集音乐制作、音乐产品交易、乐器交易、音乐培训为一体的音乐、文化、创意集聚区

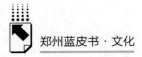

续表

所在区县	园区名称	基本信息
金水区	郑州西里路影像文化产业街集聚区	位于郑州市市中心，金水区南部，与管城区、二七区接壤，北起金水河、南接太康路、东临人民路、西至二七路，总面积0.9平方公里，经营婚纱、摄影照相器材及相关产品的商户达117家，营业面积近1万平方米，年产值2.93亿元，年纳税1213.2万元。项目规划为"三条街、三个中心、一个外景基地"，西里路、杜岭街、张寨街为影像文化产业街，影像艺术文化教育培训中心、影像艺术品交易中心、艺术品展览展示交流中心组成影像文化艺术中心
中原区	白鸽文化创意产业园	依托现有的老工业建筑进行改造，打造全市首个文化创意产业园区，推动工业历史文化传承，探索发展文化创意产业
管城区	商都文化旅游区	4.6平方公里核心区起步，以商城国家考古遗址公园、商都博物院和考古研究院建设为重点，包括书院街、塔湾历史文化片区等
	管城文化创意产业集聚区	文化创意园区、汽车文化创意园区、潮湖生态休闲区、健康养生基地、数字产业基地、教育培训基地、印刷出版基地
二七区	"快乐星球"产业园区	郑州西南四环郑少高速公路入口向东500米路北
	古玩城	
上街区	传统建筑生态博物园区	打造重阳观道教文化生态走廊，建设方顶传统建筑生态社区博物园、卢医庙中医文化博物园，以名儒故里为载体打造儒学圣地，开发汜水河文化遗址产业带，实施文化艺术精品工程，打造民间收藏文化一条街，规划博物馆打造区域文化标志物等九大文化工程蓝图
	"中原经济区上街东虢文化产业园"	建设河南省规模最大的文化艺术品交易市场
新郑市	黄帝文化产业园区	—
中牟县	郑州华强文化科技产业基地	中牟产业园区
	中牟绿博文化产业园区	—
荥阳市	万山地质文化产业园项目	将分三期建设，总投资约30亿元人民币，园区建成后将是我国第一个以展示地质文化为主要内容的园区，并将努力打造成为国家级地质环境综合治理示范区，国际一流国内最佳的地质科普游乐园、国内最具特色的野营登山健康营地、国内最具权威的生态地球化学研究中心、国内最具活力的国家级地质文化产品交易市场，也必将成为郑州市的西区花园和郑州市的新名片，对推动荥阳市旅游产业发展，打造区域中心城市和郑州市的西花园具有十分重要的意义

所在区县	园区名称	基本信息
登封市	市文化创意园	项目计划总投资50亿元,规划占地面积2000亩,主要建设有高品质创意会所、会议中心、星级酒店等。该项目将依托中原文化根源的嵩山,在建设风格和花草木石的布置上突出嵩山文化气息,并将唐代宫城设计理念融入每一处细节
	阳红文化产业园	—
	嵩山文化产业区	总体布局可概括为:"一山一水、六个板块。""一山"是指整合嵩山地区的资源优势,统一整体规划;"一水"是以颍河为依托,以白沙湖为核心,围绕登封市中心城区,打造"一面环山、三面环水、水山交融"的城市生态水系;"六个板块"是以告成观星台为核心的"中"文化板块、以少林景区为核心的佛教文化展示板块、以中岳庙景区为核心的道教及民俗文化展示板块、以嵩阳书院为核心区的儒家文化展示及国学板块、以老城区为核心的高端特色商务区板块、以文化艺术谷为核心的华夏文明展示板块
巩义市	"河南杜甫文化产业园"项目	2013年,河南省杜甫研究会将全面实施"河南杜甫文化产业园"项目,建设中华诗词文化基地、青少年爱国主义教育基地和中原历史文化旅游圈。据了解,"河南杜甫文化产业园"选址巩义市站街镇,与杜甫故里连为一体,一期建设占地513亩,目前已办好土地使用相关手续,将作为"2013年度河南省重点建设项目"进行建设
	河南巩义嵩顶文化旅游基地	巩义市夹津口镇
新密市	新密轩辕圣境黄帝故里文化产业园项目	预计投资260亿元、占地2万多亩
	红木文化产业园	该项目由中山市皇家(状元坊)红木家具有限公司总投资3亿元,规划占地50亩,在新密市新华路办事处建设红木博物馆、红木精品展示中心、交易中心等

值670亿元,占全省GDP的2.26%,其中文化产业园区营业收入356亿元,占全部文化产业增加值的53%;郑州市2012年全市文化产业法人单位实现增加值173亿元,占GDP的比重为3.12%,占全省文化产业法人单位增加值的25.83%。总的来看,郑州文化产业在全省文化产业发展中的地位举足轻重,文化产业园区数量最多,规模和效益也相对较大;但从发展阶段看,成熟型的园区较少,多数园区还处于规划或在建阶段。从形成原因来看,主要有3种形

式：自发集聚、企业主导和政府主导。少数园区是自发集聚形成的，多数是企业主导和政府主导形成的。自发集聚的文化产业集聚区，比较有代表性的是西里路影像街，这些文化企业或艺术家工作室在一定条件下自发集聚，形成一定规模和影响后，政府再给予扶持和宣传，逐步壮大进而规划形成园区。文化产业本身具有集聚发展的需求，自发集聚是文化产业市场化的重要标志，自发集聚的文化产业园区一般不存在经营问题和管理问题，甚至也不存在土地供需矛盾，经营户租房经营，相关的企业和服务业自发集聚，形成一个相对完整的产业链。企业主导形成的文化产业园区占郑州文化产业园区的多数，这类园区一般是划园而治的，有着特定边界范围，由主导企业通过有目标、有步骤地规划，从无到有地进行建设，如国家动漫产业发展基地（河南基地）、大河宠物文化公园、新密轩辕圣境黄帝故里文化产业园项目等。这种文化产业园区发展形式是我国文化产业园区目前最主要的一种，也是受到质疑最多的一种，地产园区和"空壳化"等问题都集中在这一类园区中。政府主导的文化产业园区多属于综合型文化集聚区，主要是依托当地历史文化资源和自然资源来建设，如商都文化旅游区等。这种类型的文化产业园区有特定的资源优势，也有一定的产业基础，但缺乏龙头企业带动，需要政府进行规划并推动发展。

从表1看，郑州文化产业园区总体呈现以下几个基本的特点。

（一）中原地域特色鲜明

园区能否体现独特的文化个性、文化风格和文化品位，关键看其能否体现区域文化特色。从郑州目前形成的一些文化产业园区看，如嵩山文化产业园、杜甫文化产业园、新密轩辕圣境黄帝故里文化产业园和黄帝文化功能区等，都是依托郑州的历史文化资源和自然资源来发展特色文化产业的，都体现了浓郁的中原地域特色。

（二）动漫产业园区发展势头强劲

2009 年，郑州市出台了动漫产业扶持政策，在地方电视台首播和中央台播出的分别给予不同的奖励，最高可达 500 万元，奖励力度在省会城市中比较突出。此外，郑州市每年设立动漫产业发展专项资金 5000 万元的总扶持额度，在省会城市中也处于领先地位。在政策支持下，郑州动漫产业发展迅速，在城市的西北、东南和北部先后形成了 3 个动漫基地，国资和民资的大量资金涌入动漫产业。

（三）创意型园区成为发展重点

除依托历史和自然资源形成的园区外，创意型园区成为郑州市发展的重点。近年来，郑州市政府出台了一系列配套政策，为文化创意产业的快速发展提供政策支持。《郑州市人民政府关于文化创意产业项目用地的实施意见》中指出，根据郑州市文化创意产业发展的实际情况，将重点扶持、优先发展文化休闲娱乐业、新闻出版业、广播影视服务业、软件网络及计算机服务业、动漫业、广告会展业、艺术品流通业、设计服务业八大文化创意产业，加强规范和引导文化创意产业项目用地。因此，一批专业的创意型园区初步形成，如金水文化创意产业园、石佛艺术公社、群英汇创意工场以及利用工业遗产改建的白鸽文化创意产业园等。

二　郑州文化产业园区发展中存在的问题与不足

郑州文化产业园区化发展取得了一定的成就，但毕竟还处于起步阶段，在建设中还存在不少问题与不足，主要表现在以下几个方面。

（一）文化产业园区同质化和空壳化现象比较严重

自 2009 年国务院颁布《文化产业振兴规划》以来，我国文化产业园区数量激增，尽管多以"文化"或"创意"命名，但还没有摆脱工业园区的建设思路，土地供需矛盾依然突出，尤其是一些市县级的园区，占地面积大，内容单一，拟投资数额和实际投资数额相差巨大，因此，需要警惕这些大同小异的所谓文化产业园区是否仅仅是为了圈地。国内这样的例子数不胜数，如济南的齐鲁文化产业园，作为长清区的文化地标，于 2009 年 9 月 10 日高调开园，按照规划，项目占地 3 万多平方米，建筑面积约 6 万平方米，投资总额达 3 亿元人民币，以"娱乐、时尚"为产业定位，重点发展文化创意产业，但 4 年后由于园区日益萧条，只能由文化创意产业转型为文化商贸批发市场。郑州这样的例子也不少，如位于花园路和连霍高速口的大河文化园，在不长的时间内，规划的主导产业已几次易手，从最早规划中的亚洲最大的大河宠物园到花卉物流基地到中部茶城，再到目前的大河文化园，园区定位不断改变，而不变的是偌大的园区人烟稀少。而且，由于不少企业为享受政策而投资文化企业，造成产业发展严重的同质化，动漫园区、茶城、古玩城、书画一条街等都四处开花，这些只会加剧招商、人才、资金等方面的竞争，发展前景堪忧。

（二）公共服务平台不够完备，辐射与带动能力不强

理论和实践证明，文化产业园区内的企业发展，需要一定的公共平台，需要整合、集成各种资源，共享共用基础设施和信息资源。但如上所述的同质化竞争，难以形成有效的合力。综观郑州众多的文化产业园区，真正能提供信息咨询、人才培训、技术支撑、推广展示等公共服务平台以及具有完备的政府支持体系、技术开发体系和市场服务体系的文化产业园区几乎没有，这使文化产业发展很难迈上一个新的台阶。

（三）园区以休闲旅游为主，科技型文化产业园区较少

总的来看，郑州目前的文化产业园区多数是以文化旅游为主导产业的园区，缺乏创意科技融合型园区。分布在高新技术开发区的文化产业园区较少，多数园区的主导产业与信息和高科技没有有效结合，产业缺乏科技支撑，产品附加值低。而深圳市作为我国著名的"创意之都"，依托高新科技发展文化产业是其显著特点。近年来深圳南山区文化产业的发展与园区建设走在全市各区前面，取得显著的成绩。

（四）文化创意型园区较少，创意领军人物不突出

从表 1 看，郑州以"文化创意"命名的园区不少，但靠"创意"引领发展的却不多。虽是人口大省的省会，但郑州乃至全省在全国具有知名度和影响

力的创意大师、创作人才、经营管理人才都比较缺乏。创意人才少，一方面说明我们真的缺乏创意人才；另一方面也说明媒体对创意人才的宣传力度跟不上，对现有人才的宣传推荐不够。对创意人才而言，媒体的宣传和推荐也是人才成长的重要平台之一；只有通过媒体的报道，某些创意才能进入公众视野，才有可能获得投资从而实现文化创意的产业化。

三　加快郑州文化产业园区发展的对策及建议

从总体发展考虑，郑州文化产业园区建设要对接《河南省"十二五"文化产业发展规划》，以市场为导向、资本为纽带、科技为支撑、改革为动力、创新为突破，全面规划，重点推进，促进文化创意与其他产业融合发展，培育较高能级的文化产业园区。

（一）明晰定位，提炼主导产业

发展文化产业园区一定要合理布局、控制总量、突出特色，严格防止一哄而上、盲目发展、同质化竞争。要结合当地文化特色和资源优势，明确发展定位，加强对文化产业园区统筹规划，走特色化差异化发展之路。一方面，要确定园区发展的文化主题。各地要充分认识和利用当地的特色文化资源，清晰定位，使园区内各企业既分工又合作，避免盲目跟风、追赶时髦，避免无谓内耗和无序竞争。据相关数据显示，在全国超过2500家的文化产业园区中，有70%以上处于亏损状态，真正盈利的不超过10%；而业内专家也指出，国内真正称得上"文化产业集聚区"的园区不到5%。园区在发展过程中显现出的同质化、地产化、单一化、空壳化等一系列问题值得深思。另一方面，要注重提炼培育主导产业。政府要根据文化产业在引领文化改革发展中的地位和作用，提炼出符合本地发展要求、切实能起到领头羊作用的主导产业和文化企业，切实解决小、散、弱的问题。构建起较为完善的文化产业链，呈现以重点行业、重点企业为核心的园区化、集团化发展模式，并逐渐向外衍生和辐射，带动整个文化产业的发展，最大化地发挥主导产业的龙头作用。

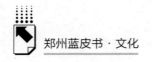

（二）整合资源，强化园区公共服务平台建设

实践证明，文化产业公共服务平台的完备是加快文化产业发展的重要推进器。政府文化主管部门要着力抓好各类平台的建设。通过整合已有相关机构的网络资源，搭建公共性的文化产业信息平台，逐步完善"郑州市文化产业数据库"，在文化企业与文化市场、文化产业研究专家和政府之间搭建起一个信息交流、激发创意与版权交易的平台。支持园区加快建设企业孵化、技术研发、检验检测、职业教育、信息中介、技术培训、市场交易、展览展示等公共服务设施。

（三）强化孵化意识，突出孵化功能

目前的文化产业园区多数是新建园区，进入园区的企业绝大部分都是新创企业，生存能力脆弱，因此政府在政策设计与导向上应该强化孵化意识，突出园区的孵化功能，降低企业尤其是创意型企业的入园商务成本。可以采取政策、项目、股份投资等多种形式的扶持，为企业、个人创业提供支持和服务，降低创业企业的创业风险和创业成本，提高企业的成活率和成功率。针对当前文化与科技脱节的问题，重点打造1～2个科技与文化融合示范基地，在国家级高新区建立一个高新文化科技园区，吸引文化企业落户高新文化科技园区，利用高新区的平台提供文化科技孵化器服务，进行文化科技融合的探索与试验。

（四）突出嫁接，推进融合发展

一是依托资源禀赋和产业基础，在科学确定主导产业的基础上，按照同类项目集中布局原则，引导各园区错位发展，鼓励发展演艺娱乐、文化旅游、艺术品与工艺美术、文化会展等传统文化产业，培育文化创意、动漫、游戏、网络文化、数字文化服务等新兴文化产业。二是完善产业链和产业体系，支持沿产业链双向延伸，促进上下游产业有机结合，加强价值链中信息和技术的交流，提高产品创新，促进共同发展。三是拓展产业发展空间，推动文化和通信、软件、工业、建筑、服装、家具、会展、教育、培训、影视、包装等行业融合发展。

（五）强化统筹，加快区域整合

一是要注重搞好统筹协调。将文化产业园区建设纳入当地经济发展大局进行统一立项、统一规划、统一实施。二是要统筹协调财政、税务、金融、国土、工商等部门，推动文化产业集聚发展形成合力。三是要加快区域整合。一方面，加快功能相近文化产业项目的优化组合，避免资源浪费和重复建设，彰显集聚优势，提高文化资源配置的现代化、市场化程度。另一方面，加快园区自身配套功能的完善。应打破区域行政与功能界限，与周边的商场、酒店、休闲娱乐等资源进行合作，以主设施、主功能为核心，打造共享体系，拓展产业空间，实现区域设施功能上的互补和共赢发展。

（六）拓展渠道，做大营销市场

园区管委会要牵头组织，联合对外宣传，树立整体形象，将自己的优势、特点及功能准确地传递给客户，让客户真正全面深入地了解文化产业园区。引入现代营销的理念和方法，积极拓宽各种有效渠道，做好文化产业园区的宣传营销、推介和品牌打造工作。一是设立营销中心，与旅行社合作，建立营销网络；二是利用节会的"眼球"效应，加强营销宣传；三是充分利用广播、电视、报刊和网络四大媒体做好宣传，努力扩大营销市场，扩大园区和品牌产品的影响力和知名度；四是充分发挥网络优势，组建营销网站，用足用活网络营销这张牌。

B.10
郑州市文化产业创新能力提升研究

刘晓慧*

摘　要：

郑州是华夏历史文明的重要发祥地之一，文化类型众多，特色文化资源丰富，但是文化产业整体竞争力还很薄弱，创新能力不足是重要原因。创新是文化产业的动力和活力之源，在新形势下要坚持文化引领城市发展，增强创新发展意识，树立文化全融合理念，加大内容创新和产品创新力度，加快体制机制创新和技术创新步伐，深化文化金融合作，创新文化资源利用方式，提高郑州文化产业的影响力、辐射力和竞争力，实现文化产业的大发展、大繁荣。

关键词：

郑州　文化产业　科技创新　融合发展　能力提升

文化产业是战略性新兴产业，具有产业关联度高、渗透性强、产业链条长等特点。文化产业作为战略性新兴产业和现代服务业的重要组成部分，是未来郑州产业发展的主要方向，也势必成为城市的重要支柱性产业。在河南省建设华夏历史文明、传承创新区、郑州创建国家公共文化服务体系示范区的战略背景下，郑州也进入了文化产业加速转型的关键期，要全面推进文化产业发展理念、内容形式、体制机制、科学技术、传播渠道等各方面的改革创新，提升文化产业创新能力，增强文化产业发展的原动力，把创新作为文化产业发展的强大引擎，以推动郑州文化产业跨越式发展。

---

* 刘晓慧，黄河科技学院讲师。

一 提升郑州市文化产业创新能力的重要意义

创新是文化产业的动力和活力之源，制度创新是文化产业发展的重要保障，内容创新是文化产业发展的战略重点，业态创新是文化产业发展的有力支撑，科技创新是文化产业发展的强大引擎。提升文化产业创新能力，对郑州增强区域文化软实力、建设华夏历史文明传承创新核心区和提升城市文化产业综合竞争力有重要意义。

（一）增强区域文化软实力的必然选择

文化产业是文化强国建设的产业支撑和重要物质基础，是促进社会主义文化大发展、大繁荣的重要载体。近年来，文化产业逐渐成为全球经济发展的新增长极，成为国家"软实力"的重要组成部分。党的十八大报告指出，要提高国家文化软实力，发挥文化引领风尚、教育人民、服务社会、推动发展的作用，要把占消费比重大、产品附加值高、关联产业链长、低制造成本的文化产业建设成为国民经济的支柱性产业。城市文化产业的发展不仅肩负着传播区域文化意识形态的使命，而且成为区域文化软实力的重要组成部分。郑州大力提升文化产业创新能力，使创新成为驱动核心区建设的新引擎，有利于推动文化产业快速成长为国民经济支柱性产业。

（二）建设华夏历史文明传承创新区的内在要求

《中原经济区建设规划》中将华夏历史文明传承创新区作为中原经济区五大定位之一，郑州作为中原经济区的核心城市，要积极承担起打造华夏历史文明、传承创新核心区的责任，抓住这一历史性机遇。为此，要立足深厚的历史文化积淀，融入创新发展意识，积极开发嵩山文化、黄河文化、黄帝文化、商都文化、少林文化等丰富的文化资源，增强文化资源产业转化能力，推进传统中原文化与现代科学技术深度融合，开发内容与技术完美结合的新产品，提升文化产业创新能力，将文化资源优势有效转变为文化产业优势。

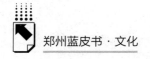

（三）提高城市文化产业综合竞争力的有效途径

创新能力是文化产业发展的核心竞争力，郑州文化制造业占文化产业整体比重偏大，内容产业所占比重偏小，这与现代文化产业中内容为王的发展理念不符合，以至于文化产业整体竞争力较低。同时，郑州文化产业对国民经济的贡献远远低于文化产业先进城市。2012 年，郑州文化产业实现增加值 173 亿元，占 GDP 的比重为 3.12%。2012 年郑州文化产业增加值 GDP 占比不仅明显低于北京和深圳，而且低于省内的许昌、开封，与 2012 年全国 3.48% 的水平相比，也有一定的差距。创新能力不强已成为制约郑州市文化产业扩大规模、提升质量的"瓶颈"。加快提升文化产业创新能力，有利于郑州推动文化产业结构调整升级，从而提升文化产业综合竞争力。

二　郑州市文化产业创新发展的现状

（一）创新主体充满活力

一些文化企业由于自身生存的压力较大，创新积极性高，走出了具有"专"、"精"、"特"、"新"特点的发展之路。近年来，郑州涌现了一批有代表性的创新创意文化企业，投资建设了一批重大文化项目，树立了一批全国知名的文化品牌，建立了国家动漫产业发展基地（河南基地）、郑州金水文化创意产业园、华强文化科技产业基地等，同时如小樱桃集团、河南弘驰实业发展有限公司、华强文化科技产业有限公司等一批创意创新较强的企业快速发展。"小樱桃"动漫品牌已经形成集漫画、图书、杂志、衍生产品开发和动漫产业基地建设于一体的较为完整的动漫产业链条，被列入2012 国家动漫品牌建设和保护计划。郑州天人文化投资公司投资建设的大型山地实景演出《禅宗少林·音乐大典》，探索出了演艺业和旅游业共生共赢的发展模式，成为全国文化产业发展的新亮点。河南超凡影视制作公司投资拍摄制作的我国首部大型科幻儿童电视剧《快乐星球》，刷新了央视少儿频道的收视纪录。

（二）产学研协作创新启动

近年来，产学研严重脱节逐渐凸显，成为制约郑州文化产业创新发展的"瓶颈"。为此，郑州积极推进文化产业校企合作，产学研合作开始启动。2012年4月，河南华豫兄弟动画集团联合中州大学、郑州师范学院、郑州科技学院等大专院校，共同打造了河南动漫产学研校企合作联盟，搭建涵盖动漫技术研发、人才培养、项目制作为一体的合作平台。2013年10月，集聚了河南省85%以上动漫企业的郑州高新区与郑州大学开展全面产学研战略合作，共建"产业发展与技术研究院"、"科技创新转化与人才集聚园区"等。2013年11月，郑州职业技术学院与河南漫联文化传媒有限公司开展校企合作，建立了"郑州职业技术学院实习基地"和"河南漫联文化传媒有限公司动漫研发中心"，加快技能型文化人才的培养和文化企业的技术研发。

（三）创新服务平台建成

为提升文化产业的发展水平，文化产业园区开始转变发展思路，推进公共服务平台建设，实现跨越式发展。截至2013年，郑州市共有各类文化产业公共服务平台20余个，尤其是创新服务平台建设成效明显。郑州小樱桃卡通有限公司投资1000万元建成了动漫产学研平台，每年可培养500名适用型动漫人才。投资3800万元建设的郑州动漫产业基地公共服务平台，包括动画人才培训中心、动画作品研发中心、动画电影展映中心、动漫产品版权交易中心以及动画作品剪辑、合成、特效、输出平台等，为郑州市动漫企业提供基础性技术服务。投资2000万元建设的郑州高新区动漫公共技术服务平台，是河南省首个达到国内一流水平的动漫技术专业服务平台，为高新区动漫企业提供强大的软硬件设施和全方位的技术服务。高新区的创新服务平台中心和中原广告产业园公共服务平台建成投入运行，吸引了许多科技人才。2013年，郑州高新区大学科技园发展有限公司被认定为国家级科技企业孵化器，河南省动漫产业科技企业孵化器被认定为省级科技企业孵化器，郑州跨界创意产业中心成功组建。

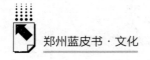

（四）创新扶持力度加大

2012 年，郑州市文化建设投入 98511 万元，同比增长 14.15%，增长幅度高于财政一般预算收入 3.6 个百分点；文化建设支出占财政支出比例为1.41%，高出河南省平均水平 0.03 个百分点；人均文化支出 222.17 元，高出河南省平均水平 206.18 元。郑州市市本级设立农村文化建设、宣传文化发展、文化产业发展、动漫产业发展和文化体制改革 5 个专项资金。其中，宣传文化发展专项资金为每年 2000 万元，文化产业发展专项资金为每年 3000 万元，动漫产业发展专项资金为每年 5000 万元。新郑市、金水区、惠济区、郑州高新技术产业开发区等区县也都设立了文化产业专项资金，引导文化产业投入。其中，郑州高新技术开发区财政安排 3000 万元、惠济区政府财政安排 3000 万元，用于扶持动漫产业发展。郑州市设立了"文化产业创新奖"，每年安排200 万元的专项资金，用于紧缺型文化人才的引进、有突出贡献文化人才的奖励、优秀宣传文化人才的培养，并开展"优秀文化企业"和"文化企业带头人"评选活动，大力鼓励为全市文化产业发展做出突出贡献的先进单位和先进个人，充分发挥优秀文化企业、文化企业带头人经营示范、典型引路的作用，带动文化产业更好更快发展。

（五）新兴业态加快发展

以网络化、数字化和新媒体为代表的信息技术革命，催生了动漫游戏、数字出版、数字视听、新媒体等新兴文化产业业态。中原报业传媒集团依托《郑州日报》和《郑州晚报》等省内外媒体丰富的内容资源，打造出了移动新媒体——《中原手机报》。《郑州日报》下设的新媒体中心，既是包括网站、移动客户端的新媒体平台，又是报网互动、报网合一的线上线下综合服务平台。郑州涌现了小樱桃动漫集团、华豫兄弟动画影视集团、天乐动画影视公司、索易动画公司等一批通过国家认定的动漫企业，形成了国家动漫产业发展基地（河南基地）、郑州动漫产业基地、华强文化科技产业基地三大动漫产业基地。国家动漫产业发展基地（河南基地）2011 年荣获第六届中国创意产业年度大奖"中国创意产业最佳园区奖"，《小樱桃》、《少年司马光》、《虫虫计划》等被国家新闻出版广电总局推荐为优秀国产动漫,《独角乐园》被国家新闻出版广电总局认定为重点动漫产品。郑州文化与旅游、科技的结合正逐渐激发文化产业的潜力。郑州方特欢乐世界和方特梦幻王国,填补了中原地区高科技文化旅游项目的空白。投资3.5亿元建成的郑州市文化产业重点项目——大型山地实景演出《禅宗少林·音乐大典》,以其独有的艺术、文化魅力得到了观众的普遍赞誉,收到了良好的经济效益和社会效益。

(六)科技创新能力提高

郑州全面加快国家创新型城市建设,总体科技实力显著增强。2009年,郑州进入国家科技进步示范城市行列。2012年,郑州被正式确定为首批国家创新型试点城市。2013年,郑州拥有市级以上研发中心1705家、高新技术企业346家、专利授权量1.2万件;国家技术转移郑州中心成功落地,国家专利审协河南中心建成运行;国家专利导航产业发展实验区试点工作有序推进,国家质检中心郑州综合检测基地开工建设;通过第二批国家级两化融合试验区验收,获评国家知识产权示范城市、下一代互联网和全国数字城市建设示范城市,成为电子商务、信息消费、智慧城市试点和国家互联网骨干直联点城市。

三 郑州文化产业创新发展面临的主要问题

(一)创新发展意识不足

首先,由于对创新和科技在文化产业发展中的重要作用认识不够,一些部门依然按照发展传统产业的思路,把资源、土地和资金作为发展文化产业的核心要素。其次,政府重计划轻市场、重传统轻变革、重形式轻内容,导致文化科技创新滞后,创新思维缺乏,文化资源配置不合理,文化作品和文化服务的感染力和影响力下降等问题突出。最后,文化产业融合意识不足。从文化产业与其他产业的融合来看,郑州文化与旅游融合发展态势较好,文化与制造业、服务业等融合程度较低,抑制了新兴文化业态的发展。从文化产业各领域之间

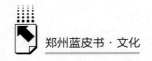

协调性来看，郑州出版传媒、演艺娱乐、创意设计、动漫游戏等各领域间缺乏互动与融合，导致文化产业在跨地域、跨部门、跨所有制、跨领域的协作与重组等方面阻碍重重。

（二）体制机制创新缓慢

2007年，郑州才被中央定为全国第二批文化体制改革综合试点地区。由于郑州文化体制改革起步较晚，长期以来受传统文化体制的束缚，文化资源被新闻出版、广电和旅游等部门分割使用，文化产业地区壁垒依旧存在，文化产业主管部门和地区之间缺乏会商协调机制。尤其是文化产业科技创新涉及省部级和市区级科技主管部门，导致政出多门、多头管理严重，难以形成合力；政府对文化产业基础科技、支撑技术创新投入不足，对作为科技创新研发、转化和应用主体的广大文化企业和社会中介组织的支持不够。

（三）业态创新力度不够

郑州传统文化产业科技创新缓慢，新兴文化产业发展明显滞后。郑州文化产业中占比较大的出版、广播、电视等传统产业科技创新不足，发展相对缓慢。如何利用数字化等先进技术提升传统文化产业的科技含量与发展空间，已成为传统文化产业转型升级的关键。2011年，郑州市文化产业核心层、外围层、相关层实现增加值之比为59.52∶14.66∶25.82，其中代表新兴文化产业的"外围层"占比较上年略有提高，但与其他城市相比差距较大。2011年，长沙文化产业3个层次增加值之比为20.7∶41.0∶38.3，长沙外围层增加值比例超过了40%，深圳和上海外围层增加值比例更是超过了50%。郑州在《2013中国文化产业发展指数报告》公布的2009年20个样本大城市的文化产业发展指数排名中占第20名，不仅落后于北京、上海、深圳等国内先进城市，而且落后于长沙、太原、武汉、合肥等中部省会城市。

（四）协同创新水平较低

当前，文化产业既和旅游嫁接，又与科技融合，还与金融、贸易关联。这就要求高校、科研机构与地方政府、文化企业无缝对接，密切合作，达成共赢，实现文化产业的协同创新。纵观国内，协同创新已经成为各省市竞相探索的新型文化产业创新模式。2012年，北京、南京、武汉等率先建立了面向文化传承创新类的"2011计划协同创新中心"。与发达地区相比，郑州文化科技总体水平还有较大差距，文化产业依托高校、科研机构进行产学研协同创新起步晚，发展水平低，文化企业在产业链协同、区域协同、新技术应用方面较少涉足。郑州文化管理体制机制存在的科技力量自成体系、宏观管理各自为政、文化资源配置方式及评价制度不能适应文化发展新形势和政府职能转变的新要求等弊端，阻滞了协同创新水平的全面提升。

（五）创新关键要素短缺

文化创意人才是提高文化产业创新能力的关键因素。目前，受到原有教育培训机制的制约，郑州市文化创意人才的培养不能适应文化产业飞速发展的需要，尤其是缺乏在全国有影响力的文化大家、文化领军人物，缺乏长于创意、精于创作、谋于市场、精通技术的复合型高级创意人才。文化领军人物、复合型高素质人才的严重匮乏导致郑州文化原创能力不强，以及市场运营创新不够。虽然郑州在金融、税收、信贷、投融资等方面对文化产业发展给予了倾斜和扶持政策，但政策法规的不完善导致吸引大量闲散资金进入文化产业的同时，又造成总量失衡、重复投资、盲目建设的无序局面。目前，郑州文化建设的资金来源主要是政府，而社会资本进入文化产业的限制过多，且集中在娱乐业、广告业等少数行业。由于郑州中小文化企业无形资产价值可信度不高，可抵押资产缺乏，盈利状况不稳定，难以有效通过银行信贷和资本市场渠道获得资金。政府对文化产业扶持投入力度不够，金融政策和资本市场方面的支持较为乏力，导致郑州文化产业原创能力和关键共性技术研发能力不强。

（六）科技创新活力不够

郑州运用现代科技发展文化产业的意识和能力不强，文化企业科技投入偏低，科技创新活力不够。由于体制机制以及行业垄断地位的限制，占据传统文化产业主要份额的规模以上文化企业科技创新积极性不高，对文化产业创新的必要性和紧迫感认识不足，资金投入明显不够。同时，文化产业支撑技术研发、转化和应用薄弱。由于文化产业的支撑技术研发薄弱，产学研共同体、公共技术服务体系和技术中介机构缺乏，对知识产权保护不力，致使新技术在文化产业的转化和应用上的速度相对缓慢，进而影响科技创新对文化产业发展巨大能量的释放。2012年，长沙与北京、上海、深圳等16个城市入选首批国家级文化和科技融合示范基地，郑州未入选。与先进城市相比，郑州文化与科技融合不够深入，大部分文化产品的科技含量不高，与中原经济区核心增长极的地位不相称。

四 提升郑州文化产业创新能力的战略选择

当前破解束缚郑州文化产业发展"瓶颈"的关键在于提升文化产业创新能力，为此要普遍形成创新认同，不断激发创新活力，加快培育创新人才，加快制度创新和技术创新步伐，建设创新要素集聚高地，大力推进文化内容、业态、形式、方法、手段创新，实现文化资源大市向文化产业强市跨越。

（一）积极推动协同创新

要把转变传统观念和思维定式贯穿于文化创新的全过程，用新型文化发展理念引领文化改革发展实践，以持续的文化创新推动文化产业跨越式发展，积极强化协同创新，推动文化产业持续健康发展，把文化产业建设成为国民经济支柱性产业。一是搭建文化产业公共技术平台、交流平台、信息平台和交易平台，健全文化产业投融资体系，促进文化产业内部创新协同，着力发挥科技、金融、贸易等对创新的协同推进作用。二是改革传统的产学研结合模式，突出企业的技术创新主体作用，强化高等院校、科研院所服务企业的能力，全面推进产学研合作创新迈上新台阶。以中原工学院、郑州轻工业学院、中州大学等相关学科专业为依托，探索产学研一体化的合作教育模式，深入开展文化科技领域核心技术攻关和创新创业人才培养，重点建设郑州大学面向文化传承创新的省级协同创新中心，走出一条中原特色与时代特征相结合的协同创新之路。

三是坚持资源共享、优势互补的原则，打破地区之间的壁垒限制，从业态选择和生产环节定位上细化产业分工，提升郑州市内各县（市、区），郑州与开封等省内重要城市，郑州与北京、上海、深圳等省外先进城市的文化协同发展水平，推进区域文化资源合理配置和有效利用，构筑区域文化一体化发展新格局。

（二）完善创新支撑体系

在深入调研文化企业技术创新情况的基础上，加紧制定鼓励和扶持文化企业技术创新的政策法规，营造提升文化原创能力、鼓励科技创新和科技成果转化的政策环境，实现产业政策指引、财政政策支持、金融政策放大的效果。筹建"郑州文化产业创新领导小组"，建立郑州文广新局、文化局、科技局及财政局等多部门协同工作机制，理顺政府与文化行业中介组织的关系。随着产业创新的不断深入，政府应当逐步从"主办者"的角色向"管理者"角色转变，负责统筹文化产业创新相关协调工作，完善文化经纪人与经纪组织的资格评定体系，为各类文化行业协会、文化金融机构、经纪机构、技术咨询机构和产权交易机构等中介组织发展创造宽松环境，引导文化行业中介组织加强自律。积极借鉴深圳文交所的运营经验，引导郑州文化艺术品交易所深入参与文化金融合作，推动郑州文化艺术品交易所充分发挥文化产权交易平台、文化产业投融资平台、文化企业孵化平台与文化产权登记托管平台的作用。

（三）建设文化科技创新平台

搭建文化科技创新平台，为文化新业态提供孵化和成长的良好环境。一是建设文化科技创新专门网站，提供文化产业科技发展的最新状况、文化产业科技项目投融资机会、文化产业科技人才双向交流信息和网上培训等。二是建立文化产业科技服务中心和科技转化交易中心，为文化产业科技项目搭建集招商、引资、推荐等为一体的公共服务平台，促进文化科技成果向文化产品转化，把现代科技植入文化产品生产、文化服务的各个环节。三是搭建政府引导、企业高校科研院所积极参与的文化科技创新政产学研合作平台，重点建设河南省创意产业公共技术服务平台、郑州华强文化公司科技平台、郑州国家中部软件园和中国郑州信息创意产业园技术平台，在郑州金水科教城和高新区规划建设文化科技创新孵化器，打造国家级文化科技创新产业基地。

（四）鼓励文化企业跨界和并购

在互联网技术的有力推动下，文化业、传媒业、通信业、零售业和金融业正处于快速融合期，文化企业跨界的先行者一方面可以开拓新行业，占据潜力巨大的市场，另一方面更能带来创新的观念、思路和可执行的操作办法，创造新的市场和新的商业模式，打造新的商业生态系统。当前，在文化产业领域尤其是互联网领域，并购已经成为快速壮大的助推器。因此，要着力创新完善各类扶持形式，壮大中原报业传媒集团、郑州华强文化科技有限公司、河南华豫兄弟动画影视制作有限公司、河南小樱桃动漫集团有限公司、郑州小小说文化传媒有限公司、郑州中远演艺娱乐有限公司、郑州市天人文化旅游有限责任公司、郑州新海岸电脑彩色制印有限公司、郑州广播电视台9家行业龙头，鼓励中原报业传媒集团、郑州新华书店、郑州广播电视报社有限公司等有条件的文化企业跨媒体、跨地区、跨行业和跨所有制战略重组，组建一批有影响力、有竞争力的大型企业集团，鼓励文化企业和机构参与国际展览、学术交流、项目合作，提升产业链整合能力和市场竞争力，推动形成一批国内知名的文化企业品牌。

（五）全面推进文化与科技融合

科技和文化深度融合是世界文化产业发展的大趋势。"文化＋科技"是郑州文化产业做大做强的必由之路。首先，培育一批特色鲜明、创新能力强的文化科技企业，打造一批科技含量高的传统文化产业品牌和文化内涵丰富的新兴文化产业品牌，做大做强文化科技创新产业链。其次，健全以企业为主体、市场为导向、产学研相结合的文化技术创新体系，支持产学研战略联盟和公共服务平台建设，突破文化科技领域共性关键技术，推动声、光、电以及网络技术、仿真技术、数字传输技术、移动终端技术、可视互动技术广泛应用到文化产品设计、生产、营销和文化服务的各个环节，提升文化产品的创作力、感染力和影响力。再次，积极参与高新技术研发和标准制定，在重点领域和关键环节形成具有自主知识产权的创新技术，抢占文化产业发展制高点。最后，以"智慧郑州"建设为契机，以郑州高新区、金水区、郑东新区为依托，策划一批重大文化科技创新项目，着力打造文化和科技融合示范基地。

（六）建设创新型文化产业集聚区

郑州要把创新型文化产业集聚区，建设成为重大项目实施的载体、文化科技创新的孵化器和文化产业集约发展的平台。一是充分发挥中原报业传媒集团等大型文化企业集团带动引领作用，积极开展多层次、多渠道、多领域的文化产业招商，吸引国内外的知名文化企业总部、创意设计机构、技术研发中心、中介组织及培训机构入驻。二是积极参加深圳文博会、北京文博会、海峡两岸文博会和杭州国际动漫节等国内外大型文化博览交易会，引进一批投资规模大、辐射带动作用强、科技含量高、市场前景好的文化产业项目。三是实施郑州嵩山文化产业园、金水文化创意产业园、国家动漫产业发展基地（河南基地）、郑州华强文化科技产业基地、郑州信息创意产业园、郑州动漫产业基地、石佛艺术产业园区等重点文化产业集聚区提升工程，加快形成创意、制作、营销、播放、版权交易、衍生品开发的完整产业链，打造一批集技术研发、产业孵化、产品交易于一体的文化产业生产和出口基地，将郑州建设成为具有重要影响力的中西部动漫产业基地。

（七）建设创意和创新人才高地

通过引进、培养、借用、合作等方式，建设一支过硬的创新人才队伍，构筑创意与创新人才高地。首先，实施文化高端人才引进计划，探索郑州石佛艺术公社模式，聚集国内外知名的金融、科技、创意、管理等领域高端人才进入文化产业。其次，充分利用郑州的科技和教育优势，支持中原工学院、郑州轻工业学院、中州大学、中原文化艺术学院等有条件的高等院校采取多种培养方式，特别是要利用国家正在实施的"2011 计划"，探索建立产学研一体化人才培养机制，加快培养一批懂文化、会经营、善管理的高层次文化经营管理人才，重点培养数字传媒、文化旅游、创意设计、动漫游戏、工艺美术等文化产业发展急需的专业技术人才。最后，加强带资金、带技术、带项目的文化团队的引进，吸引国内外著名高校和培训组织在郑州建立文化产业人才培训机构，根据文化企业需求实施人才定向培养工作，推动文化产业走上新的台阶。

（八）加大知识产权保护力度

建立健全知识产权保护体系，为文化产业创新营造有利的法制环境和市场环境。一是加大保护知识产权的执法力度，强化市（区、县）各级的知识产权监督管理责任，形成市（区、县）、街道有机联动的知识产权执法工作机制，进一步落实《著作权法》、《商标法》和《专利法》。二是准予知识产权研发费用、知识产权转化和实施费用等纳入文化企业研发费用予以抵扣，适当奖励成果优异者。三是形成尊重知识产权和创新成果的社会文化氛围，增强全社会知识产权保护意识。四是规范知识产权服务市场，鼓励知识产权评价机构、资质认证中心、版权资源信息中心和版权评价交易中心发展，针对文化成果转化的重点领域和重点环节开展专项行动，着重加强数字内容生产、策划服务、创意设计的保护。五是实施重大版权推广运用计划，开展版权投融资工作，推动企业版权贸易，促进版权产业化。六是建立知识产权评估程序和标准，探索对文化企业自主知识产权等无形资产给予质押或登记融资，提高兴办高新技术型文化企业以知识产权出资入股的比例。

B.11
郑州市文化创意旅游产业发展问题研究

杨 华*

摘 要：

积极推进郑州市文化创意旅游产业发展，对城市文化提升和旅游产业升级有着重要的现实意义，是郑州市实施"旅游强市"战略的必然选择。本文在对文化创意旅游产业的内涵、发展意义进行阐述的基础上，分析了郑州发展文化创意旅游的优势、劣势、机遇和面临的威胁，提出了郑州文化创意旅游产业提升发展的对策。

关键词：

郑州 文化创意旅游 产业发展

文化创意旅游产业是旅游产业与文化创意产业的有效融合，是文化创意产业在旅游产业领域的有效延伸，已成为旅游业发展的新模式，并且正在成为地区经济发展新的增长点。郑州市作为我国八大古都之一，自身具有悠久的历史和灿烂的文化，加之地处中原地区的政治经济文化中心，交通便利，完全具备了文化创意旅游产业发展的资源基础和交通设施条件。然而，由于郑州文化创意旅游产业刚刚起步，与郑州都市区的社会、经济发展水平并不相符。因此，本研究系统地分析了郑州市文化创意旅游产业的发展现状，提出了进一步加快旅游创意产业发展对策，促进了郑州市文化创意旅游产业加快发展，使之创造出巨大的经济效益和社会效益。

---

* 杨华，中原工学院副教授。

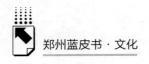

一 文化创意旅游产业的内涵及发展意义

（一）基本内涵

文化创意旅游产业虽与传统的文化旅游产业在外延上有部分重叠，但从内涵上来看，已与传统意义上的文化创意产业存在较大差别。文化创意旅游产业是旅游产业与文化创意产业相互结合的产物，是以文化为核心，以创意为手段，通过科学技术对文化旅游资源进行重新整合和再创造，并结合市场需求，创造多元化的旅游产品载体，提升旅游资源的内在价值，生产出高价值的文化旅游产品的产业。在具体的表现形式上，文化创意旅游产业主要是通过创意理念的引导，将创意思想与当地的文化资源完美结合，通过技术创新将原本那些静态的旅游要素动态化，进一步增强当地旅游产品服务的体验性和吸引力，从而满足当前日益发展的旅游市场消费需求，同时充分展示当地旅游文化的魅力。可以看出，文化创意旅游产业实质上就是以文化创意对旅游产业的增值过程，围绕文化创意对旅游产品服务价值的提升过程。因此，文化创意旅游具有高附加值、丰富文化内涵、强调创意性等特征。

（二）发展文化创意旅游的意义

1. 有利于提升城市的形象

城市文化旅游是城市建设的重要形式，受到各地政府的较高重视，纷纷推出了本地区的"旅游强市"发展战略。纵观这些发展战略会发现，战略趋同性严重，无法体现自身城市特色，已经成了制约地区间旅游产业优势的重要原因。如何围绕城市特色发展城市旅游产业，提升城市旅游竞争力，是现阶段各地区城市旅游产业发展过程中亟须解决的问题。文化创意旅游由于是依据不同城市文化特点而发展的，因此，会在一定程度上有效地解决城市旅游同质竞争问题，有利于提升城市的特色文化形象。文化创意旅游产业把城市静态的历史文化内涵转化为发展的文化产品，为消费者提供了艺术性、知识性、趣味性的体验消费性的旅游产品，从而大大地提升城市的形象和城市旅游吸引力。文化创意旅游也为城市的文化创意产业提供了良好的展示平台和资源载体，表现在旅游景点的展示、布陈方式、服务场所的装饰与人性化接待上，更加突出城市旅游的特色，使城市旅游形象得到提升。

2. 促进旅游产业结构优化升级

文化创意产业与旅游产业的不断融合，使旅游产业受价值链高端的文化创意产业的带动，将文化、艺术、创新、科技等理念灌入旅游产品服务中，旅游空间内容、表现形式、价值实现形式都与传统旅游产业有了根本性的不同。文化创意旅游通过对旅游消费群体的培育、产品的更新、市场的拓宽，将更多的产业部门吸纳进来，突破了传统旅游产业的界限划分。依据市场需求，融入创意元素，发展符合地域特色的文化旅游产业，形成一种适应现代经济社会发展转型的全新旅游模式。郑州在嵩山文化旅游、黄河文化旅游等中融入新的理念，把文化旅游转化为演艺、影视和动漫等精品创意项目，可以有效地促进郑州旅游产业与现代科技、创意文化等要素的结合，产生巨大的产业联动效应，推动郑州旅游产业的转型升级。

3. 满足旅游者多元化的消费需求

随着当今社会的不断发展，旅游活动日趋多样化和个性化，人们亲身体验参与性的要求更加强烈，参与者想要融入其中，期望通过自身的视角去了解、认识、感知当地的风俗文化。同时，在这一过程中，人们对文化消费品的需求会增加，对物质产品的文化含量、产品观念的价值诉求也会提升。尤其是当旅游者平常生活所在环境与旅游地环境差异较大时，带有文化创意体验的旅游过程更具吸引力，印象更为深刻。但在当前的郑州市旅游产业中，旅游资源挖掘不够，人文产品比重较大，少林寺一枝独秀，缺乏体验性和参与性，制约了旅游产品的进一步发展。因此，强化文化创意产业与旅游产业的相互融合，以文化创意的视角发展旅游产业，可以不断满足旅游者多元化的消费需求，带动郑州文化旅游产业的创新发展。

二 郑州市文化创意旅游产业发展的机遇与优势

（一）发展机遇

1. 政府的重视和扶持

为了贯彻落实"旅游强市"战略，按照"高起点、高标准、高品位"的要求，近年来，郑州市先后出台了《郑州市旅游产业发展规划》、《郑州市旅游发展"十二五"规划》、《郑州市文化产业发展规划（纲要）》、《郑州市文化创意产业"十二五"发展规划》等一系列有关文化创意旅游的规划和政策，并在《中共郑州市委、郑州市人民政府关于建设最佳旅游环境城市的意见》中，明确提出到 2015 年，郑州年接待海内外游客突破 8000 万人次，其中境外游客 60 万人次，旅游总收入 700 亿元，使郑州市成为我国中部地区的游客集散中心城市和国内旅游名城。为达成这一总体目标，郑州市设立 5000 万元人民币的旅游发展专项资金，并纳入年度财政预算。在此基础上各县（市、区）政府也按照一定的比例，安排相应数额的配套资金，用于发展当地旅游业。在旅游产业发展用地方面也给予相应的土地优惠政策，旅游商品生产企业研究开发新产品、新技术、新工艺而发生的技术开发费，在政策范围内依法给予税收优惠。这些举措为发展文化创意旅游产业创造了良好的政策环境。

2. 中原经济区建设的契机

《中原经济区规划》明确要求，中原经济区建设要持续探索以新型城镇化为引领的新型城镇化、工业化和农业现代化"三化协调"科学发展的路子。以此为契机，郑州市的城市经济发展面临着发展方式的深度调整和变革，促进郑州城市发展方式的转变，努力改变第三产业滞后，尤其是现代服务业的发展状况落后的局面，大力发展一批具有特色、优势的高科技产业。利用文化创意旅游对传统文化产业和旅游产业的改造，提升产业生产效率和技术含量，以此紧密联动城市发展，在新的形势下创新旅游城市一体化的发展，将文化与娱乐结合，创新产品，对接城市发展，走新型城镇化道路。

（二）发展优势

1. 丰富的文化旅游资源

郑州文化旅游资源在总体数量和种类上都占有较大优势，且资源等级较高，有不少世界级、民族性的文化旅游资源。资源整体分布范围较广，但局部地区的旅游资源又相对集中，总体上形成了郑州历史文化名城、沿黄河休闲度假带、登封"天地之中"世界遗产、新郑黄帝文化、中牟现代休闲娱乐、大浮戏山山水生态六大旅游资源聚集区。郑州的文化旅游资源种类繁多，主要包括姓氏文化、黄帝文化、嵩山文化、少林文化、商都文化、河洛文化、遗址文化、非物质文化遗产、名人文化、军事文化等。由于郑州地区是历史上三皇五帝、夏商周的主要活动区域，所以其文化的古老性、丰厚性和根祖性突出，其中嵩山作为五岳之一，号称万山之宗，不仅文化深厚、建筑古迹繁多，还具有"五世同堂"的地质奇观，世界罕见；伏羲山与伏羲有很深的渊源，是郑州西部屏障，生态资源十分优越，开发潜力巨大；郑州段黄河，因黄河游览区、悬河景观世界闻名。这些丰富的文化旅游资源景点都可以作为郑州发展文化创意旅游产业的基础性旅游资源。

2. 显著的地理区位优势

地理空间性和旅游目的地的交通情况是影响旅游产业发展的重要因素。郑州市地处中部地区的中心腹地，是中原经济区的核心城市，在全国的经济发展格局中起着承东启西、贯通南北的重要作用。在陆地交通方面，京广铁路与陇海铁路、京港澳高速与连霍高速在此交会，是全国陆路交通网络的十字交叉路口，伴随着郑西高铁、郑京高铁、郑武高铁、郑徐高铁的建设贯通，郑州通往北京、武汉、西安、上海、南京等重要城市的陆路交通时间将进一步缩短，强化了郑州的综合交通枢纽地位。在航空交通方面，郑州在 2008 年已被国家民航总局确定为全国八大区域性枢纽，并且随着郑州航空港经济实验区的建设实施，以郑州国际航空枢纽港扩建改造为契机，国际国内航线不断扩展，通航的国内外城市数量势必会大幅增长。可以看出，无论在铁路、公路还是航空交通方面，郑州市的地理区位优势均十分显著，客源市场的可进入性较强，这为发展文化创意旅游产业提供了有力的基础保障。

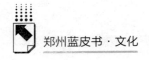

3. 初具规模的文化创意旅游产业

文化创意产业的迅速发展是推进文化创意旅游产业建设的先决条件。中原经济区建设规划的实施，以及《国务院关于支持河南省加快建设中原经济区的指导意见》等相关政策文件的出台，明确指出了大力发展文化产业在中原经济区建设中的重要性。通过对广播影视、演艺娱乐、新闻出版、动漫游戏、文化创意等重点文化产业的扶持建设，郑州成为全国重要的文化产业基地。在此契机下，郑州的文化创意产业近年来得到了迅猛发展，2006~2010年，郑州市文化创意产业增加值由2006年的82.6亿元增加到2010年的160亿元，占河南省文化产业增加值的22.3%。推出《禅宗少林·音乐大典》、《大河秀典》等特色文化创意演艺活动；建设黄帝故里景区二期、黄帝文化博览馆等华夏文明遗产景区，在景区基础上结合高科技手段建设一批主题餐饮、娱乐、服务项目，举办全球华人论坛（黄帝文化论坛），融入创意产业，完善旅游服务，打造华夏文明传承创新的示范区；在已经建设的华强文化科技产业基地和绿博文化产业园的基础上，进一步建设集创意、研究、生产、销售于一体的国际一流文化科技产业基地，重点培育建设动漫产业基地、文化科技主题公园、文化艺术展示中心等配套建设项目；依托雁鸣湖生态文明示范区、国家农业公园、弘亿国际农业高新产业园、河南省农业高新科技园等项目，打造以旅游观光为主题的生态风景示范区和以瓜果采摘为主题的都市农业示范区。总体来看，郑州市的文化创意旅游产业虽然已经具有一定规模，但在整体上仍然处于起步阶段，与国内同级领先城市还存在着较大差别。

三　郑州市文化创意旅游产业发展的挑战与不足

（一）发展的挑战

1. 外来文化的冲击

郑州虽然较好地保护了嵩山文化、黄帝文化、黄河文化、商都文化、河洛文化的文化特色，但保护的水平还不高，外来文化的冲击力度较大。尤其是理念和技术的缺失，使这些民族文化极容易受到外来文化的侵蚀和同化。因此，在发展文化创意旅游产业的同时，要十分注重民族文化的传承和保护，要充分展现郑州民族文化的底蕴和特色。此外，随着大量外来文化创意产业公司的入驻，郑州本地文化创意产业公司必然会受到冲击，这都会使民族文化在郑州新兴的文化创意旅游产业发展中的弘扬受到巨大的压力。

2. 与其他中部城市的竞争

郑州市周边中部城市，如西安、洛阳、开封等，自身的文化创意旅游产业发展迅速。以西安市为例，华清池推出的文化创意旅游精品《长恨歌》，仅在2010年便实现演出201场，接待观众35万人次，累计收入达5000万元，在国内文化创意旅游市场中名声大振，成为陕西文化旅游产品的典范之作。再如洛阳市，每年举办的"中国洛阳牡丹文化节"，已入选国家非物质文化遗产名录，作为全国四大名会之一，已演变成一个融赏花观灯、旅游观光、经贸合作与交流于一体的大型综合性经济文化活动。在2013年接待国内外游客达1869.95万人次，实现旅游收入112.2亿元。

（二）发展的不足

1. 开发模式相对低端化

郑州旅游资源虽然丰富，但对文化资源的挖掘力度不够，开发模式相对低端化，衍生的旅游产品体系已不适应社会发展的要求。生态旅游、休闲度假等旅游模式虽有所发展，但缺乏品牌特色，城市休闲和游憩娱乐产品匮乏，旅游产业竞争力相比京津冀、珠三角、长三角等地区并不明显。旅游关联行业发展相对滞后，与旅游之间的配合度不够，旅游购物、娱乐等消费不发达，所占份额较低。文化产业、商旅会展、体育节事等优势不突出，带动效应未充分发挥。郑州优势的高新科技、装备制造业、农业、汽车等未形成特色旅游产品和产业优势。此外，在旅游服务方面也不完善，客源满意度、美誉度不高。并且市民好客度也有待提高，旅游窗口行业服务质量不突出，细节服务不足。

2. 创意人才缺乏

创意人才为发展文化创意旅游产业提供智力支持，是文化创意旅游产业的核心。虽然郑州市现已集聚了一支自己的创意人才队伍，但无论在人才数量还是人才质量上都与国内同级发达城市存在较大差距。郑州市内多所高等院校也不断地培养文化创意人才，但有创意、能策划、善于文化创意事业经营管理的复合型高层次人才却极度缺乏，加之现阶段郑州市在人才奖励机制、人才引进机制等方面还存在诸多缺陷，与国内其他同级城市存在差距，严重制约了文化创意旅游产业的发展，这也是当前郑州市文化创意旅游产业发展过程中所面临的重大难题。

3. 旅游市场管理机制不完善

现阶段，郑州市旅游市场管理机制并不完善。针对文化创意旅游产业发展所涉及的各级政府职能机构，缺少专门部门进行产业发展的推动，整合和主导、推动能力不足，制约了相关文化创意旅游资源的开发。各级旅游质量监督队伍，质监人员的执法能力与政策水平还相对较低，缺乏旅游市场相关政府部门参与的旅游联合执法机制，难以保证文化创意旅游产业健康快速地发展。此外，郑州市虽然出台了一系列政策法令推动文化创意旅游产业发展，但缺少对郑州市旅游规划实施情况的跟踪分析，规划实施监测和定期评估制度也极不完善，这是严重制约郑州市文化创意旅游产业发展的因素之一。

四 郑州市文化创意旅游产业的发展任务

文化创意旅游产业的发展不能盲目地照搬其他城市的模式，要结合城市的实际条件，根据自身所具备的旅游资源特点，将文化创意产业根植其中，并不断创新发展。

（一）优化文化创意旅游产业总体布局

按照"重点突破、点面结合"的要求，以不同县（市、区）旅游资源分布和交通为基础，着力突出不同地域文化创意旅游的主题特色，通过进一步加快重点文化创意旅游项目建设，形成"一城、两带、四区"的空间布局。

"一城"即中心城区，包括郑州老城区与郑东新区部分。推进老城区提升，加快对历史文化遗址的修缮开发，重点打造商代都城遗址公园、城隍庙一文庙观光休闲步行街区、百年德化观光休闲街区等主题突出的精品项目。加快郑东商务休闲游憩区、新城建设，完善游客服务中心项目、星级酒店建设项目、高速铁路、高速公路旅游服务项目等文化创意旅游产业配套设施服务体系。通过建筑风貌、文化景观、解说体验等手段，打造城市历史文化主线和节点，包括火车站、二七塔、书院街、城隍庙、郑东新区、高铁站、龙湖 CBD，将郑州中心城区打造成为集历史文化体验、城市游憩、主题娱乐、商务会展等于一体的旅游名城。

"两带"即黄河生态文化旅游带、南水北调生态交通旅游带。引入风景道理念，分别构建沿黄、南水北调两条旅游发展带，串联整合沿线主要景区（点），整体提升和包装，有序建设一批不同主题的旅游景区、特色乡村，包括观景台、博物馆、孤柏渡文化生态区、黄河湿地公园等景点。整体打造黄河生态文化旅游、南水北调穿黄景区的大品牌，大力开展主题文化节庆和活动，推动沿线城市旅游合作，推出区域旅游品牌产品。

"四区"即华夏文明朝觐区、功夫宗教创意体验区、时代文化娱乐区和城市慢享休闲区。以重点景区为核心，以点带面，将重点旅游景区与旅游产业园区建设结合，充分考虑区域交通条件、资源优势、产业基础和未来旅游发展需求，促进相关产业集聚发展。通过整合新郑市、新密市黄帝文化资源，联动黄帝故里、具茨山和黄帝宫等景区，增强游憩功能，完善旅游服务。深度开发功夫文化，延伸功夫产业链，活化"天地之中"历史建筑群和中岳嵩山的历史文化，建设国际一流、国内知名的旅游目的地。整合大伏羲旅游资源，加大旅游开发力度，打造区域领先的百姓喜爱的休闲观光乐园和郑州郊野游憩基地。

（二）深化对文化旅游遗产资源的创意开发

大力发展郑州市文化创意旅游产业，其核心是要深化对文化旅游遗产资源的创意开发。通过大力开发参与性旅游项目，以体验式的文化创意旅游形式满足游客的文化需求，给旅游产业带来更大的商机。要逐步改善文化旅游遗产资源亲近感不强、挖掘深度和形式创新不够、游客的体验感不够充分完整的弊端。在保护文化遗产的前提下，加强对自然风光、历史遗迹、工业遗产等文化旅游遗产资源的创造与加工，从文化创意的视角，重点对黄河文化、黄帝文化、商都文化、嵩山文化的外围文化氛围，旅游环节中的食、宿、行、游、购、娱等旅游服务产品进行开发创造。借助科技手段将旅游遗产的文化内涵以动态的、感性的方式传递给游客。根据不同游客的多层次文化需要，结合不同类别的文化旅游遗产特点，有针对性地深化改造相关旅游服务设施。

此外，可以通过访问交流、承接外包业务等形式，积极借鉴发达国家在文化旅游遗产资源创意开发方面的技术经验，积累必要的资金、技术和人才，逐渐提升自身的创意开发能力。

1. 推动文化创意旅游产业集聚发展

结合郑州市文化创意旅游资源，引导产业集群化发展，努力打造特色鲜明的文化创意旅游产业集聚区，形成黄帝故里景区、嵩山少林功夫、黄河风景区、城隍庙商都遗址、伏羲山主题沟谷等旅游集聚景区，这些景区各具特色，有效地推动了文化创意旅游产业的发展。因此，在推动文化创意旅游产业集聚发展方面，要进一步依托历史文化、传统文化和现代文化，集合已有的产业优势、区域优势和地理优势，按照"文化为魂、创意为王、产业为体"的理念，统筹规划设计，通过政策引导，实现不同区域间的合作。以不同区域的代表性文化旅游资源为依托，以精品旅游景区和基地建设为重点，加大对现有文化创意旅游产业集聚区的建设整合力度，形成一批优势文化创意旅游品牌，增强产业集聚和辐射功能，以此来提高郑州文化创意旅游产业的竞争力。

2. 打造文化创意旅游品牌

旅游资源开发、旅游项目建设必须严格遵循先规划设计、后开发建设的基本原则，形成多层次、多系列且主题突出的旅游产品，满足不同层次消费者的多元化的消费需求。通过科学构建旅游产品开发空间布局，结合郑州城市实际情况，重点开发"两带八区"旅游资源和旅游产品，即黄河文化景观带、南水北调生态景观带和嵩山文化旅游区、黄帝文化旅游区、伏羲山旅游区、雁鸣湖生态旅游区、康百万庄园—北宋皇陵旅游区、新密古城文化旅游区、中心城区都市观光旅游区、郑州新区。重点围绕精品旅游项目建设，以大项目带动，鼓励社会资金向重大项目和重点片区集中，重点打造国家级、世界级旅游精品项目，加快把嵩山、黄帝故里、黄河风景名胜区等打造成世界知名的旅游精品，并积极提供优质的服务，为旅客提供贴心的、人性化的服务，使其产生强烈的满足感，从而建立起顾客的忠诚度，使郑州文化创意旅游品牌口口相传，进而提升郑州文化创意旅游产业的吸引力和竞争力。

3. 延伸文化创意旅游产业链条

延伸文化创意旅游产业链条，要跨越产业边界联动发展，主要表现在深度、广度上拓展文化创意旅游产业链条。在纵向上，要充分与产业链上中下游的各个环节融合，形成文化创意旅游消费带动产业链升级的良性互动。文化创意旅游产业的发展要将旅游的功能向产业链上游的研发和下游的品牌销售渠道延伸，根据文化创意旅游的消费需求引导旅游产品的设计和功能优化，用旅游消费者偏好进行品牌定位、培育旅游消费群体，围绕游客的潜在消费需求构建新型文化创意旅游产业链。在横向上，要与文化创意旅游相关各产业部门进行直接和广泛的融合发展，由单一的小文化创意旅游产业链向大文化创意旅游产业链转型，以产业链的整体价值为目标，通过产业链条的各个环节的有机联动，实现文化创意旅游产业与各相关产业的无缝对接，进而以文化创意旅游产品服务及其链条效应直接优化工业和农业的产业结构，提升产业的整体效益。

五　郑州市文化创意旅游产业发展的保障举措

（一）建立完善的旅游市场管理机制

发展文化创意旅游产业的当务之急是要形成产业观念并对其进行建设推广，使其形成产业集聚的协同效应。这就要求从业相关人员增强意识，强化文化创意旅游的产业观念，加强社会的宣传和引导，使整个社会形成有利于文化创意旅游产业发展的氛围。由此可以看出，文化创意旅游产业作为一种新型的产业模式，必然需要一套行之有效、适合其发展的管理办法，对创意旅游业进行培育和规范。通过市场机制、竞争机制、供求关系、激励机制使其逐渐发展壮大。在此基础上，可以成立郑州市文化创意旅游产业发展委员会，将涉及文化创意旅游发展的各个部门的主管领导纳入其中，规划未来发展之路，并建立定期的联席会议机制，对文化创意旅游产业发展中与之相关的各产业进行综合协调。加强旅游立法，结合国家《旅游法》的实施，加快组织实施郑州市文化创意旅游产业发展专项立法计划。强化对郑州市旅游规划实施情况的跟踪分析，建立健全规划实施监测和定期评估制度，每年完成监测评估报告，定期公布郑州市旅游产业规划执行情况。这些管理措施的实施，能够为郑州文化创意旅游产业的发展提供制度保障。

（二）加强"旅游＋创意"人才的培养和引进

一般而言，文化创意旅游产品的消费者具有较高的艺术鉴赏水平和审美要求，在产业的发展过程中就要求相关的从业人员具备较高的文化水平、文明素养和专业素质，尤其需要既懂文化创意又懂旅游的复合型高级专业人才。因此，相较于郑州文化创意旅游产业发展需求的人才缺口，一定要加强文化创意旅游人才队伍建设。建立健全有利于文化创意旅游人才队伍发展壮大的政策和机制，积极引进国内外高层次文化创意旅游专业人才。加强文化创意旅游智库建设，深化对文化创意旅游的理论研究，对应用型较强的成果给予支持和奖励。充分利用旅游教育资源，整合多种学科，通过与市内高等院校建立合作教学联合培养，开展高质量的行业教育培训，打造高素质的旅游策划、管理和服务队伍。重点培养"旅游＋创意"复合型人才，并制定有利于复合型人才引进的政策与规划，发展文化创意旅游产业的骨干精英，解决制约郑州文化创意旅游发展的人才"瓶颈"问题。

（三）加大投入力度和政策支持

由于郑州文化创意旅游产业尚处于起步阶段，需要进一步加大扶持力度和政策支持，创造发展旅游业的良好政策环境。加大财政支持力度，在5000万元人民币的旅游发展专项资金的基础上，根据发展需要，适时适度地保持增长，推动产业发展。进一步拓宽文化创意产业发展融资渠道，探索采取BT、BOT、BO等方式，广泛吸引外资和社会资金参与到开发建设和旅游企业经营中来。积极扶持和培育条件成熟的文化创意旅游企业通过上市融资，不断提高市场竞争力。鼓励金融机构对符合信贷要求和市场准入的创意型文化旅游企业加大信贷支持力度，提供融资支持强度，对市场潜力较高的旅游企业，也要加大支持力度，为其发展提供空间。积极推进文化创意旅游企业做大做强，鼓励企业通过资本运营等方式，积极引进战略投资者，整合全市旅游资源，组建跨地区、跨部门、跨行业、跨所有制的企业集团，实现网络化规模经营。充分发挥企业在市场经济中主导地位和创新地位，让其支撑整个文化创意旅游产业的发展。

（四）坚持开发与保护并重

在发展文化创意旅游产业的同时，要注重对非物质文化遗产、历史文化名城等文化旅游资源的保护。加大对非物质文化遗产的保护和传承力度，整理、编纂、出版民俗文化艺术图书文献及可视资料，通过多种途径认定非物质文化遗产传承人，并维持传承人的生活和再传承的经济基础。为传承活动提供必要场所，授予荣誉称号，利用公共传媒宣传、展示和交流，促进国际国内交流等。积极筹措非物质文化遗产发展资金，将非物质文化遗产教育纳入中小学乡土教材；探索非物质文化遗产的发展方向，鼓励市场化发展和交易。建设单位在进行选址和工程设计时，应尽量避开不可移动的文物，保护历史文化名城。除此之外，要加强对文化保护的宣传工作，使人人参与到保护工作中，使他们在了解和学习历史文化的过程中将其继承和发扬。历史文化为郑州文化创意旅游拓展了发展思路，带来了经济效益，而文化创意旅游也将郑州历史文化进行了挖掘和发展，两者形成相辅相成的关系，共同走向双赢。

参考文献

王慧敏：《文化创意旅游：城市特色化的转型之路》，《学习与探索》2010 年第 4 期。
曾琪洁等：《文化创意旅游需求及其差异性分析——以上海世博会为例》，《旅游学刊》

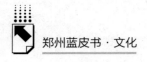

2012 年第 5 期。

李方方、洪霞芳：《南昌市文化创意旅游产业发展的动力机制与实现途径》，《企业技术开发》2012 年第 3 期。

韩朝胜：《河南省文化旅游产业发展面对的问题及解决对策》，《济源职业技术学院学报》2010 年第 3 期。

陈淑兰等：《河南省旅游产业结构优化升级研究——基于文化创意视角》，《经济地理》2011 年第 8 期。

B.12
推动郑州市印刷产业集聚发展问题研究

董 娣　赵向忠　程大峰[*]

摘　要：

印刷产业集聚是建立在印前、印中、印后等专业分工基础之上的协作体系。基于郑州印刷业重复建设、产能过剩、无序搬迁的现状，提出产业集聚发展的合理路径，即扶持龙头企业，实施品牌带动战略；整合印刷产业链条，建立印刷集团，加快产业转型升级；结合城市规划政策和配套产业特点，打造特色印刷产业园区。

关键词：

郑州　印刷产业　产业集聚

产业集聚是一种高效的产业组织方式，通过企业的高度聚集、行业协作程度的不断加强，获得规模经济和分工经济收益。通过产业集聚，可以不断地完善垂直分工的产业链和横向分工的协作链；通过深化印刷企业间分工协作、竞争合作关系，可以实现行业内的战略联盟、优势互补、资源共享，从而降低成本，提高效率，提升行业核心竞争力。因此，产业集聚是印刷企业分工协作的高级形式，是郑州印刷产业做大做强的直接驱动力。

一　印刷产业集聚的特点

产业集聚是一种新的生产组织方式，以分工专业化、生产集约化、规模最

---

[*] 董娣，郑州市文化广电新闻出版局副局长，博士研究生；赵向忠，郑州市文化广电新闻出版局印刷处处长；程大峰，郑州市文化广电新闻出版局印刷处科员，硕士研究生。

大化为特征。作为社会关联度相对较高的行业,印刷业既有印前、印中、印后等形式的纵向分工,又有印机设备生产、原材料供应、印刷包装产品设计、运输及流程管理等形式的横向分工。现代印刷业已经发展成一个高度专业、分工明显、协作性强的成熟产业。

生产方式作为区别各种经济时代的标准,也是各个时代推动经济持续增长的核心动力。产业集聚作为现代产业经济发展的一种组织形式,其优势在于组建新型的企业群体,形成规模经济效应和专业分工体系,让印刷产业的外部服务和配套设施同步发展,通过取长补短,有机组合,从而形成具有强大竞争力的经济增长极。

郑州印刷业正处于传统加工制造业向现代新兴服务业和文化创意产业转变的关键时期。通过产业集聚,由专业公司负责印刷企业的加工制造、后勤服务等辅助职能,印刷企业可以集中精力进行产品创新、工艺革新、技术更新等核心竞争力的提升,从而改变全市印刷企业过去"小而全、大而散"的组织形式,真正实现郑州印刷产业从劳动密集型向知识密集型、技术密集型的现代产业转变。

二 郑州印刷产业集聚发展的现状与问题

截至 2013 年 3 月 31 日,全市共有印刷企业 1296 家,年总产值 70 亿元,年销售收入 68 亿元,年缴税 11.56 亿元,工业增加值 18 亿元,固定从业人数 3 万人。据初步统计,郑州市印刷企业年总产值占全省的 1/3 强,总资产占全省的 1/4 强,继续保持河南领先地位,但与国内三大印刷产业带,甚至中西部部分省市相比,郑州印刷业仍有较大差距,特别是在产业集聚发展方面亟待加强。

(一)产业集聚初现端倪,企业集中度有待提高

印刷产业作为都市产业主要集中在中心城区,部分企业分布在郊县。以郑州市为例,全市成规模的印刷企业共 615 家。其中,中心城区共有出版物印刷、包装装潢印刷等各类印刷企业 309 家,占全市总数的 50.2%;各郊县

（市）则只有79家，仅占全市总数的12.8%。此外，楼宇印刷扎堆集中在中心城区主干道，这主要体现在数码印刷及专项制版等适合楼宇作业的企业。

郑州市目前尚未建设统一规划的印刷产业集聚区，印刷企业多以配套加工的形式，分散在各个工业园区。全市印刷企业较为集中的工业园区有12个，分别是金水区杨金工业园、金水区陈寨工业园、二七区马寨工业园、二七区候寨工业园、管城区金岱工业园、惠济区南阳寨工业园、惠济区刘寨工业园、惠济区贾河村工业园、惠济区大河工业园、新郑薛店食品工业园、中牟九龙镇工业园、新密曲梁服装工业园等。

但由于缺乏专业的印刷产业集聚区，郑州印刷产业的规模效益一直不够明显，行业地位长期得不到提升。这主要体现在两个方面：一方面是印刷企业无序搬迁、分散经营，导致郑州印刷业的纵向分工协作体系紊乱，集约化效应未能显现；另一方面是由于被定位成加工制造业，印刷业只是各个工业园区的配套产业，其产业优势、行业特色无法彰显。

（二）集聚区建设迫在眉睫，选址进程有待加快

随着郑州市工业企业布局规划的出台，全市三环以内印刷包装企业须在3~5年内全部搬出中心城区，这对举步维艰的郑州印刷业而言，既是一次生死考验，更是一次转型升级、抱团突围的历史契机。作为都市产业，郑州印刷业既要负担都市区建设过程中土地、原材料、劳动力等生产要素不断上涨的成本压力，还要承受经济疲软形势下企业招工难、融资难、开工不足、设备折旧、还贷风险加大等市场竞争压力。印刷企业集聚发展成为郑州市印刷产业健康持续发展的现实问题。

目前，郑州市三环以内需要搬迁的印刷企业共有279家。其中，2013年工业总产值在1000万元以上的印刷企业共72家，在三环以外拥有生产基地的印刷企业仅占总数的8.7%。据调查显示，部分国有企业、集体企业，已通过政府划拨、土地置换等形式解决了生产用地问题；部分私营企业迫于生产用地和外迁规划的双重压力，已经搬迁至新乡、武陟等地。

2004年以来，原郑州市新闻出版局、郑州市文化广电新闻出版局等行业主管部门，把推进印刷产业集聚发展、加速行业转型升级，作为全市新闻出版

系统的重点工作来抓。近 10 年来，市局先后在高新区、郑汴产业带及新郑、新密、中牟及国家郑州经济技术开发区等地，筹划建设郑州印刷产业集聚区。但由于土地规划调整、融资贷款受限等因素的制约，园区建设进程一再推延，郑州印刷产业集聚现状堪忧。就中西部而言，郑州印刷产业无论是龙头企业的数量、效益，还是印刷产业集聚的程度、规模，均落后于湖北、四川、陕西等中西部地区。这种行业现状与郑州市"全国找坐标、中部求超越、河南挑大梁"的城市定位极不相称。加快印刷产业集聚区选址进程，早日完成三环以内印刷企业搬迁任务迫在眉睫。

（三）产业集聚骤然升温，地区优势有待增强

随着印刷业转型升级进程的加快，各地的印刷产业集聚区建设骤然升温。据最新数据显示，全国现有国家级印刷产业基地 7 个，主要分布在上海、西安、天津、廊坊、咸宁、赣州、抚顺等城市。这些园区建成后，计划引进企业少则几十家，多则千余家，年产值最多将达上千亿元。以辽宁抚顺沈抚新城现代印刷产业基地为例，该基地于 2014 年 1 月获批"国家印刷产业基地"称号，计划到 2017 年将实现产值 300 亿元。

郑州市地处中原，是国家重要的交通枢纽，具有丰富的人力资源和便利的交通物流条件，这些一直是郑州印刷产业与周边省市进行竞争的比较优势。但是，随着各地印刷园区和基地建设热潮的掀起，周边省市印刷产业的规模化、集约化、专业化程度持续提升，郑州印刷企业的这种地区优势正趋于弱化。2012 年百强印刷企业中，安徽、河北、湖南、湖北 4 省共有 11 家入选，而河南印刷企业近 10 年来尚无一家入围。

在印刷市场日益细分的今天，郑州印刷企业现已实现了"量的飞跃"，全市印刷企业共引进海德堡、曼罗兰、高宝、小森、三菱等世界级知名印刷机设备百余台，数字印刷、绿色印刷、精品印刷等新业务业已崭露头角，业务半径已经拓展到内蒙古、新疆及东北等边远省区，行业技术实力明显增强，产品影响力不断扩大。今后较长一段时间内，郑州印刷的发展重点是加快印刷产业集聚，深化行业间的协作分工，加快全市印刷产业转型升级，实现郑州印刷产业质的飞跃。

三 郑州市印刷产业集聚发展的必要性与可行性

生产用地是制约郑州印刷产业集聚的"瓶颈"问题。在郑州市文广新局、荥阳市政府及郑州市印刷行业协会的共同努力下，郑州市绿色印刷创意文化产业园区拟选址荥阳刘河镇，一期规划占地面积 700 亩。园区将以印刷包装业为主导产业，通过集合编辑出版、文化创意、广告设计、印刷机械、工业旅游等要素，聚力打造一个具有产业支撑、文化内涵、宜居环境的风情市镇。

（一）绿色印刷文创园区符合国家发展战略

现代印刷业主要立足于都市区个性化消费需求，以产品设计、技术服务和生产制造为主体，对地域要求较高，倾向于在中心城区集聚，是兼具高附加值、高智能输出等特点的环保型现代服务业。荥阳市作为河南距离省会最近的县级市，具有建设印刷包装产业基地的区位优势和交通优势。此外，绿色印刷认证，既是推动印刷业转型升级的重要举措，更是构建生态文明、环境友好型社会的国家战略，北京、上海、重庆、天津等地均出台扶持政策，加快推进绿色印刷认证工作。以北京市为例，2011 年 11 月，北京市政府在都市产业"十二五"发展规划中明确提出，"十二五"时期，要基本建成以文化创意、特色工艺美术和数字化绿色印刷包装为代表的创意型都市产业体系。

（二）产业集聚将助推郑州印刷产业转型升级

郑州市印刷产业集聚发展既是行业发展的需要，更是宏观政策调控引导的结果。一方面，由于印刷业属于高度专业化的行业，产业链长，专业性强，技术门槛较高。目前，郑州印刷企业以中小企业为主，小而全、大而散，一家业务涵盖教辅教材、商业印刷、包装设计等各个细分市场的现象非常普遍。企业盲目求大求全，四处出击，导致印刷企业主营业务不突出，市场定位不明确，核心竞争力大打折扣，加快印刷产业集聚区建设，成为加快全市印刷产业转型升级的必由之路。另一方面，根据郑州市政府产业布局规划要求，全市三环以内的印刷企业须在2016年底外迁完毕，印刷产业集聚方向为新郑产业集聚区和新密市大槐镇循环经济产业园区。届时入驻印刷企业将在建设用地、配套建设、税收政策、职工安置、税费减免、环保改造等方面享受招商引资的优惠待遇。产业集聚的前提是企业集中，企业集中的实质是行业联盟、流程对接、分工协作。通过产业集聚，区域内印刷资源配置得到优化，企业将走上精品印刷、高端印刷之路，实现印刷产业集群、集聚、集约发展。

（三）印刷产业对区域经济的带动作用明显

郑州印刷业已在书画高仿、数码打印、个性印刷等领域形成新海岸、今日文教、天泰数码、尚品快印等一大批知名品牌，产业引领作用明显加强。据初步测算，目前需要搬迁的42家企业入驻后，即可在荥阳刘河镇形成一个年工业加工产值超60亿元、固定投资过20亿元、年缴税1亿元以上的县域经济增长极，可为荥阳市就近解决5000人左右的就业问题。随着园区建设的不断完善和招商引资工作的持续开展，郑州（荥阳）绿色印刷包装产业园区的经济效益将显著提高，印刷包装业的产业带动作用将日趋明显。

四 郑州市印刷产业集聚发展的对策

产业集聚的前提是企业集中，企业集中的实质是行业联盟、流程对接、分工协作。目前，河南省共有产业集聚区180个，但缺乏以印刷包装为主导产业的园区，郑州（荥阳）绿色印刷创意文化产业园区的建设，还可以填补河南省在这方面的空白。具体而言，要做好以下几个方面的工作。

（一）立足实际，科学选址，优化印刷企业空间布局

由于规模经济、协调效应、适应性逾期及既得利益约束等因素的存在，自发形成的印刷企业集群在产业集聚、分工协作、技术创新等方面的优势会不断强化，这种惯性是推动郑州印刷产业集聚发展的内在动力。

1. 立足企业集群优势，确保园区良性发展

自发型产业集聚是在中小企业长期结成的生产关系基础上集聚而成的经济增长极，具有稳定性、地域依赖性等特点。目前，郑州市印刷企业多集中在金水区杨金工业园、二七区候寨工业园、管城区金岱工业园、惠济区南阳寨工业园等 12 家工业园区，印刷企业集中度较高，流程对接较为规范，分工协作体系已经成熟，在此基础上成立印刷产业集聚区，可以节约土地资源，减少招商引资成本，最重要的是园区内印刷企业已形成内生机制，可以确保产业集聚区的良性发展。以金水区陈寨大观音寺地区为例，该地共集聚规模以上印刷企业 20 余家，进口德国海德堡、日本小森印刷机十余台，现已形成以出版物印刷企业和包装装潢印刷企业为中心，专项制排版、印后加工、原材料供应一体化的产业集群，印刷半成品可以直接由叉车交付印后加工企业，实现了生产车间与加工车间的无缝对接，大大降低了成本，提高了生产效率。

2. 依托配套产业优势，建立特色集聚区

区域性的产业集聚是市场和产业的互动。在市场竞争机制的调节下，印刷企业通过技术创新和管理提升，促使印刷产品的质量、价格及后续服务不断得到优化；各个印刷环节的优化最后将形成持续的品牌效应，从而占据更大的市场份额。作为配套加工制造业，印刷包装业对报纸、票据、食品、服装、烟包、日化、百货等行业依赖性较强，因此，依托印刷产品消费市场，围绕专业园区兴建印刷产业集聚区，是凝聚园区合力、实现多方共赢的现实之举。截至 2013 年 11 月底，全市产业集聚区专业园区在建亿元以上项目 665 个，完成投资 1172.93 亿元。随着冠超肉制品、金丝猴糖果巧克力及烘焙食品、威纳啤酒及饮料等项目的建设投产，全市印刷品的消费市场将不断扩大。以这些专业园区为核心，建立印刷产业集聚区，可以充分发挥市场的引导作用，用业务吸引印刷企业入驻，短期内即可形成集聚效应，并且可以避免重复投资、同质化竞争等弊端。

3. 通过政策规划引导，实现产业集聚专业化

与周边省市相比，郑州印刷产业集聚发展方面最大的不足是缺乏专门的印刷产业集聚区。根据《郑州市人民政府关于进一步优化主导产业布局的实施意见》要求，全市三环以内印刷企业须在 2016 年底全部外迁完毕，并为印刷

企业规划了集聚方向，这是郑州市印刷产业集聚发展的历史契机。行业主管部门及行业协会要做好新密、新郑、中牟等选址调研情况的汇报工作，及时向市政府反馈多数印刷企业的合理意见，努力将政府的产业布局与行业发展规划、企业发展实际等问题结合起来，减少企业搬迁次数，努力将外迁印刷企业总部留在郑州、留在中心城区。

（二）规范引导，合理分工，优化集聚区内协作体系

产业的空间集聚能提高区域内部的分工与专业化水平，促进企业间在生产、技术、信息等方面的交流与合作，带动专业技术人才的成长，从而提升郑州印刷产业整体素质。

1. 正确处理好集聚区产业协作分工问题

针对自发型产业集聚区，要在原有生产关系基础上，引导建立现代企业制度，逐步实行去家族化管理，实现企业所有权与管理权分离、集团业务与社会业务分离，通过技术革新，增强自发型印刷产业集群的核心竞争力；对于配套产业集群，要根据下游企业需求，努力在产品设计、印刷工艺等方面下功夫，通过实施品牌战略，走精品印刷、高端印刷之路，努力打造特色产业园区。在这方面，安徽省的经验值得借鉴。截至 2012 年底，安徽已明显形成 4 个特色印刷中心，即合肥的出版物印刷中心、桐城的塑料和瓶盖印刷中心、蒙城的薄本印刷中心、太和的药品包装印刷中心。

2. 正确处理好专业化与多元化经营问题

根据印刷业务的集中程度，产业集聚可以分为特色产业园区和综合性产业园区。在综合性产业集聚区内，印刷企业又可以分为书刊类印刷、报纸类印刷、商业印刷、瓦楞纸类印刷、塑料印刷、药管印刷、铁皮印刷、烟包印刷等多个门类。郑州市印刷企业多以印刷介质为大类，兼营多个印刷产品。以纸品包装企业为例，每家企业均不同程度地承接纸杯、纸箱、手提袋、礼品盒等多种业务。但是，由于数字印刷、3D 打印等新技术的广泛应用，消费者对印刷产品的差异化、个性化需求更加强烈，印刷包装市场将更加精细。因此，集聚区内的印刷企业应当走专业化、规模化之路，做强、做大、做深细分市场；就是要通过优化协作分工体系，建立区域内的业务联盟，对外独立承接印刷订

单，对内根据各自的特长，重新分配生产任务，让专业的公司做最擅长的业务，从而提升印刷产业集聚区的核心竞争力。

3. 正确处理好虚拟经营与产业集聚问题

虚拟经营的实质是生产分工的高度专业化。以盛大、彩虹光、印之星等合版企业为代表的郑州印刷企业，已经在下单、报价、打样等印前环节实现了虚拟经营，但距离产业集聚的要求还相去甚远。因为印刷企业的利润增长点在于印刷生产线，辅助部门在服务生产的同时，也消耗了企业资源，增加了运营成本。若将虚拟经营引入印刷产业集聚区，将中小企业的行政考勤、后勤保障、人员培训、企业文化等职能外包给专业公司，则可以集中企业资源，加快技术创新，提高企业的核心竞争力。

（三）搭建平台，优化环境，完善配套服务体系

产业集聚的目的是通过打造印刷产业链，集聚上下游企业资源，注重产业链的完整性和产业链之间的互动发展。协会要充分发挥桥梁作用，积极为区域内印刷企业提供人才培训、资金借贷、行业信息等专业服务；集聚区也要积极引入相应的中介企业，以满足区域内印刷企业的办公、生活等基本需求。

1. 努力办好印博会，搭建产业转移承接平台

中国（郑州）印刷包装产品博览会（以下简称印博会），是由国务院批准、河南省人民政府主办的国家级印刷行业展会，它既是郑州印刷企业走出去、学习先进技术和管理经验的窗口，更是印刷产业集聚区招商引资、承接产业转移的平台。印博会的主题是国内外各类印刷包装精品和产业链条相关产品的集中展示，涵盖了产品展览、技术交流、商贸洽谈、理论研讨等各个环节，其本身就是印刷产业的一种集聚形式。

2. 充分发挥协会职能，不断完善协会服务网络

郑州市印刷行业协会现有会员200多家，已具备"一网、一刊、一平台"三大平台，通过AAA级协会认证，先后为会员企业提供了法规培训、行业调研、技术交流、活动组织等服务。在印刷产业集聚发展方面，协会做好原材料的集中采购工作，通过降低生产成本、节约运输费用，可以提升集聚区内印刷企业的凝聚力和竞争力。此外，协会努力做好人才培养工作，一方面，要做好

全国印刷行业职业技能大赛的组织工作，以赛促学，提升集聚区内技术人才的个人素质；另一方面，协会要与河南省新闻出版学校、中国人民解放军信息工程大学测绘学院等科研院所合作，通过联合办学、举办讲座、示范教学、在职培训等形式，加快郑州印刷人才的培养。

3. 积极争取政策支持，推动基础配套设施建设

由于印刷企业在生产过程中，有少量的挥发性有机物、细颗粒物（PM2.5）等污染物排放，印刷行业已经被环保部门列为管控行业，集聚区要充分发挥集中治理的优势，在达到污染物减排要求的条件下，向市三环内工业企业外迁工作领导小组办公室、市环境保护局提出申请，简化对集聚区内印刷企业的环评程序。此外，在印刷产业集聚区建设过程中，要充分考虑印前设计、纸张供应、油墨采购、设备维修、交通物流等服务的配套投入。

加快推动郑州电影产业发展研究

"加快推动郑州电影产业发展研究"课题组

摘　要： 影视产业是文化产业的重要组成部分，目前已经成为我国整个文化产业中的支柱与核心内容，推动影视产业的发展对提升文化软实力、增强文化产业竞争力意义重大。本报告总结了郑州文化产业发展的优势与机遇，分析了影视产业发展过程中存在的问题，并提出了进一步推动郑州文化产业提升发展的对策。

关键词： 郑州　电影产业　发展优势　电影市场

影视产业的发展不仅对振兴文化产业具有重要意义，而且对提升文化软实力、宣传弘扬主流价值观都具有不可替代的作用。在我国的文化产业领域里，影视产业是发展和增长最快的、最有亮点的，无论是制作量还是播出量都在世界范围内居于前列。郑州市近年来发挥资源优势，解放思想，开拓创新，创新文化发展理念，加快转变发展方式，不断探寻电影发展的新路子，电影产业取得了显著成绩，影视产业影响力和增加值逐步提高，电影产业正在以前所未有的速度迅速崛起，逐渐成为郑州文化产业发展的新名片。但是，与影视业发达的省市相比，郑州影视产业发展仍存在一定的差距，特别是在产业布局、产品创作和人才队伍建设等方面还存在一些问题，本文结合郑州实际和影视产业发展趋势，提出了郑州影视产业发展提升的对策建议。

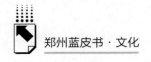
一 郑州电影产业发展的总体现状

近年来，郑州市不断深化文化体制改革，加大力度扶持文化产业发展，影视产业作为文化产业的重要组成部分，发展迅速，影视作品从 2010 年的不到 20 部提高到 2013 年的 80 多部，影视作品的质量不断提高，影响力日益扩大，成了郑州文化产业中一支强大的生力军。2013 年 5 月，郑州本土电影在深圳展映，得到了社会各界的普遍认可，本土电影的影响力不断增强。

（一）电影产业规模呈连年增长态势

目前，郑州市有 100 多家影视制作机构，其中民营影视制作机构 92 家，民营影视机构已成为郑州影视产业的主力军。2010～2012 年，郑州市共制作影视作品近 200 部，投资规模上亿元，从业人员 5000 多人，创造出可观的经济效益，显示出旺盛的发展活力。河南超凡影视制作有限公司、河之南（河南）影视文化传媒有限公司、河南风华再现影视策划有限公司等一大批骨干影视制作机构在郑州脱颖而出，并在全国具有一定知名度和影响力。

（二）电影产量和质量双丰收

近年来，郑州影视作品产量呈现逐年增长的良好势头，影视作品从 2010 年的不到 20 部提高到 2013 年的 80 多部，影视作品的质量不断提高，影响力日益扩大。电影《不是闹着玩的》先后在河南、北京、山西、陕西等地院线上映，反响火爆。电影《幸福的白天鹅》获得第八届美国圣地亚哥国际儿童电影节"最佳艺术片"奖。电影《念书的孩子》（Ⅰ、Ⅱ）分别获得第九届和第十届美国圣地亚哥国际电影节"最佳影片"、"最佳演员"两项大奖。

（三）电影投资主体多元化发展

由于郑州影视制作机构大多数是民营影视公司，郑州制作的影视作品多为民营影视公司所生产。郑州民营影视公司大多资金不宽裕，要拍摄作品就需要社会资本的流入。由于影视产业投入高，回报也高，一些民间资本看到了影视产业巨大的社会效益和经济效益，纷纷投身其中，希望能寻找到新的利润增长点。近年来，郑州本土电影呈现多元投资形式，电影《不是闹着玩的》的投资方中就有房地产企业、餐饮企业。《就是闹着玩的》的主要投资方是郑州、许昌的两家投资公司。

（四）主旋律电影大放异彩

主旋律电影以弘扬社会主义主旋律为思想载体，表现了中国现代社会的正能量，讲述了中国人的中国梦，具有深刻的现实主义特色。而且由于其在更大意义上弘扬社会正能量，引导正确价值观的形成，政府对高质量的主旋律影片给予更多的扶持与帮助。因此，结合自身特点，郑州电影企业大胆进军主旋律电影的创投领域，取得了一定成绩。教育题材电影《望月》，在广电总局总分为 5 分的评审中，获得了 4.5 分的高分，在各级学校开展的放映中也获得了师生们的一致认同与赞赏。农村题材电影《鱼湾村的故事》讲述了河南新农村建设中老百姓自己的故事，展示了河南农民的新形象，让全国人民了解到河南农村的新变化、新发展。

（五）郑州本土电影人才成长迅速

以本土制作资源、技术为核心，市场化运作，从而实现郑州本土电影近年来的快速发展，培养了一批影视制作人才。郑州成为河南影视人才的主要聚集地，影视业从业人员有 5000 多人，其中不乏全国知名的导演、编剧。由于郑州本土影视作品大多数是小成本制作，主创人员基本上是郑州人，在实践中为郑州储备了一批影视人才。如电影《念书的孩子》导演原雅轩就是近期涌现的一批优秀的本土电影人才之一，他拍摄的电视剧《江阴要塞》、《赵树理》荣获国家"五个一工程奖"，系列电影《念书的孩子》在第九届、第十届美国圣地亚哥国际儿童电影节上独揽两项最高奖"最佳影片奖"、"最佳演员奖"，本人也在 2013 年第十六届上海国际电影节上获得"中国新锐导演"的称号。编写的 36 集电视剧《大国医》荣获 2009 年国家"五个一工程奖"，电影《新年真好》荣获"2010 年美国圣地亚哥国际儿童电影节最佳外语片奖"等。如雨后春笋般成长的郑州本土电影人才，都将成为郑州本土电影成长的营养催化剂。

（六）票房排行上升，院线建设速度较快

据统计，2011 年郑州的电影票房收入为 1.78 亿元，2012 年票房总收入为 2.6 亿元，比上一年增长 45.88%。目前，郑州（包括所辖市县）共有包括河南奥斯卡院线、万达院线、浙江横店院线、中影星美院线、保利院线、时代华夏今典院线、江苏幸福蓝海院线、耀莱院线、奥纳院线、红日星河院线、潇湘院线 11 条院线、28 家影院，其中河南本土电影院线——奥斯卡院线在郑州拥有 12 家影院，这些影院在郑州共有 218 块银幕。电影院线的快速发展，极大地满足了绿城电影爱好者的观影需求。随着郑州市城市化进程的加快，新的电影院线在不断增加。观影条件的实质性改善吸引了更多的观众走进电影院，促进了郑州电影市场的繁荣。

二 郑州加快电影产业发展的路径创新

（一）举办"郑州本土电影"系列展映活动

近年来，郑州市不断加大电影扶持力度，鼓励电影产业的发展，在政策扶持和市场引导方面做了积极探索，推动了郑州电影行业的良性发展。2013 年以来，郑州市委宣传部、郑州市文化体制改革和发展办公室举办了郑州本土电影展映系列活动，成功地展示了郑州在探索电影产业化发展道路上取得的显著成绩。2013 年和 2014 年初，郑州市分别举办了"郑州本土电影展映月"和"第二届郑州本土电影展映月"活动，整合推介了近几年来郑州本土电影精品，2 万多人次的观众走进影院，免费观影。"老家河南·郑州本土电影深圳展映"、"郑州本土电影进校园、进企业、进社区"等系列活动都获得了社会各界的广泛好评。虽然是小成本制作，但群众很欢迎这种本土化、文化上与他们更亲近的电影。亲切的河南方言、优美的郑州风光、自然的叙事风格、或幽默或深情的故事设计，使郑州本土电影在河南的呼声越来越高。"郑州本土电影展映"系列活动不仅得到了观众的认可，《人民日报》、新华社等中央新闻媒体纷纷对活动进行了追踪报道。郑州具有文化资源优势，人口基数大，市场广阔，"郑州本土电影展映"系列活动帮助郑州电影人树立了质量意识、宣传意识、抱团意识，激励电影人创作出更多高品质的电影。本土电影这一品牌已经初步形成，更坚定了电影从业人员的信心，为下一步打开票房、吸引人才、吸引投资奠定了基础。

（二）搭建宣传平台，提高郑州本土电影影响力

为充分发挥舆论推动发展的作用，2012年初郑州市文化体制改革和发展办公室先后与郑州电视台、郑州人民广播电台、《郑州晚报》、人民网河南频道、《中原手机报》、中原网、《郑州广播电视报》等媒体合作，搭建了文化产业媒体宣传平台，以新载体和新方式来宣传推介文化产业。作为文化产业重要组成部分的电影产业，各媒体平台充分发挥优势，对其进行了全方位立体式宣传报道。如：《郑州广播电视报》推出了《郑州电影》周刊，连续策划郑州本土电影相关专题，深入挖掘电影背后的故事，全面细致地宣传郑州本土电影。《郑州文化产业》杂志专门制作了郑州本土电影专刊，对郑州本土电影展映活动及展映影片进行了详细报道；《郑州晚报·文化产业周刊》、郑州电视台《文化新视界》等也进一步加大了宣传电影的版面和时段。

（三）资金保障，促进电影产业优势发展

为促进郑州市电影产业健康快速发展，郑州市在资金扶持方面也对电影产业进行了一定程度的倾斜。一是市级文化产业发展专项资金对电影产业的扶持呈现每年增长的态势。2010年扶持电影占全部扶持资金的7.6%，2011年占8.6%，2012年占12.6%，增长幅度明显高于其他产业，另外争取到省级文化产业发展专项资金将近200万元，投入郑州市电影产业。二是加大对电影产业基础建设资金的投入，积极协调市财政局和各县（市）电影管理部门，在对全市下辖县级城市影院进行初查的基础上，推荐新郑星烨文化传播有限公司、新密金字塔影视文化有限公司、登封奥斯卡小龙国际影城有限公司3家单位申报县级城市数字影院建设以奖代补资金各50万元，获省广电局和省财政厅的批准，以奖代补资金共150万元已于日前拨付到位。财政资金的注入，发挥了有效的引导作用，共带动1.1亿元社会资金投资电影产业。

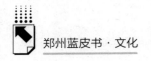

三 郑州电影产业发展中存在的问题与困难

郑州电影产业处于快速发展的关键时期，发展的经验不成熟，在资金投入、制作水平等方面存在一定的问题，影响着电影产业的提升发展。

（一）资金投入少，盈利水平较低

郑州电影刚刚起步，大多数电影制作公司受资金限制，投资规模不大，在技术、导演、演员、场景、服饰等方面很难上档次，在这种低成本的情况下，不可能拍出有强烈视觉冲击力和感染力的电影，电影质量偏低。数量增长的同时，缺少质量的提高，这不可避免地出现了很多影片的粗糙化、非专业化，所以大多数影片在市场上很难取得成功，有的根本无法进入市场，甚至很多影片制片投资无法收回，这种状态造成了目前郑州电影投融资领域相当突出的"虚火"现象。

（二）影视作品缺乏竞争力，市场表现疲软

近年来郑州电影不乏精品，但是也只有《不是闹着玩的》、《就是闹着玩的》等几部电影具有一定的影响力，其他的大多不为人知，电影产业整体优势还没有显现，距离集群式发展模式要求还有相当大的差距。郑州本土电影以主旋律电影为主，宣传了社会正能量，社会效益显著，但市场表现欠佳，绝大多数电影无法进入主流院线，只能通过院校、农村院线和专业渠道播放，即便是上院线，票房表现也差强人意，造成了极大的产业浪费。

（三）制作水平有待提高，人才培养机制滞后

郑州本土电影有些制作相对粗糙，在艺术上缺乏创新，甚至出现了一些技术错误。电影的艺术水准是一部电影乃至整个行业的生存基础，为了商业运作而牺牲电影的艺术水准，是一种竭泽而渔、杀鸡取卵的短期行为，这样制作出来的电影也只能是在电影市场打个"水漂"，制作公司投资的影片大多赔本。郑州电影市场虽有一些优秀的电影从业者，但优秀的编剧、导演、演员、摄像

师人数远远达不到市场需求，没有形成一个有规模的从业群体，人才培养机制滞后，在一定程度上限制了郑州电影业的长期发展。

四　推进郑州电影产业发展的对策

郑州电影产业在过去几年内取得了快速增长，并发生了重大的变革。经济的持续增长、城市化进程的加快和人们收入的不断提高，都将激发电影业的潜在市场。郑州电影产业的强劲增长为未来郑州文化产业的发展提供了坚实而稳固的基础，在重要的战略机遇期把握电影产业的发展方向，迎接电影市场的挑战，丰富电影市场的内涵，成为当前电影行业需要思考的问题。

（一）制定优惠政策，为影视产业发展创造宽松环境

目前，郑州电影消费市场潜力巨大，但是缺少引导和开发，产业发展能力相对不足，电影必须依赖和开发本土市场。一是加快制定推动政策，加大对电影产业，特别是对本土电影的扶持力度。对郑州的影视作品，进一步加大奖补力度，奖补的对象为既有艺术性、思想性，又具有观赏性、有良好市场前景的影视精品，特别是市场表现优秀的影视作品。在市文化产业专项资金中扶持电影院线企业，同时加大补助和贴息力度，在税收等方面提供优惠条件，支持电影产业发展壮大。二是强化郑州本土电影产品的服务，推动电影产品的本土性，拓展电影市场，建立现代电影市场发展体系，为电影产业的发展提供优良环境。加大消费市场发展的支持力度，推动电影关联消费、衍生品贩售、电影文化互动交流等，开发电影发展空间，激活电影市场的消费能力。

（二）建设影视产业总部基地，实现影视业的集聚发展

电影是创意工业的重要组成部分，虽然对经营环境要求不高，根据市场的发展趋势，必然向规模化、集聚化经济方向发展。因此，对于郑州而言，要加强电影产业的整合资源，以垂直和横向整合为方向，推动其加快规模化、专业化、市场化。可参照总部基地的管理模式，通过政策优势，引导郑州影视企业集聚发展，积极建设一批影视产业园区。郑州积极深化影视产业管理体制改

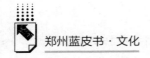

革，放松对媒介行业的管制，建立现代企业制度，形成跨行业、跨媒介、跨区域的综合性大型媒介集团，打造以内容产业和发行为核心的品牌企业，培育出具有一定市场竞争力和社会知名度的影视企业。

（三）加大人才队伍建设，推动电影产业的持续发展

目前，郑州影视产业人才缺乏的问题突出，要积极加强电影人才的培训、教育。一是注重对骨干电影产业人才的培训。依托行业平台、高等院校等机构，加大对电影管理人员、骨干人员进行专业化培训，尤其是要注重在现代电影的创作、制作、生产、管理和运营等方面的培训，支持更多的人员到国外学习、培训。二是加强不同企业之间的人才交流。郑州80%以上都是民营影视公司，人才力量不足，为此要进一步搭建和完善合作交流平台，组织开展民营企业与集团化企业之间的交流，推动各类专业技术培训和各种学习考察交流活动，引导郑州影视企业互惠互利，健康发展。三是加大人才的培养力度。加大高校高端影视人才的培养力度，要设立专业化的电影发展基金，培养一批有潜力、高素质的青年电影人，鼓励他们进入电影产业的一线进行锻炼、研究、学习，形成郑州电影产业发展的后备力量，实现电影的可持续发展。

（四）增强影视发展的服务能力，扩大电影观众规模

推动郑州电影产业的发展，要注重服务方式、水平和能力的提升，满足多元人群的需要。一是要加强基础设施建设。国外的电影产业在设施建设、产品发行等领域都较为发达，而从郑州电影产业来看，相关设施及服务仍然相对落后，应该加强现代院线、影院建设，加快多厅影院的合理布局和建设，提高影院的服务水平和能力。二是要适当调整门票价格。目前，郑州影院门票价格相对较高，尤其是新上映的电影门票更高，看电影成为一种奢侈性消费，以至于很多低收入人群都不会选择到影院观看电影。在郑州电影消费需求不断上升的趋势下，要通过政府补贴和引导电影院合理定价的方式，满足不同群体对电影的消费需求，逐渐增强群众对电影的消费能力和热情，使电影走入普通百姓的生活。

（五）推动电影的商业化运营，持续拓宽投融资渠道

电影产业不能仅仅以获得奖项为目标，要推动电影的商业化运作，加大商业电影的生产比重，推动电影全面走入市场。积极解放思想，借助现代科技、传媒等手段，进行科学策划、宣传推广和商业运营，转变以前的保守观念，走出商业化发展的电影产业之路，从而提高郑州电影产业在全国范围内的竞争力，提高院线企业的经营水平和发展能力。同时，要积极拓宽电影产业的投融资渠道，可参考韩国等国家的经验，鼓励其他行业的集团投入电影业，参与到影院的运营与管理、产品的开发与制作中，建立复合化的影视，形成连锁型的影院放映体系。郑州市的电影产业已经具备了建立投融资新体制的基础，要建立电影领域的投融资基金，形成市场风险投资机制，鼓励集团化企业投资电影产业，引导社会资本融入，努力拓宽融资渠道，壮大郑州影视产业发展的规模和实力。

B.14

郑州市文化遗产资源的
数字化展示研究

孙晓燕[*]

摘　要：

随着人工智能、虚拟现实、多媒体、宽带网络以及 APP 智能客户端的应用，数字化技术在文化遗产的保护与展示方面应用价值日益凸显。当下郑州文化遗产的展示形式落后、展项匮乏，不利于文化遗产的保护传承及产业化发展。本文回顾了郑州文化遗产数字化的内涵及资源概况，厘清了加快郑州市文化遗产数字化保护的意义，分析了郑州市文化遗产资源数字化展示现状，最后提出了郑州市文化遗产资源数字化展示的对策建议。

关键词：

郑州　文化遗产　数字化　保护　展示

中华民族创造了博大精深的古代文化，文明薪火相传至今，留下了大量的文化遗存，这些文化遗产蕴含着中华民族特有的精神价值和思维方式，现在看来已经成为全人类的精神财富。保护和传承文化遗产，是我们这代人的使命和责任，但用传统的搬迁和复制方法已经很难完整、真实、生动地再现这些文化遗产的原貌。人工智能、虚拟现实、多媒体、宽带网络以及 APP 智能客户端的应用为文化遗产的数字化保护与展示提供了有效的途径，运用这些新技术延续文明的辉煌，是当代科学与艺术工作者的重要使命。

---

* 孙晓燕，河南工业大学设计艺术学院讲师、博士。

一 文化遗产数字化的内涵及资源概况

（一）基本内涵

文化遗产的数字化是指运用现代遥感和计算机虚拟现实技术，将文化遗产资源的资讯真实全面地复制到计算机中，用数字化的方法实现文化遗产的三维存储，供人们保护、研究、修复，还原文化遗产的原貌。随着计算机和网络的普及，现代信息技术的优点日益凸显；大容量存储、高速计算、远距离传输、多媒体展示，运用多媒体技术对文化遗产进行保护和展示是历史的必然。数字化技术在文化遗产的记录与展示方面显示出独特的优越性，主要体现在以下3个方面：①数字化技术可以提高文化遗产的展示频率与效率；②数字化技术可以扩大文化遗产展示的信息量，提高交互性；③数字化技术可以打破时间与空间的限制，只要身边能接入互联网，就可以随时随地地浏览所需的信息。

（二）郑州市文化遗产资源概况

郑州地处中华腹地，九州之中，在中华文明发端、形成及发展历程中，这里都是政治、经济、文化生活的核心地区，曾七朝为都、八代为州，文明发展至今，留下了众多文化遗存。据统计，目前，郑州各类文物古迹达10315处，其中世界文化遗产1处，国家级重点文化遗产保护单位74处80项，省级重点文化遗产保护单位128处，市级文化遗产保护单位269处。不论是全国重点文化遗产保护单位的数量，还是文物古迹的总量都排在全国地级市的前三名之中。在国家文物局近期发布的国家文物博物馆事业发展"十二五"规划中，郑州与西安、洛阳、荆州、成都、曲阜一起被确立为"十二五"期间国家重点支持的6个大遗址片区，拥有"天地之中"历史建筑群、通济渠郑州段大运河遗址等两处世界文化遗产。在郑州现存的文化遗产资源中，既有规模庞大的物质文化遗产资源，又有特色鲜明的非物质文化遗产资源。截至目前，郑州市已公布3批共118项市级非物质文化遗产项目和74名非物质文化遗产代表性传承人。共有40个项目入选省级名录，其中5项入选国家级名录。有国家级非物质文化遗产代表性传承人3人、省级代表性传承人9人。郑州文化资源丰富、类型多样，需要借助现代的数字化表现方式进行传承展示，以提升文化遗产的经济社会价值。

二 加快郑州市文化遗产数字化保护的意义

（一）提高郑州文化遗产管理的科学化

良好的文化遗产管理体制和制度可以使现有的文化遗产资源得到合理利用和有效保护，从郑州过去几十年的发展经验来看，经济高速发展和社会转型时期往往是文化遗产被破坏的高危时期。建立一套合理、高效的文化遗产管理体系，对郑州文化遗产资源的传承和发展有着深远的意义，有利于推进郑州文化遗产行政管理体制的改革和完善。文化遗产的行政管理体制是指以文化遗产的传承和保护为目的，在文化遗产管理过程中，设计行政组织管理体系及其权力和责任的分配和使用的机制，对文化遗产行政管理统一安排、分层运营、分明权责、有序实施，能够达到对文化遗产的有效保护和合理利用。

（二）增强郑州文化遗产的传播效益

郑州文化遗产的数字化保护、展示、开发、利用、传达，是现代信息社会赋予文化遗产资源保护的新兴领域，也是郑州数字化时代极具历史意义的重要策略。20世纪90年代以来，世界各文化遗产大国开始将推进文化遗产资源数字化进程作为发展互联网文化信息资源的主要策略。现阶段，郑州各类博物馆、民俗馆、图书馆等立足自身馆藏，逐渐开始建设形式多样、内容丰富的文化遗产数字化产品资源，为用户提供数字服务，大大扩展了文化遗产数字化保护的层次与实施范围。推动郑州市文化遗产数字化保护，郑州应通过资源整合、优势互补，建立跨专业、跨机构的文化遗产资源数字化保护共享平台，有利于增强历史价值与人文价值，提升郑州市文化遗产的传播价值。

（三）提升城市的文化影响力

文化与城市综合影响力之间具有极高的关联性，如果经济是城市的躯体，那么文化就是城市的灵魂，郑州城市文化遗产资源具有极高的人文性和可传播性，它能够跨越时空、国界与民族，对城市综合影响力的提升有积极的推动作用。依托数字化技术推动郑州文化遗产资源的展示，对提升郑州城市文化影响力具有重要意义。加强郑州城市文化的辐射力是郑州文化遗产数字化保护与展示的原动力，数字化能够传承优秀文化遗产资源，培育城市文化精神，加强核心创造力，逐步加强城市文化的可识别力，以扩大郑州城市文化的传播力，快速提升郑州城市文化的影响力。

三 郑州市文化遗产资源数字化展示现状

（一）文化遗产的博物馆展示

历史文化遗产资源从发掘到展示是一个复杂的工程，而郑州现有的博物馆实体展示囿于空间环境，不能实现遗址发现过程及遗址发掘环境的完整展示，只能将遗址发掘过程中最有代表性的文物陈列在博物馆的展柜中进行展示。目前，郑州市博物馆展示主要依靠说明性文字、文物模型、图片、图表等，博物馆实体展示的核心是文物，这种博物馆展示方式具有安全、稳定等特性，但是持续性、普及性和传承性不强。博物馆数字化展示正在成为趋势，郑州文化资源的数字化多依托现代传媒技术，以文化遗产资源与移动通信终端相结合，探索文化遗产数字化展示的创新模式，形成良性循环的文化遗产产业化机制，有助于拓展郑州文化遗产保护与传承的思路，赋予数字时代郑州文化遗产产业转化的新价值。郑州文化遗产数字化展示中的重要环节就是利用多媒体和虚拟现实技术，搭建"体验型"的数字博物馆，让访问者在郑州虚拟的文化遗产环境中游历，浏览郑州文化遗产地发现、挖掘以及复原的过程，重塑一个时间、空间都较为完整的展示空间。与博物馆传统的实体展示形式相比，文化遗产数字化展示的优越性凸显为展览多样化、数字化存储、资源实现共享。文化遗产

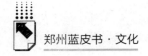
数字化展示打破了传统博物馆实体展示所需的空间与时间的限制，只要访问者接入互联网，浏览者可在任何时间、任何地点自由地游历于文化遗产的虚拟世界里。

（二）文化遗产的演艺影视业展示

近年来，郑州市着眼于电影电视与舞台演艺市场的定位，在特色文化遗产资源的项目整合、策划、定位和构建方面，积极聘请全国一流的专家指导，推出了一系列设计精美、系统完善的精品文化演绎项目，打造出《风中少林》、《禅宗少林·音乐大典》、《水月洛神》等多项优秀演绎舞台文化品牌。《禅宗少林·音乐大典》在众多文化演艺品牌中独树一帜，以深度挖掘禅宗和少林武功的优势文化资源为切入点，以演绎和谐中原文化为主题，逐渐成长为全国知名的城市文化品牌。《风中少林》屡次获得国内文艺奖项，在新加坡、澳大利亚以及中国台湾、中国香港等地的演出得到了各界人士的广泛认可；《禅宗少林·音乐大典》运用音乐、舞蹈、美术、声光电设计等多种手段演绎禅宗文化和少林武术。大型历史文化电视纪录片《商之都》制作完成并在中央电视台首播，是展示商都厚重文化历史和繁荣发展的一部史诗性纪录片。拍摄的电视剧《河洛康家》以巩义康百万家族传承12代、历时400余年而不衰的传奇历史为背景，生动地刻画了在大是大非面前忠于国家、在巨额财富面前心系百姓、在恩怨情仇面前宽容待人的大豫商形象。纪录片《发现豫商》梳理中原数千年的商业文明史，集中阐释中原商人"履约留余、勇于创新、负重前行、惠济苍生"的精神理念和道德品格。

（三）文化遗产的动漫游戏产业展示

动漫产业对文化遗产资源数字化生存的意义在于拓展了创意空间。动漫是融合了文学、音乐、美术、建筑、设计等多个艺术门类的一种综合艺术体。相对于电影中的真实角色而言，动漫形象的设计多采用夸张变形的手法，动漫角色的造型设计更加夸张，更具感染力。将动漫的艺术语言运用到郑州文化遗产的数字化展示中，将郑州古老的遗产资源进行现代数字形式的演绎。自2008年国家动漫基地（河南基地）、郑州动漫基地建设以来，各级政府逐年加大对动漫产业的关注及扶持力度，郑州陆续创作出一批优秀的动漫作品在央视少儿频道及各省级频道播出，《少林海宝》、《独角乐园》、《小樱桃》、《少年司马光》等成为知名动漫品牌，一些动漫游戏走出国门，在世界范围内产生积极影响。动漫艺术经常运用一些"超常规"的动作和形象，在把握住郑州文化遗产资源本体内涵和精神外延的基础上进行创作，将现实环境与生物在虚拟世界中进行重塑，视觉化和可传达性成为动漫艺术服务于文化遗产展示不可比拟的优势特征，为郑州文化遗产的传承与发展创造出创新与实验的空间。

（四）智能 APP 自助服务平台展示

伴随着手持终端的普及和移动互联技术的深化，智能 APP 自助服务平台以其方便快捷、可个性化定制推送等优点在互联网服务和信息传递等行业广泛应用。郑州市文化遗产资源的 APP 展示已初见端倪，河南博物院、少林寺等都已投入使用 APP 自助服务平台。郑州文化遗产类 APP 自助平台服务包括热点推介、数字资源共享与体验社区服务等。从郑州现有的文化遗产类 APP 来看，可以为参观者提供及时的信息服务，而且能够在线浏览文化遗产，直观地感受这些文化资源的特色，而且能够通过 APP 自助服务平台进行一些文化、技术上的体验，感受文化带来的冲击，郑州市正在整合与挖掘郑州馆藏的特色资源，扩展服务范围，增强功能需求，加强与第三方的信息技术协作，注重市场营销和项目推广，逐步扩大文化遗产类 APP 的适用范围，拓宽文化遗产知识普及的渠道。

四 郑州市文化遗产资源数字化展示中存在的问题

（一）文化遗产展示的形式单一、互动性差

郑州文化遗产的保护始于 20 世纪中叶，发展于 20 世纪末，繁荣于 21 世纪初。郑州文化遗产保护已经形成相对稳定的管理模式。郑州物质文化遗产由于国家的资金投入，保护与管理相对完善。而郑州非物质文化遗产由于其分散性、民间性等特点，尚需加大保护力度。郑州现有的非物质文化遗产保护多倾

向于以传承人为主的活态保护，强调传承人的经验、技术与人文精神。郑州现有的文化遗产展示形式，大多是使用图片注释与视频解说，多采用图片、宣传纪录片、语音等展示方式。展示形式滞后，互动性差，已不能适应数字化时代信息传递的要求，更不能完成文化遗产保护形成与产业良性互动机制。参观者仅仅保持客观体察文化遗产的表层，缺少了交互性与参与性，参观者难以在展示空间中体验手工技艺，很难直观地体验文化遗产本身的价值，以至于观看后就快速遗忘。

（二）文化遗产展示的文化性与艺术性不足

从郑州现有的文化遗产展示效果来看，文化性与艺术性不足是亟待解决的难题。展示空间设计不合理、展示色彩体系配置生硬、展示内容的表象化都是现阶段郑州文化遗产展示的不足。郑州拥有悠久的历史与灿烂的文化，但现阶段郑州还没有合理地运用这些文化遗产资源服务于精神文明建设，多数资源仍未运用数字技术进行创作；传统文化得不到新的演绎，仍退留在传统的思维框架内，认为文化遗产就是博物馆式保护，即使数字化展示也仅是数字技术与文化遗产本身的简单叠加，现代数字技术和文化遗产之间缺乏双向互动，表达形式与载体创新力度不够，例如一些设计、书法、电影、音乐、舞蹈、摄影与数字技术融合运用不够，多数文化遗产仅存在单一的表达方式，文化遗产的个性和价值得不到彰显。

（三）文化遗产展示的服务平台不健全

近年来，郑州市的文化遗产保护与展示工作取得了一些成绩，但因起步晚，理论体系不完善，文化遗产展示的服务平台尚不健全，郑州主题性文化遗产博物馆较少，演艺影视业以郑州文化遗产为创作素材挖掘不够，动漫游戏产业与郑州文化遗产资源的结合点较少，智能 APP 自助服务平台的数量与质量都亟待提升。目前，技术研发平台极为缺乏，文化遗产的展示需要新技术和新的表现形式，而目前郑州市在文化遗产展示方面的技术研发投入、平台建设等不足。另外，文化遗产的展示平台较少，郑州文化遗产资源主要依靠政府投入的博物馆来展示，而社会建设的博物馆较少，展示的空间较为狭窄，同时展示多为实体空间，缺少数字化、网络化的虚拟化服务平台，被社会接纳和了解的普遍度不高。

五　推动郑州市文化遗产资源数字化展示对策

（一）郑州市文化遗产资源数字化展示的原则

1. 地域性原则

文化遗产的数字化保护一定注重其地域性原则。地域性是文化遗产资源的本质特征，是文化遗产具有吸引力的关键，失去了地域特色，数字化展示也就失去了其核心价值，凸显数字化展示的地域性就要立足于就地选题、就地取材、就地宣传。就地选题是指以郑州文化遗产地的自然景观、名胜古迹、历史人物、民俗民风等为题材进行数字化展示内容的设计。就地取材是指从郑州当地的人文地理环境出发，把郑州当地特有的传统工艺材料分类整合，进行再设计。就地宣传是郑州文化遗产数字化展示要打造名牌优势，在郑州本地扩大宣传，以点带面，辐射全国。基于郑州特有交通区位优势，利用各种公共服务设施，将文化遗产的数字化工作普及到社会各个方面，使其成为郑州推进"数字化城市"建设的有力补充。

2. 文化性原则

郑州文化遗产数字化展示的设计实质是一种文化的设计，要着眼于郑州遗产资源文化性的研究，继而加强郑州遗产资源的文化建设，传承和创新文化遗产保护利用方式，推进文化遗产资源可持续发展。在郑州文化遗产数字化展示设计中应充分发挥已有文化的品牌影响力，以嵩山文化、少林寺、商城遗址等特色遗产资源为主，将郑州的古都文化、宗教文化、武术文化与寻根文化等优势文化资源贯穿于文化遗产数字化展示设计的过程中，设计出与郑州文化品牌相对应的文化视觉符号与文化代表色彩，将这种视觉化的符号语言应用于郑州数字化展示的各种媒介，强化郑州的城市文化特色，突出郑州作为历史文化名城的视觉形象，使文化特色资源与文化品牌建设紧密结合，打造郑州文化遗产数字化展示的创新道路。

3. 专业化原则

由于文化遗产涵盖的领域广泛、类型多样、内容丰富、资源庞大，每个文化遗产资源都有特定的文化内涵、历史背景和特色个性，它们也都有特定的文化内容、独特的表现形式以及传承表达的方式等。而文化遗产的数字化保护，需要音视频录制、数据处理、影像编辑、存储及显示、三维动态成像、网络传输等技术，这都要依靠专业化的技术、设备、人才来实现。可以说文化遗产的数字化保护专业化较强，需要专业化的设备、人才和机制，要将专业化贯穿文化遗产数字化保护的始终。

（二）推进郑州文化遗产资源数字化展示的对策

1. 建立综合性文化遗产管理展示数据库

郑州市文化遗产的数字化展示能够顺利实现，一个完善的文化遗产资源数据库是所有工作的基础。合理适度地利用多媒体辅助技术对文化遗产资源进行系统全面的记载与存储，现已成为文化遗产数字化保护与展示的主要研究内容之一。郑州市文化遗产资源数据库的建设主要从以下4个方面展开：①郑州文化遗产相关资料的全方位数字化存储。存储内容包括：图片、音频、视频、文本、三维动画模拟、图形、图表等。②建设郑州文化遗产虚拟博物馆。文化遗产虚拟博物馆除了包括馆藏文物本身，还包括虚拟文化遗产地等。③对郑州手工技艺类非物质文化遗产的生态、生产、传承、使用进行虚拟再现。④将郑州文化遗产保护的数字化技术应用于文物的修复和复原，实现数字技术与考古学的无缝对接。

2. 创新文化遗产数字化展示手段

现代计算机辅助技术、图像处理与虚拟现实技术日臻完善，为文化遗产的保护与展示提供了更科学的方法与途径。郑州市文化遗产数字化展示手段主要有以下4点：①博物馆的数字化展示与互动；②文化遗产地的数字化保护与展示；③传统手工艺技术的数字化模拟与展示；④智能APP自助服务平台的展示与宣传。将郑州市现有的文化遗产资源进行数字化转化并通过以上方式进行展示宣传，通过场景搭建、知识建模、角色设定、人机交互等技术，快速建立文化遗产中的情境，将郑州文化遗产可视化、可触化。这对于增加大众对郑州文化遗产的了解、激发对郑州文化遗产的兴趣、增强民族自信力都有着重要意义。

3. 提升文化遗产数字化产业展示水平

郑州文化遗产数字化产业发展至今，很多从业人员一直认为制约郑州文化遗产数字化进程的困境是软件技术以及硬件设施，其实从近几年郑州的发展现状来看，具有地域性与独创性的故事脚本、文化遗产更为重要，越来越引起从业者的关注。郑州文化遗产资源丰富，尤其是名人名家、神话故事、民间风俗、特色技艺等众多，而且历史底蕴深厚，都是数字化产品创作生产的基础。要从郑州丰富的文化遗产资源中寻找创作源泉，经过艺术与技术的加工进行有效的开发利用，通过动漫、电影电视、数字出版、文化旅游等媒介进行推广，也可搭建一些郑州文化旅游数字体验馆，增强受众的参与性。现阶段，郑州应在各种展览活动中不断探索更有效、更直观、更有趣的展示方法与宣传途径，立足于数字媒体技术，对郑州文化遗产数字化展示的内容与形式进行创新发展，将郑州文化遗产资源与数字媒体技术以及移动通信终端相互结合，形成良性循环的文化产业发展机制。

4. 搭建文化遗产的数字展示服务平台

文化遗产的数字化保护需要依托完善的平台，通过研究平台、网络展示平台、交易服务平台等的建设，全面推动文化遗产的保护、传承与发展，在数字化服务中实现文化遗产的综合价值。一是建立网络服务平台。网络服务可以搭建起文化遗产数字化展示与广大受众的桥梁，要通过网络实现文化遗产资源的数字化订阅、数字化展现与其他相关增值服务，实现文化遗产数字化展示的商业价值。在郑州文化遗产数字化展示订阅服务中嵌入广告，其中的公益宣传部分可以成为商业化的必要补充，使郑州文化遗产数字化展示最大化地服务于广大民众。二是搭建研究平台。进一步加强文化遗产数字化保护的研究平台建设，整合郑州市高校、科研院所、文化管理机构等力量，积极建立郑州文化遗产数字化保护实验室、技术研发室等，研究数字化展示技术，积极申报国家级文化遗产保护项目，通过项目支持来实现遗产的数字化保护。加大创新创意力度，推动创意产业设计和开发部分与郑州各高校和科研院所联合开发，做到产、学、研的有效结合。三是建立网络交易支付平台。由于网络与移动终端的普及，现代人对数字产品的消费多采用网络支付的模式，电子钱包、电子支票、电子汇款、电子划款、智能卡、数字个人对个人（P2P）支付等方式运用普遍，这些支付方式便利，要通过积极开发和运用，使受众在进行数字产品的消费时能顺利完成支付。但出于商业安全性考虑，各数字产品的开发与设计者必须注意网络安全，各科研管理机构应及时提供技术支持与政策指导。

5. 拓展文化遗产数字化宣传方式

数字化宣传是科学保护文化遗产的重要途径，要拍摄相关宣传片、印发宣传册来推介郑州特色文化遗产，通过公共文化服务设施的数字化展示与宣传、民间主题性博物馆的数字化展示、手机报以及社区文化艺术活动中的数字化普及，提升文化遗产的数字化保护水平。善于创新方式和载体，突破以往依托传统空间的展示和宣传，开发文化遗产电子地图，用地图方式在网上、电子展示板上向群众介绍重要的文化遗产资源，尤其是要注重非物质文化遗产项目及传承人的宣传。积极拓展新的传播媒介，逐步推进郑州文化遗产在公共广场、社区的传播与推送，为丰富城市文化添砖加瓦。要把文化遗产的数字化宣传融入学校教育中，建立数字化教育体验基地，让孩子不仅可以在体验型的艺术场馆中欣赏文化作品，也可以通过数字化展示理解文化遗产的诞生与发展过程，培养主动保护文化遗产、热爱文化资源的意识。要进一步推动文化遗产资源与数字技术相结合，用现代的审美诉求重新演绎传统文化资源，不断探索利用数字化保护手段宣传、弘扬和传承中华民族的优秀文化资源。

郑州市文化资源整合及产业开发研究

连建功 李燕山*

摘 要：

基于资源整合角度的产业开发能够有效打破行业壁垒、拉长产业链条、促进产品创新和产业升级，其日益成为城市文化资源产业化的有效途径和手段。作为国家级历史文化名城、国家八大古都之一，郑州市历史悠久、文化资源丰富、类型多样，但资源整合和产业开发却相对滞后。对郑州市文化资源进行评估、文化产业发展现状进行分析，在此基础上，从整合理念、整合形象、整合产品、整合品牌、区域整合、体制创新等角度，阐述郑州市文化资源的整合和产业开发策略，具有一定的现实意义。

关键词：

郑州市　资源整合　产业开发　发展策略

文化资源是人类从事文化活动和生产一切载体的总称，其不仅存在于人类的物质领域，还存在于人类的精神领域，是人类社会进步和发展的重要动力，是人类精神需求的重要组成部分，也是区域文化产业发展的基础。郑州市作为河南省省会、国家级历史文化名城、中国优秀旅游城市和中国八大古都之一，其历史悠久、文化资源丰富、类型多样，拥有根亲文化、功夫文化、黄帝文化、古都文化等众多优势文化资源。但近年来，其丰富的历史文化资源并未得到有效利用和开发，缺乏大手笔、有震撼力的强势文化产品，市民文化消费水

---

* 连建功，河南商业高等专科学校讲师；李燕山，河南宇通信息技术研究院院长、中州大学教授。

平低，文化产业规模小等，种种现状显然和郑州市的文化资源禀赋不相吻合。国务院《关于支持河南省加快建设中原经济区的指导意见》，明确将"华夏历史文明传承创新区建设"作为中原经济区建设的五大战略定位之一，积极推进具有中原特质的文化大发展、大繁荣，打造昂扬向上的中原人文精神。郑州市作为河南省省会，必须肩负起整合相关文化资源、提升文化产品级别和档次、打造城市强势文化品牌、推动文化产业全面升级发展的历史重任。

一　郑州市文化资源禀赋和产业发展现状

（一）郑州市文化资源禀赋

郑州市历史悠久、文化灿烂，是黄河文明和中华民族的重要发祥地之一。早在距今 10 万年前就有人类在此居住，新郑裴李岗文化遗址距今 8000 多年，大河村遗址距今 5000 多年，郑州北郊的西山遗址是迄今为止中国最早的古城之一，被称为"中华第一城"。其在 3600 多年前就已经是商王朝的重要都邑。1961 年郑州商城遗址就被列为全国重点文物保护单位，1994 年郑州入选国家级历史文化名城，2004 年又被中国古都学会认定为"中国八大古都"之一。目前，郑州市已探明的古代建筑、古代墓葬、古代遗址和纪念地文物古迹达 10135 处。其中，登封历史古建筑群［包括少林寺建筑群（常住院、初祖庵、塔林）、东汉三阙（太室阙、少室阙、启母阙）］和中岳庙、嵩岳寺塔、会善寺、嵩阳书院、观星台，8 处 11 项历史建筑已于 2010 年成为世界文化遗产；2013 年 5 月，国务院核定公布第七批全国重点文物保护单位，郑州市新增少林寺、城隍庙、汉霸二王城等 34 处，国宝单位达 72 处，总数量位居全省第一、全国前列。此外，郑州市还拥有少林功夫、黄帝故里拜祖大典、超化吹歌、猴加官、中岳庙会等国家级、省级的非物质文化遗产 100 多项。经过多年的积累，郑州市所形成的根亲文化、少林文化、宗教文化、戏曲文化、黄河文化等多种文化资源在全国都占有重要地位（见表 1）。其中根亲姓氏文化和少林功夫文化独具优势，黄帝故里拜祖大典已上升为国家级大型庆典活动，全国 100 个大姓中，源于河南的有 78 个，郑、韩、段、许、王、冯等源于郑州；

少林武术是中华武术体系中最庞大的门派，作为中华武术的象征，如今已风靡海内外。丰富的文化资源、深厚的文化内涵为郑州市文化产业的开发奠定了坚实的基础。

表1　郑州市文化资源禀赋一览（部分）

文化类别	资源单体
遗址（迹）文化	商城遗址（管城区）、大河村遗址（惠济区）、官渡古战场（中牟）、裴李岗遗址（新郑）、虎牢关（荥阳）、大海寺（荥阳）、郑风苑（新郑）、北宋皇陵（巩义）、观星台（登封）、打虎亭汉墓（新郑）、汉霸二王城（荥阳）、嵩阳书院（登封）等
宗教文化	少林寺（登封）、中岳庙（登封）、大法王寺（登封）、嵩岳寺塔（登封）、宋代寿圣寺双塔（中牟）、石窟寺（巩义）、北大清真寺（管城区）、佛光寺（中原区）、青龙山慈云寺（巩义）、超化寺（新密）等
武术文化	少林武术（登封）、苌家拳（荥阳）、禅宗少林·音乐大典（登封）、风中少林（舞剧）、武林风（河南电视台电视栏目）等
民俗文化	黄帝故里拜祖大典（新郑）、郑州城隍庙、郑州文庙、中岳庙会、小相狮舞、民间社火独脚舞（登封）、新密溱洧婚俗、中原古荥汉族丧葬习俗等
文学艺术	豫剧、曲剧、超化吹歌、河南坠子、先蚕氏嫘祖的传说（荥阳）、许由的传说（登封）、黄河澄泥砚、郑商瓷等
黄帝文化	黄帝故里（新郑）、炎黄二帝像（惠济区）、始祖山、新密轩辕丘、具茨山等
黄河文化	黄河古渡口（中牟）、黄河博物馆、黄河大观游览区、花园口游览区、富景生态游乐世界等
名人文化	潘安、康百万、杜甫、欧阳修、刘禹锡、郑虔、列子、韩非子、陈胜、白居易、李戒、子产、黄帝等
姓氏文化	新郑（何、韩、高），荥阳（郑、冯、郭），登封（夏、方、侯）等

注：表内黄帝文化和姓氏文化均属根亲文化范畴，因此，该表未将根亲文化列入。

（二）郑州市文化产业发展现状

文化生产力是社会生产力的重要组成部分，文化产业发达与否，直接影响到一个地区和城市在文化交流中的竞争力。2009年，国务院审议通过《文化产业振兴规划》，这是继钢铁、汽车、纺织等十大产业振兴规划后出台的又一个重要的产业振兴规划，标志着文化产业已经上升为国家战略性产业。郑州市作为文化资源大市，其积极探索文化资源产业化、市场化的策略，创建文化产业强市。早在2003年郑州就确定了"文化立市"的发展目标，不断加强产业宏观管理，制定和完善有关产业政策，从宏观规划、资金投入、财政税收、产业用地等各方面扶持和引导文化产业快速发展。设立了文化产业发展专项资金、动漫产业发展专项资金和文化体制改革专项资金、会展产业发展专项资金等多个专项资金，力争将文化产业打造成为郑州市支柱性产业，争创世界级历史文化名城。先后制定了《关于创新文化产业发展促进机制的意见》、《文化产业发展专项资金管理暂行办法》、《关于扶持动漫产业发展的若干意见》、《关于进一步促进郑州市会展业发展的意见》等一系列政策性文件，设置专项资金，扶持重点项目，文化产业结构逐步优化完善，形成了以出版发行、动漫影视、演艺收藏、节事会展等为主体的产业结构体系。大型原创舞剧《风中少林》在北京、上海等地演出，受到了国家、省市领导和社会各界的高度评价，荣获全国舞蹈界最高奖"荷花奖"金奖，入选国家舞台艺术精品工程，并签订了赴中国台湾、美国的演出协议；由郑州天人文化旅游有限责任公司投资建设的全球最大山地实景演出《禅宗少林·音乐大典》先后被评为"国家文化产业示范基地"、"中国创意城市——城市文化名片"，并在全国"最美的五大实景演出"评选活动中，获得了网络投票第一名的好成绩，成为中国实景演出的扛鼎之作和河南文化旅游"新名片"；由河南超凡影视集团联合郑州电视台和中央电视台联合拍摄的大型少儿科幻电视系列剧"快乐星球"荣获第五届全国"五个一工程"优秀电视剧，并得到中央政治局常委李长春、刘云山等国家领导人的充分肯定，成为国内儿童电视剧中的一朵奇葩；黄帝故里拜祖大典、少林国际武术节、中原豫剧节等大型节事活动提升了中原文化的辐射力和影响力，充分展现了郑州市的良好形象和崭新的城市精神风貌。

郑州市文化产业虽然取得了一定的成绩，但和北京、上海等一线城市相比，文化产业发展还相对滞后，还存在一系列的问题，主要表现在：其一，投入和扶持力度不够。北京投入100亿元专项资金投资文化创意产业发展，深圳"十二五"期间明确提出每年安排不低于5亿元的文化产业发展基金，并在2009年就创建了中国（深圳）文化产业发展投资基金。相比之下，郑州市对文化产业的投入和扶持尚需进一步加强。其二，文化产品的创新力度不足，郑州市依靠政府投入和产业补贴的政策，使文化产业的发展缺乏持续的动力，进一步缺乏创新和特色，未能形成具有中原文化特色的城市文化品牌。其三，文化产业链条还需要拓展,缺乏产业链条的完整性,就无法充分体现文化产业的最大价值。其四,文化资源尚需进一步整合,由于对资源的整合不够,现有文化产品"小、散、弱"的现象突出,品牌和整体形象欠佳。由于各类因素的限制,市场未能在人才、资金、技术、信息等方面发挥配置性的基础作用,导致很多成熟的项目未能实现其应有的价值。资源优势并不等于产业优势和经济优势,郑州市文化资源优势转化为产业优势,仅靠单项资源、单个部门是不行的,必须对相关资源、市场、人才、制度等方面的内容进行充分整合,发挥行业系统的优势,以中原经济区建设和郑州航空经济综合实验区建设为契机,大力发展文化创意产业。

二 郑州市文化资源整合的必要性和基础条件

(一)郑州市文化资源整合的必要性

1. 是"建设华夏历史文明传承创新区核心区"的迫切需要

国务院《关于支持河南省加快建设中原经济区的指导意见》将"华夏历史文明传承创新区"作为中原经济区建设的五大战略定位之一,明确提出:挖掘中华姓氏、文字沿革、功夫文化、轩辕故里等根亲祖地文化资源优势,提升具有中原特质的文化内涵,增强对海内外华人的凝聚力。这就需要充分整合区域文化资源,创新文化产品,展现河南省历史文化的深厚精神魅力。郑州市文化资源多样,内涵深厚,且具有较好的区位条件、较强的传承创新和发展优势、强大的辐射功能,必将在华夏历史文明传承创新区建设中发挥引领作用。

2. 是传承中原文化精髓的重要途径

中原是中华文明的摇篮,中原文化是中华文化的重要源头和核心组成部分。其博大精深、源远流长,包括始祖文化、根亲文化、功夫文化、黄河文化、民俗文化、戏曲文化、古都文化等多种文化内涵,在华夏历史文明中具有基础性、原创性、根源性、主体性,包含着中华民族最根本的精神基因,是中华民族的精神标识,拥有弘扬爱国精神、倡导崇高志趣、主张与人为善、推崇优秀道德、注重人格独立和意志坚韧等内容。对中原文化精髓的传承和发扬必

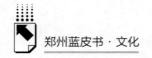

须依托资源整合和产业开发，在整合的基础上，打造文化精品，将传统文化的精神渗透到民众的日常生活中，从而发挥出重要文化价值。

3. 是文化资源向现实生产力转换的重要手段

文化资源不等于生产力，从拥有资源到形成生产力，再到形成高附加值的先进生产力和先进文化生产力，还有很长的路要走，需要进行科学的规划、系统的保护、多元的整合、综合的开发。郑州市文化资源丰富，但其布点分散、规模不大、利用率低、现实生产力转化能力不强，未能发挥传统文化资源的文化价值。要改变这些现状，必须要对其资源进行整合，摸清家底，明确优势，形成具有中原文化特色的文化产品，以强势文化产品彰显中原文化的精神魅力，提升中原文化的号召力和社会影响力，发挥中原文化资源现实生产力转化的价值功能，从而推动郑州经济社会健康快速发展。

（二）郑州市文化资源整合的基础条件

1. 政府对文化资源产业发展高度重视

文化资源的多样性、时代性和系统性，导致在文化资源整合过程中需要不同部门、不同区域协同，满足不同利益机制的需求，需要政府部门加强协调和管理。郑州市历来重视文化产业的发展，成立了郑州市文化体制改革和发展办公室，负责对文化改革发展的相关工作进行组织协调；整合郑州市文化资源和产业管理机构，整合组建郑州市文广新局，成立郑州市文物局；设立新的文化市场综合执法支队，加强文化综合执法；制定《关于深化文化体制改革　加快文化产业发展的实施意见》、《文化创意产业项目用地的实施意见》等一系列政策；设立总额超过1亿元的专项资金，重点扶持、优先发展休闲娱乐、新闻出版、软件网络及计算机服务业、艺术品流通业、设计服务业等文化创意产业。各项举措为郑州市文化资源的整合和产业开发奠定了坚实基础。

2. 文化资源本身特点有助于产业化开发

郑州市文化资源具有古老性、多样性和丰厚性特点，无论是8000多年前的裴李岗文化、5000多年前的仰韶文化，还是3600多年前的商文化，无不昭示着郑州这座城市悠久的历史。在漫长的历史长河中，形成了黄帝文化、黄河文化、嵩山文化、商都文化等具有郑州区域特色的多样化文化积淀。从分布上，郑州市文化资源的分布相对集中、点线结合，黄河沿线荥阳、惠济区、中牟是黄河文化的集中分布区，登封是嵩山文化、少林文化的集中分布区，管城区是商都文化的集中分布区等。这种文化资源的空间布局为文化资源整合开发提供了条件，便于建立资源互用、信息共享、客源互送、效益共赢的文化网络体系。

3. 他山之石，可以攻玉——外地的经验借鉴

对文化资源的整合开发，国内外有很多经验可供借鉴，如美国的电影业和传媒业、日本的动漫业、韩国的网络游戏业、德国的出版业、英国的音乐产业等都成为国际文化产业的标志性品牌。这些成功的案例，政府都主动介入，制定产业发展战略，充当产业的规划者和孵化者。国内北京、上海、西安、深圳等城市对当地文化资源进行了深入挖掘和有效整合，打造文化精品，取得了显著成效。以北京为例，为将其打造为全国的表演艺术中心，北京把中央、地方、民营的演出资源都整合在一起，一视同仁地给予奖励和支持。为解决剧场资源分散、缺乏聚集效应的问题，成立北京地区剧院联盟，在文化行政管理部门的支持指导下，整合北京地区剧场资源，对不同所有权的剧场实行统一宣传推广、统一规划市场、统一服务，实现共享资源、互补多赢，取得较好的效果。

三　郑州市文化资源整合及产业开发的策略建议

（一）转变发展理念，创新发展模式

思路决定出路，观念决定道路。在文化资源整合和产业开发过程中，政府、企业和各利益相关者必须树立保护和持续利用的理念，从系统化、市场化和产业化的角度，审视区域文化资源的价值和开发方向。郑州市文化资源丰富，内涵深厚，但产业化开发的难度较大，必须充分挖掘其资源特色和现代市场元素，充分利用现代传媒和高新技术，确定基于现代市场需求的开发途径。改变传统的思维模式，树立"抓文化就是抓经济"的发展观念，文化与"市场"、"经营"、"产业"、"商品"等紧密联系起来，经营文化的理念深入人心。宏观方面，各级、各类政府部门都要充分树立起"大文化"的发展战略，以建设文化强市和华夏历史文明传承创新核心区位目标，着力优化产业结构，转变发展方式，壮大市场主体，提高原创能力。挖掘郑州市文化资源内涵，梳理资源背后所隐含的文化精神，提炼城市文化形象，并围绕文化形象，整合不同类型和层次的文化资源，有重点、分步骤地进行文化产品的打造。微观方面，郑州市需要对所有的文化资源进行分类和价值开发的评估，创新开发模式，依托资源特质和民众需求，开发过程中将老百姓的利益放在首位，让城市民众都能够体验到这些文化资源的价值魅力，从而树立自觉保护文化资源的意识。

（二）提炼文化主题，塑造文化形象

城市形象是城市精神和内涵的外在体现，良好的城市形象可以增强城市的凝聚力、向心力，可以提高市民的归属感和自豪感。作为河南省的省会城市，计划经济时代郑州市曾被定位为"以轻纺工业为主的工业城市"、"以轻纺工业为主、轻重工业协调发展的综合性工业城市"等，后来又提出"商贸城"、"绿城"、"二七名城"等不同的称谓，然而这些称谓随着社会的发展都被湮没在历史长河中。虽然文化资源丰厚，但城市形象并不突出，少林武术、商城遗址、黄河文化、中岳嵩山、烩面都是郑州市在进行形象宣传时用到的"城市名片"，但由于内容较多、主题混乱、形象不突出，对郑州市整体形象的营造造成了困扰，使郑州市沦落为一个没有特色的城市。网络调查显示：以黄帝文化、姓氏文化、功夫文化等为核心的根亲文化在郑州市所有文化载体中处于核心地位，具有鲜明的地域特色，这与中原经济区建设打造全球根亲文化圣地的目标是相吻合的。因此，郑州城市文化形象的塑造，可充分整合其始祖、姓氏、名人、黄河、商都、少林等文化资源，提炼根亲文化主题形象，推动中华民族优秀精神的传承与创新，增强海内外华夏儿女对中华民族核心精神文化体系的认同感与向心力。通过内涵挖掘、实物展现、文化传承、系统构建、精神弘扬等方式，使郑州市成为中华民族华夏儿女永恒的精神家园。

（三）整合文化资源，打造文化精品

郑州市文化资源丰富、类型多样，但布点分散、规模较小，在进行产业

化、产品开发过程中必须对其进行整合，从而弥补单体资源开发单一、发展不足的问题。建议充分发挥文化产业园区、大型节事活动、影视作品和新闻媒介在文化资源整合中的作用，诸如建设根亲文化园、形式文化园、功夫博物馆，举办根亲文化旅游节，优化少林国际武术节、黄帝故里拜祖大典，引进国内外影视集团，利用全新技术，从中原传统文化中吸收现代元素，打造影视、舞台精品等。近年来，郑州市文化园区的建设初见成效，动漫产业园、华强科技产业园、石佛艺术公社等从不同方面展现了中原文化的特色和风采。其中，嵩山文化产业园区定位是"中华文化圣山·世界功夫之都"，园区将投资500亿元，采取国际化、集团化、品牌化战略，着力将登封建设成为"国际化文化休闲和旅游观光度假城市"。节事活动能够动态多元地展示区域的自然、文化特色，是整合区域文化资源的最好方式。郑州拜祖大典、少林武术节等活动已举办多年，形成一定品牌效应，但对郑州文化资源的整合不够彻底和全面。建议整合郑州黄帝文化、商都文化、功夫文化、宗教文化、商业文化等多种文化类型，举办中原文化国际旅游节，并带动相关文化载体和产业的开发。从影视作品的制作上，充分挖掘功夫文化、根亲文化、名人文化等文化特色，充分利用现代媒介，结合时代群体需求，传承创新展现模式。在电视栏目的制作上，借鉴江苏卫视《非诚勿扰》、湖南卫视《爸爸去哪儿》等栏目的成功经验，找到区域文化和时代群体需求的结合点，精心策划，使节目深入人心。

（四）加大推介力度，铸造文化品牌

品牌是给拥有者带来溢价、产生增值的一种无形资产，它的载体是用于和其他竞争者产品或劳务相区分的名称、术语、象征、记号或者设计及其组合。当前，国际城市文化产业的精神，归根到底是强势文化品牌的竞争，城市文化产业的强弱取决于当地文化品牌的知名度和国际影响力。郑州市文化资源丰厚，为其文化产品的打造奠定了坚实基础，但缺乏创新意识和市场需求的文化产品是不能形成文化品牌的。建议从垄断性、市场化、群众化的角度对郑州市文化资源产品化、品牌化的潜力进行评价，着力开发具有现代价值、市场需求和综合效益的文化产品和文化品牌。当前，少林功夫、少林寺、黄帝故里拜祖大典、《禅宗少

林·音乐大典》、电视剧《快乐星球》、杂志《小小说》等都具有了一定的品牌效应，特别是少林寺的国际化运营，已经形成了一套成熟的运作模式。建议其他资源品牌充分借鉴已有的成功经验，并结合自身特质，创新开发思路，铸造郑州强势文化品牌。以郑州市名人故里开发为例，可遵照"十位一体"的整合模式进行开发（见图1），着力渲染名人的精神魅力和吸引力。

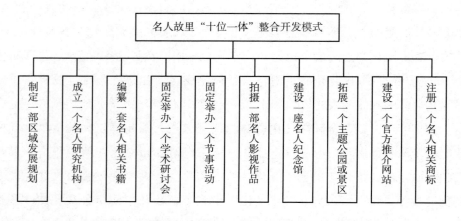

图1　名人故里文化资源"十位一体"整合开发模式

（五）加强区域整合，打造文化精品

首先，郑州市历史悠久，文化资源丰富多样，但分布相对分散，黄河文化分布在巩义、荥阳、惠济和中牟；黄帝文化分布在新郑、新密和惠济；姓氏文化分布在新郑、登封、新密、巩义；功夫文化分布在登封、荥阳等。这种分布格局很容易导致文化产品开发各自为政、单打独斗，甚至出现相互排挤和文化争夺的情况，形不成文化的核心竞争力，缺乏文化精品发展的潜力。建议对各县区文化资源进行筛选，精心选择强势文化主题，举全市之力进行打造，形成各自的文化精品。诸如新郑的黄帝文化、巩义的河洛文化、登封的少林文化等。其次，作为中原经济区的核心城市，郑州市需要整合全省的文化资源，打造具有中原文化特色的文化项目和产品，这就要求跨地区的资源整合。建议加强和洛阳、开封等古都城市的文化资源整合，特别是随着郑汴电信同城以后，和开封的文化整合更加容易。最后，跨省域的资源整合。从全国的层面来看，

郑州市是中国八大古都之一，南水北调中线工程沿线核心城市，丝绸之路、大运河世界文化遗产的重要节点，那么郑州就可以充分利用这些条件，和国内其他城市进行文化资源整合，打造具有全国、国际意义的文化精品。

（六）加强产业整合，拓展产业链条

在政策和市场竞争的双重推动下，文化产业发展需要充分利用相关产业链条进行产业整合。郑州市应该积极引导经营实力较强的文化企业跨地区、跨行业经营，整合文化产业上下游的企业和文化产业相关企业，建设文化产业集群和文化产业集聚区。支持和鼓励文化产业与农业、制作业、服务业等相融合，发挥文化产业对相关产业的带动提升作用。首先，以美丽乡村建设为契机，加强文化产业和农业的整合。丰富农村群众文化艺术，挖掘农耕文明，建设农业文化产业园，举办农业节事活动，让老百姓在文化体验中进行农业生产，新郑红枣节、二七区葡萄文化节的成功举办就是很好的案例。其次，以信息技术时代为背景，文化创意产业引领制造业优化升级。文化观念、文化模式、文化机制以各种形式渗透到制造业的创意、设计、生产、营销、品牌构建和经营管理的各个环节，丰富了工业制成品的文化含量，提升了工业制成品的文化品位，使工业制成品摆脱了单纯卖资源、卖技术、卖工时的较低层次，具有了更高的市场价值。郑州大学陶瓷文化研究中心研制郑商瓷的成功，就是充分利用了郑州商文化的内涵、现代制瓷技术和设计理念。最后，强化文化产业与现代服务之间的整合，促进文化与旅游、会展、教育培训、健身休闲等行业的融合发展。郑州少林武术节、禅宗少林·音乐大典等活动，都是文化产业和旅游产业的很好整合。

参考文献

王晓静：《中原城市群文化资源保护与开发》，《河南社会科学》2013 年第 12 期。
左丽慧：《郑州古都味更浓》，《郑州日报》2013 年 5 月 7 日。
张潇文：《文化产业形成性评价与分析》，《山东行政学院学报》2013 年第 6 期。
杜俊义：《论郑州旅游形象的定位》，《北方经贸》2008 年第 2 期。

B.16

郑州市黄河文化旅游资源
整合开发问题研究

范红娟　余波*

摘　要：

黄河文化旅游资源历史悠久、资源丰富，是人类发展史的见证和中华文明的重要组成部分。在文化强市的战略背景下，要积极整合郑州黄河文化旅游资源，打造文化精品旅游线路。本文分析了黄河文化旅游资源的现状，总结了开发中存在的问题，并提出了进一步整合开发的建议。

关键词：

郑州市　黄河文化　旅游资源整合

一　郑州市黄河文化旅游资源现状

国家历史文化名城郑州地处中华腹地、九州之中，位于华北平原南端、黄河下游南岸，为天地之中、华夏及中原历史文化的中心，自古以来均为交通枢纽。全长5400多公里的黄河流经郑州的河段有160.2公里，这一地域集中体现了黄河文化的主要内容。历代精英在郑州黄河地区这个"历史中心舞台"演绎了"得中原者得天下"的神话，留下标志着黄河文化发源和成长历史的大量历史文化遗迹，构成独特的黄河历史文化景观。

---

* 范红娟，郑州师范学院教授、博士后；余波，郑州市人民政协理论研究会理事、郑州市档案局《郑州档案》主编。

表1 郑州市沿黄文化旅游资源一览（参考郑州市考古所资料）

名称	位置	时间	性质
花园口黄河决堤处	惠济区	1938年	人文景观
惠济桥	惠济区	隋—清	人文景观
敖仓城	惠济区	秦	考古遗迹
荥阳古城	惠济区	战国—汉	考古遗迹
古荥冶铁遗址	惠济区	汉	考古遗迹
荥泽县城隍庙	惠济区	明清	人文景观
纪信墓	惠济区	汉—民国	人文景观
西山遗址	惠济区	新石器时代	考古遗迹
汉霸二王城	荥阳市	战国、秦	人文景观
观鸟台湿地	荥阳市	—	自然景观
虎牢关	荥阳市	周	人文景观
点将台	荥阳市	秦	人文景观
南水北调渠穿黄工程	荥阳市	现代	人文景观
青台遗址	荥阳市	新石器时代	考古遗迹
陈沟遗址	荥阳市	新石器时代	考古遗迹
秦王寨遗址	荥阳市	新石器时代	考古遗迹
寨子峪遗址	荥阳市	新石器时代	考古遗迹
苌村汉墓	荥阳市	汉	考古遗迹
秦氏旧宅	荥阳市	清	人文景观
成皋城	荥阳市	战国	考古遗迹
伏羲台遗址	巩义市	新石器时代	考古遗迹
兴佛寺	巩义市	明	人文景观
杜甫诞生窑	巩义市	唐	人文景观
花地嘴遗址	巩义市	夏	考古遗迹
洪沟遗址	巩义市	旧石器时代	考古遗迹
康北城遗址	巩义市	周	考古遗迹
启圣阁	巩义市	清	人文景观
塌坡遗址	巩义市	新石器时代	考古遗迹
稍柴遗址	巩义市	夏	考古遗迹
巩义石窟	巩义市	北魏	人文景观
康百万庄园	巩义市	明清	人文景观

从表1可以看出，郑州沿黄区域内自然风光独特，历史文化底蕴深厚，黄土高原的终点、黄河悬河的起点、黄河中下游的分界线、黄帝城遗址、大河村遗址、宋陵、官渡古战场等均在此区域内，有黄土黄河、山水湿地等自然风光景点，又有从先秦到明清多个朝代的历史文化遗迹，还有南水北调等现代工

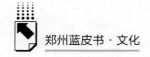
程，资源类型多样，内涵互补，构成黄河自然景观、古代战争文化、古代建筑文化、古代运河文化、现代工程文化等多个系列，已具备了构建生态文化旅游产业带的基本条件。

长期以来，由于该地域跨众多行政区域，未能很好地实现统一规划、统一开发、统一宣传，导致众多珍贵的资源难以有效地转化为生产力。鉴于此，市委、市政府按照科学发展观的要求，统筹考虑郑州市文化旅游及生态宜居城市的建设，着力把文化产业作为实施"中原崛起看郑州"战略的助推器，把发展文化旅游产业作为转变经济增长方式、促进经济社会协调发展的一项重要任务来抓，先后做出构建沿黄生态文化旅游产业带以及《郑州黄河滨河公园总体规划（2011～2030）》等重大决策；与此同时，《中原经济区建设纲要（试行）》和《河南省国民经济和社会发展第十二个五年规划纲要》中多次提出要"构建沿黄生态涵养带"，"重点建设沿黄风情文化产业带"，"积极发展黄河文化生态游"，为黄河文化旅游资源整合开发提供了良好的政策环境和绝佳的发展机遇。

二　郑州黄河文化旅游发展面临的困境

（一）管理体制不顺，缺乏整体规划，难以形成发展合力

文化产业是一个相互配套的系统工程，涉及众多政府部门和行政区域。由于管理体制不顺、条块分割、政出多门，该区域内相邻旅游景区之间的协作不强，大多是各自为战，处于"小、弱、散、差"状态，难以形成文化资源的优化配置，难以形成规模经济优势和强大的竞争力。虽然黄河风景名胜区已经成为郑州市政府派出机构，但其实际管辖范围与权限仍然有限，协调其他部门和县（市、区）的力度明显不足。

（二）文化内涵发掘不够，知名度较低

文化旅游产品无疑是沿黄文化产业发展的基础，但该地域长期处于"一流资源、二流开发、三流产品"的状态，主要表现在：形式单一，内容雷同，

分布不够均衡，缺乏能使游客长时间驻留、具有特色的旅游产品；旅游资源文化内涵没有得到充分挖掘，主体产品单一，衍生产品数量太少，尚未形成独具特色的旅游产品体系；兼之云台山、龙门、嵩山等知名文化品牌带来的冲击，导致该地域难以形成高知名度、强竞争力的文化旅游产品。

（三）基础设施相对薄弱，功能结构不够健全

由于资金投入不足，基础设施不够完善，"吃、住、行、游、购、娱"六大旅游要素配套水平低，难以适应假日短途旅游和休闲文化旅游的多元化发展，主要表现在：郑州沿黄重要景区间交通不畅或道路等级低，部分景区间的交通环线尚未形成；大多景区功能结构单一，休闲度假功能薄弱；经营管理模式落后，服务质量有待提高；等等。即使在黄河风景名胜区，游客仍面临着乘车难、住宿难、购物场所少等问题。

（四）缺乏统一的营销思路，尚未形成稳定的旅游客源市场

旅游客源市场是旅游业赖以生存和发展的先决条件，特别是随着旅游业的迅猛发展，争夺客源、不断开拓客源市场已经成为旅游行业竞争的焦点。由于郑州黄河文化旅游产品开发力度不足，可观赏、驻留的景点较少；加上宣传力度不够，只有少数景区在省内享有一定的知名度。因此，游客数量少，驻留时间短，且以散客为主，没有形成良好的旅游客源市场。

三 对郑州黄河文化旅游产业发展的建议

通过对黄河风景名胜区、市文广新局、市文物局、市旅游局等部门和荥阳、巩义等县级市的充分调研，我们认识到，郑州沿黄文化具有先天的优势，发展潜力巨大；同时，由于分属不同地区和部门管辖，地上历史遗存较少且分布比较零散，长期未得到科学统一的规划、开发和利用，导致历史文化资源保护及利用程度不高，文化产业发展受到土地、资金、部门利益等制约，竞争力不强。因此，对沿黄河地域进行高水平规划，并实施统一的建设和管理显得尤为重要。

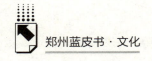

（一）整合开发的基本思路

以市场为导向，以政府为主导，以企业为主体，充分利用郑州市现有旅游资源和基础设施等开发条件，突破行政区域的限制，根据功能互补、效益最大的原则组合旅游产品，开拓旅游市场。

以突出特色、形成合力、树立品牌为目标，通过对郑州市黄河文化旅游各类资源的整合开发，将原始资源升级为旅游景点，增强资源的吸引力，推进旅游业的深度发展。同时体现其社会价值，实现经济收益以及可持续利用与有效保护。

（二）整合开发的对策建议

1. 成立郑州市文化旅游产业发展领导小组，制定专项法规，进一步发挥政府主导作用

一是立足《郑州沿黄文化旅游产业带战略规划》，成立郑州市文化旅游产业发展领导小组，成员单位由黄河风景名胜区、市旅游局、市文广新局、市文物局等职能部门和相关县（市、区）组成，办公室设在黄河风景名胜区。该机构成立后，采用"政府引导、社会参与、多元投入、市场运作"的方式，统一规划旅游线路，引进民间资本深度开发旅游产品，并做好营销推广工作。二是结合《郑州市关于进一步加快旅游业发展的决定》和《郑州市旅游发展总体规划》等文件精神，尽快出台关于文化旅游产业发展的地方性法规，对该行业予以必要的规范和引导，确保其在公平有序的范畴内健康、和谐地发展。三是打破部门壁垒，逐步使各县（市、区）和有关部门的利益达成一致。如黄河风景名胜区和荥阳市沿黄河旅游带，由于历史原因，尽管近在咫尺，门票却不能通用，导致游客的不便和误解。建议黄河风景名胜区和荥阳市尽快沟通协调，圆满解决历史遗留问题。

2. 充分挖掘黄河文化资源，切实加强宣传力度，打造文化旅游知名品牌

一是建议市委宣传部牵头，组织职能部门和专家学者，构建一套较为完整的黄河学说，如编写郑州沿黄文化丛书，出版有针对性的连续性刊物，举办相关学术论坛等，并通过广播、电视、报刊、网络等媒体加以有效宣传。二是以打造黄河滨河公园为抓手，促进郑州华夏文明传承创新区建设。黄河滨河公园建设规划已纳入郑州都市区总体规划，应以此为抓手，参考武汉滨江公园建设，将其打造成为知名的黄河文化品牌。同时，黄河风景名胜区作为滨河公园主体，应申请成为国家 AAAAA 级景区，提升其在全国的影响力和辐射力。三是建议各个旅游景点树立"一盘棋"思想，齐心协力打造"黄河文化"旅游品牌。在建立母品牌的基础上，各景点应突出自身特色，如汉霸二王城、点将台等景点应着力打造"秦汉战争文化"品牌；惠济桥、启圣阁、石窟寺、杜甫诞生窑等景点应着力打造"历史人文景观"品牌；康百万庄园、秦家大院等应着力打造"明清民居建筑"品牌；各类考古遗址可整合后应着力打造"考古科技旅游"品牌；观鸟台湿地可着力打造"黄河湿地景观"品牌。此外，全力争取南水北调博物馆建设落地郑州，与穿黄工程景观匹配，形成古今交叠、人文科技交汇的特有旅游品牌。

3. 完善道路交通等基础设施和旅游要素配置，全方位地提升服务质量

一是加强道路交通等公共基础设施建设。要结合全省路网建设，改善旅游城市之间、城市到景区以及景区间的道路交通，如依托正在修建的 S314 道路开辟沿黄河文化旅游专线，依托黄河大堤建设自行车骑行绿道，以及采用气垫船连接旅游景点，等。二是围绕中原经济区、郑州都市区多元休闲文化消费需求，系统谋划大文化产业发展，把沿黄文化产业与生态、度假、娱乐、商务、学术研究等活动结合起来，不断延伸产业链条，实现文化产业由"门票经济"向"产业经济"的转变，加快培育和壮大新的经济增长点。三是提升服务质量。彻底改变管理粗放、服务粗鲁、环境粗陋的现状，把规范化、个性化和情感化服务有机融合在每个环节上，真正使服务精细化、品牌化。

4. 把握市场需求，加强区域合作，逐步完善旅游客源市场

一是开发不同消费时段和不同消费内容的旅游产品。节假日调整、带薪休假制度的实施，不仅优化了休假时段的长短搭配与季节交替，而且使人们拥有更多的休闲选择，短期、短途的家庭式、散客式自助休闲旅游更为普遍。因此，首先要注重开发双休日、"黄金周"、寒暑假、带薪假期等不同时段的文化旅游产品；再者，要满足人们思古之幽情，在汉霸二王城、官渡古战场等地，通过真人大型演出等方式，让游客得以重温历史；此外，发展与文化休闲相关的乡村风情游、农业生态游、运动健身游、文化体验游、猎奇探险游等也是很好的选择。二是积极开展跨地域、跨景区的合作，努力与省内外知名旅游景区形成资源共享、产品互补、配置合理、区域分工明确的格局，提高文化产品的整体竞争力，吸引更多的游客前来休闲度假。三是发挥生态优势，使游客在优美的自然环境中体味文化的深远与厚重。郑州沿黄地域内仅国家级文物保护单位就多达18处，然而这些单位大多停留在历史遗存甚至史籍记载层面，且分布较为零散，厚重人文景观和优美自然景观的结合与互融不足，难以吸引和留住游客。我们欣喜地看到，黄河两岸风物宜人，应进一步完善其生态环境体系，以优美的自然风光吸引更多的游客，让人们在怡养心灵的美好氛围中，逐步感受到黄河文化的亘古魅力。

B. 17

以文化创意推动少林功夫
国际化发展研究

杜学霞*

摘　要：

少林功夫在国际上有很高的知名度，这与影视类作品对少林功夫的文化创意是分不开的。文化创意对少林功夫国际化发展有重大意义，可以通过少林功夫这个文化窗口展示中华文化的魅力。本文对少林功夫文化创意的现状和存在的问题进行了分析，指出了少林功夫文化创意的发展路径和发展方向。

关键词：

文化创意　少林功夫　国际化　路径

一　文化创意提升少林功夫文化的价值

少林功夫往往内外兼修、形神兼备，是中国文化以身体为形式的最形象、最直观的表达，包含中华民族的思维方式、哲学理念、人生观、处世态度等多方面的内容，是民族文化的瑰宝，是中国的国粹。少林功夫是中国独具特色的文化资源，也是中国在国际上非常具有世界影响力的文化品牌。2011 年 3 月 23 日，《人民日报》有一篇题为"老外的七大中国情结"的文章依次将"中国功夫、汉语、孙子兵法、美食与筷子、毛主席、中医、京剧"列为外国人的七大中国情结，"中国功夫"排第一位。在中国功夫中，自然少不了被认为"天下功夫出少林"的少林功夫的身影。

---

* 杜学霞，郑州师范学院教授。

少林功夫之所以在国际上有那么高的知名度，一是因为少林功夫蕴含了博大精深的中国文化，让外国人感受到了中国文化的魅力；二是因为有影视剧对少林功夫成功的文化创意。功夫类电影是最受国际市场欢迎的华语电影类型，外国人主要是借助少林功夫电影来了解少林功夫的。1982年，电影《少林寺》赢得了世界性声誉，让世界人民感受到了中国功夫的魅力，还让"天下功夫出少林"成为世界人民的共识。《少林寺》的成功具有"共赢"的效果：一方面，电影为制片人带来了丰厚的利润；另一方面，它也起到了文化名片的作用，让世界了解了少林功夫。《少林寺》的成功让人们看到了少林功夫所蕴含的经济价值和社会价值，此后各种海内外以少林功夫为题材的电影不断出现，如《少林寺传奇》、《少林寺弟子》、《新少林寺》、《少林俗家弟子》、《少林真功夫》、《少林小子》、《南北少林》等。到2012年为止，国内外以少林功夫为题材的电影已达五六十部之多。

少林功夫电影带来的文化影响也是不可估量的。首先，少林功夫电影成就了李连杰、吴京等一批中国功夫影星。其次，少林功夫电影造就了无数影迷，让他们加深了对少林功夫的了解。再次，少林功夫电影促成了少林功夫的传播，令世界各地出现了习练少林功夫的风潮。最后，也是最有意义的是，少林功夫电影让海外人士对中国文化有了比较深入的认识。如今，少林功夫已经在世界上成为一个中国文化的象征性符号，其知名度大大高于很多其他文化事项。

二　大力发展功夫文化创意的意义

少林功夫片之所以取得如此高的成就，离不开文化创意。文化创意，让少林功夫片不断出新出彩，赢得了世界性的声誉。可以从以下几个方面认识少林功夫文化创意成功的意义。

（一）少林功夫文化创意有利于推动文化"走出去"

中共中央在关于"十二五"规划的建议中明确提出："加强对外宣传和文化交流，创新文化'走出去'模式，增强中华文化的国际竞争力和影响力。"

"十二五"规划还将推动中华文化"走出去"纳入我国参与国际竞争的国家发展战略。在这一国家文化发展大战略的背景下，要想使自己的本土文化立足于世界文化之林，就必须在坚守本民族文化传统的同时，积极融入世界文化，拿出本民族文化中最鲜活、最有价值的成分，为世界文化的发展做出贡献。少林功夫是中华文化的重要组成部分，少林功夫走向世界，既是中华民族保存和延续自己传统文化的血脉、实现中华民族文化"走出去"的战略需要，也是保护中华民族文化之根的重要手段。以文化创意为主的少林功夫产业在国际上的成功，为我们提供了成功的经验，也创立了一个传播中国文化的优秀模式。在此基础上大力弘扬功夫文化，擦亮以少林功夫文化为代表的民族文化品牌，可以为中华文化全面走向世界提供示范和榜样。

（二）少林功夫文化创意发展有利于推动经济转型发展

目前，中国经济正面临着结构性调整，高投入、高污染、低附加值的状况亟待解决。面对严峻的经济形势，国内外专家一致断言，发展具有文化创意的文化产业是实现中国经济转型的重要途径。著名经济学家厉无畏认为，"大力发展创意产业，不仅能够引领我国经济走出金融危机，创新传统产业，而且能够转变经济发展方式，助力创新型国家的建设"。美国哥伦比亚大学著名学者埃德蒙·菲尔普斯也断言："创意产业必将成为经济增长的新动力。"中华民族有五千年的历史，文化资源极为丰富，发展以少林功夫文化创意为代表的文化创意产业，正符合了厉无畏先生的观点："富含中国文化内涵的产品和服务走向国际市场，一方面可以为中国传统制造业打开新的市场空间，另一方面还能够促进我国新媒体、动漫、网游等新兴产业的发展，并通过这些产业的发展弘扬中华文化，输出中国的价值观，提升我国的国际形象，增强国家的软实力。"

（三）少林功夫文化创意有利于保护文化安全

当前，许多外来文化产品不断涌入中国市场，这些舶来文化产品在中国不仅赚得盆满钵满，而且在不断输出他们的价值观，与我们争夺着青少年思想阵地。例如，美国的《功夫熊猫》利用中国文化资源创造的文化产品占据我们的文化市场，并不断推行着美国的价值观；当"韩流"来袭，不少中国学者为一部《来自星星的你》的电视剧所困扰的时候，维护我们的文化安全问题已经十分迫切。从少林功夫的成功经验看，文化创意不仅可以让中国的文化产品成功地走向国际市场，还客观上起到了传播中华民族优秀文化的重要作用。我们要借鉴少林功夫的成功经验，通过主动出击，使具有中国风格、中国气派，体现中国人生观、世界观、价值观的文化产品"走出去"，让世界人民感受到中国文化的魅力；我们要让世界人民通过对少林功夫的学习加强对中国文化的认识和了解，让中国文化在世界上形成一股"汉风"，以便有效抵制外来文化的侵袭，维护中国文化安全。

三　少林功夫文化创意中出现的问题

少林功夫类影视的文化创意在广泛传播过程中遭遇了一些问题，少林功夫的其他类文化创意也存在这样那样的问题。

（一）对文化"走出去"的意义认识不足

少林功夫文化创意产品走向国外，对中国文化"走出去"做出了比较大的贡献。但总的来看，这些文化创意产品在传播中华民族文化方面还是一种自发的行为。我们要看到，任何文化产品的出口都不单单是经济行为，也包含着文化功能。因此，少林功夫的文化创意产品，在追求盈利的同时，还要提高中华民族文化"走出去"意义的自我认识，自觉地把传播中华民族文化纳入一个宏伟的系统工程，更积极主动地承担起传播中华民族文化的重任。

（二）过分娱乐化，失去了少林功夫的内涵

文化创意加大了少林功夫的世界传播速度，使世界人民了解了少林功夫。但是"功夫影视也在不断根据影视文化的特征和需求，向世界传播着一种另类而失真的少林功夫，进而导致世界上对少林功夫认知上的'偏颇'。影视作品中的'打打杀杀'，已经成为很多人心目中少林功夫的标志符号。这恰是功夫影视对少林功夫的摧毁性'解读'，也形成了受众对中国武术认知上的'误

识'"。特别是进入 21 世纪以来，由于科技的发展，高科技手段在少林功夫类影片中普遍应用。"电脑的合成成为现代武侠影视主要的操作手段。数码技术成为动作表现的手段，武术效果多以合成、嫁接等技术手段来完成，在观众产生如梦如幻的视觉冲击的同时也在无形中消解了武术的特质。同时武术被疏离影片中心，演变成影视作品中的装饰物与附属品。"相比之下，体现着中国文化少林武术的底蕴和内涵，则被忽略了。所以，关于少林功夫的文化创意影视尽管获得了外国人的认可，但这样的文化创意已经对少林功夫文化起到消解的作用，不利于少林功夫的对外传播。

（三）民族文化内涵空心化

以少林功夫为题材的影视剧以"武"的形式推介少林功夫是最简洁的方式，也为外国人所接受。但影视创意在把以"武"为特征的少林功夫传播出去的同时，也陷入了另一个怪圈，就是让外国人认为"武"是少林文化的本质。要看到，"武"只是少林功夫的"形"，其背后蕴藏的中国文化才是少林功夫的"神"。影视剧由于过分注重武术方面的技艺水平，给人留下了少林功夫就是格斗、搏击等动作表演的强烈印象。过分的娱乐化让少林功夫影视变成了一种纯粹的动作艺术，脱离了少林功夫原有的本质和内涵。相对而言，少林功夫中反映佛教和儒家思想以及中国哲学思想的内涵没有得以充分体现。如少林功夫舞台剧《少林武魂》在美国公演，固然获得了国际上的赞许，但也有人批评《少林武魂》的表演属于韵律杂技的表演，"是出于演出的考虑，艺术化少林武术达到演绎、表达精神内涵的目的，是一种方法和措施……不是发展的主流方向"。因为他们认为这样的表演失去了少林功夫应有的刚猛无敌、伸张正义的武侠精神内涵。

（四）没有处理好商业与文化的关系

少林功夫文化在海外取得的成绩，是离不开商业运作的功劳的。正是由于在传统文化中融入了现代商业意识，少林功夫产业才获得了新的生机。但也应该看到，少林功夫的商业化运作是把双刃剑。一方面，现代化的管理和运作模式的确为中国文化在海外发展做出了贡献；另一方面，也暴露了功夫文化发展中的一些问题。如少林功夫大多与中国的宗教——禅宗联系在一起，如何处理好宗教和世俗的关系，是需要慎重思考的问题。如作为少林文化的组成部分，少林功夫的传播也主要是借助商业手段进行的，大多数机构在海外表演少林功夫既从赢利的角度从事商业性演出活动，也重视少林功夫文化的传播，但也有一些机构或者团体打着传播少林功夫的旗号，其目的则是单纯地逐利。为了达到逐利目的，有的机构不惜降低演出水平，哗众取宠，把少林功夫的演出活动变成了单纯的卖艺行为，这种情况是在严重损害少林功夫的国际形象，也是在损害中国文化在国际上的形象。相对而言，功夫舞台剧、动漫和游戏的创意产品还处于尝试阶段。少林功夫文化创意产品与少林功夫的丰富资源之间不成比例，文化创意与高科技、新业态的融合需要进一步加强。

四　提升少林功夫创意产业的对策

（一）推动少林功夫文化创意发展的原则

提升少林功夫创意的原则，可以包括以下几个方面：首先，与高科技、新业态融合，是少林功夫文化创意的核心，是推动少林功夫走向世界的新路径。少林功夫要在自己历史文化资源的核心领域进行开发，全力发展新的文化业态和新的生产方式，力争在与科学技术、创意内容相结合的基础上形成少林功夫文化的新型业态。其次，增加对少林功夫的文化内涵的传播，避免以往的创意作品中突出少林功夫"武"的内涵、忽略中国文化内涵的弊端。最后，加大对少林功夫创意知识产权的保护力度，是少林功夫文化创意能够持续、健康发展的前提。

（二）推动少林功夫创意发展的主体产业

在上述原则的基础上，可以从影视、少林功夫赛事、动漫、舞台剧、游戏5种产业形态上提高少林功夫的文化创意，加快少林功夫创意向国际化进军的步伐。

1. 把影视作为少林功夫创意的主要方向

外国人对少林功夫的了解，主要得益于功夫类影视创意。功夫类影视创意有良好的产业基础和可以借鉴的成功经验。今后，要继续加大功夫类影视的制作。一是增加功夫类影视作品的数量，另一个则是提高功夫类影视作品的质量，多打造像《少林寺》这类的创意精品。同时还要注重少林功夫影视创意的品牌建设。品牌是文化产业发展的标杆，是做大做强少林功夫文化创意产业的重要手段。少林功夫要想在海外获得更大发展，需要实施自己的品牌战略，强化品牌营销手段。要继续打造像李连杰、吴京这样的中国功夫明星，因为很多外国人正是通过对功夫明星的认识才认识和了解少林功夫的。

2. 推动少林功夫向创意竞赛产业化发展

由于民族文化的差异，少林功夫至今仍不是奥林匹克比赛项目，由于少林功夫所体现的中华民族文化精神与奥林匹克理念有很大的差异，短时间内难以弥合。因此，不必过分追求少林功夫非要在奥林匹克这样的赛事上有自己的一席之地，而是要根据少林功夫与中国民族文化的自身特点，举办具有中国文化特色的少林武术节、少林武林等赛事活动。已经举办了11届的国际少林武术节就是少林功夫的盛宴，通过这类节事活动，少林功夫向世界展示自己的魅力。此外，在中国电视武林比赛中，有湖南卫视的《中国武术散打王争霸赛》，中央电视台的《武林大会》等，河南卫视则推出了《武林风》节目。在这些竞赛中，少林功夫都有自己的一席之地。以上节目引发了世界各国人士对中国武术的关注，赛事本身也取得了良好的经济效益。今后，应继续开展少林功夫自己的竞赛活动，以此扩大少林功夫的国际影响。

3. 加快少林功夫文化向动漫影视发展

动漫在少林功夫的国际化传播中具有独特的优势。动漫雅俗共赏，主要以青少年为消费主体。少林功夫动漫的制作有广阔的前景和空间，不仅可以生产高附加值的产品，还可以将带有鲜明中国民族特色的文化传播到世界各地。有研究者认为："动漫文化借助于作者对武术招式、武术拳种、武术门派、武术哲学、武术精神等各类武术要素的融入与创新，通过武术肢体语言进行潜意识层面的交流和翻译，以易于他者接受的形式呈现于世人的眼前，便于受众对武术文化的消化与吸收，让世界各国青少年在符合本土习惯的动漫样式的观看与欣赏中，潜移默化地感知和接受中国传统武术文明。"动漫与少林功夫结合也有成功的先例。就国内而言，2005 年电视动画影集《少林传奇》、2010 年的动画片《少林海宝》等把少林功夫以卡通片的形式搬上了屏幕。目前，少林功夫在动漫方面主要是缺少有世界影响力的精品，应该主动向美国学习，打造像《功夫熊猫》这样的动漫精品，并将这种动漫产品传播到世界各地。

4. 把舞台剧作为少林功夫走向国际的新形式

少林功夫表演业在国际上已经获得了认可。如以少林寺为代表的团体和一些民间武术团体多次参加海外的演出活动。21 世纪初，少林功夫又积极寻找新的发展途径，于是，将少林功夫与当代舞台剧相结合打造为少林功夫舞台剧，成为少林功夫向国际文化舞台展示自我的一种新形式。2000 年美国好莱坞环球影业公司和英国 3A 公司共同摄制的少林功夫舞台剧《生命之轮》，2004 年上海美琪演出公司与少林寺武术馆共同打造了舞台剧《少林魂》，2008 年少林寺与英国古典剧院共同制作了舞台剧《空间》，等，舞台剧为少林功夫赢得了海外艺术界的认可，也树立了其在海外发展的新形象。其中，《少林武魂》还获得了 2009 年美国戏剧最高奖托尼奖的提名。今后，少林功夫创意应该在这方面加大力度，让少林功夫表演进一步走向国际舞台，成为世界主要大国的主流社会常态的娱乐节目。

参考文献

厉无畏：《对我国文化创意产业发展的再思考》，《上海经济》2010 年第 1 期。

埃德蒙·菲尔普斯：《世界金融危机对中国的挑战》，《中国流通经济》2009 年第 3 期。

张锐、谷健全：《走向世界的中原功夫文化》，河南人民出版社，2013。

魏翀：《浅谈中国武侠影视对中国武术的影响》，《搏击·武术科学》2010 年第 6 期。

冯国敏等：《少林功夫国际化进程的现状与路径依赖研究》，《沈阳体育学院学报》2012 年第 5 期。

武展：《武术动漫：武术文化传播新路径的可行性研究》，《搏击·武术科学》2012 年第 5 期。

孙江波：《关于武术创意游戏产业分析》，《新西部》2009 年第 24 期。

郑州市文化消费引导文化产业提升发展研究

马洁华　张晓丽*

摘　要：

文化消费作为文化产业振兴的关键，在引导文化产业提升发展过程中起了重要的推动作用，能够吸引文化产业投资，丰富文化产业类别，引导文化消费的发展方向。本文分析了郑州市文化消费发展的现实，认为文化消费存在着文化消费意识不足、消费能力偏低、消费手段单调、消费规模整体偏小以及设施布局不合理等问题，并明确了文化消费引导文化产业发展的具体领域，提出了文化消费引导文化产业发展的对策建议。

关键词：

郑州　文化消费　文化产业　引导性　对策研究

近年来，我国正迈向文化产业时代，文化消费俨然作为"生产性原动力"拉动着文化产业的提升发展，以实现文化的最终经济价值。郑州市作为河南省省会城市和华夏文明的发源地，文化底蕴深厚，文化产业快速发展，然而以文化消费为引领的文化产品和服务仍然有待提升，亟须丰富文化消费内涵、优化文化消费结构，以文化消费引导提升文化产业，最终实现郑州文化产业向多元、优化的方向发展。

---

* 马洁华，河南财税高等专科学校讲师；张晓丽，郑州电视台。

一 以文化消费引导文化产业提升发展的意义

随着文化产业已经上升为国家的战略性产业，扩大文化消费来带动相关产业发展成为重要任务，对于城市转型发展的郑州而言，文化消费引导产业提升发展的意义重大。

（一）成为郑州文化产业提升发展的原动力

文化消费作为人们对精神文化产品和精神文化服务的消费行为，其在本质上为文化产业的提升提供了发展的原动力。当今人类文明的进程已进入"消费主导型"社会，对文化的"消费主导"的解读包括文化消费是文化产业生产的目的和动力，文化消费为文化产业生产创造出新的高素质的劳动力，有利于文化产业的转型升级，从而最大限度发挥了文化消费对文化生产的引导作用。因而，郑州文化产业的提升发展最根本的还是要从扩大郑州的文化消费需求出发，以消费促生产。对本地市民而言，引导参与休闲娱乐、图书阅读、健身运动、观看文艺表演以及参观艺术场馆等活动，有利于刺激相关文化产业的发展；同时，加快引导文化旅游消费，发挥旅游业作为郑州文化产业发展的催化剂功能，进一步吸引外来游客来郑州消费，可以利用旅游产业链条带动相关产业的消费，以扩大相关产业的发展。

（二）进一步推动郑州文化产业结构转型

文化产业结构转型问题是当前郑州市突破经济发展"瓶颈"的关键性问题，文化产业的发展则直接关系到文化产业结构转型的具体进程。通过对郑州市文化消费与文化产业发展的相关性解读，可以得出文化消费对文化产业的引导性是在文化产业结构转型的进程中实现的。目前，郑州市产业结构转型难，在得到国家批复的情况下，郑州经济实验区充分利用郑州文化资源的比较优势，培育新的消费增长点，改善文化消费结构，提升文化消费能力，改善传统文化产业，发展新兴文化产业，充分运用文化消费对文化产业的推动作用，引导新兴文化产业的发展，推动郑州文化产业结构向合理存续的方向发展，以文化消费来引导郑州文化产业结构的转型。

二　郑州文化消费主要内容及产业引导现状

（一）旅游业是文化消费的重点

旅游产业是郑州文化消费的重要领域。2012 年，郑州实现旅游总收入700.1 亿元，占当年郑州市生产总值的 12.6%，高于全国平均水平。全市共有旅行社 210 家，星级酒店 51 个，A 级旅游景区 27 个，AAAA 级以上景区 8 个，旅游资源丰富，旅游产业配套设施完善。而旅游活动作为一种追求享受的文化消费活动，其消费需求直接反映了文化旅游产业的预期发展，因而促进文化旅游产业发展的关键就在于扩大旅游消费需求。数据显示，2013 年郑州市共接待国内游客 6975.8 万人次，同比增长 13.3%；实现国内旅游收入 791 亿元，同比增长 14.6%；接待入境过夜游客 28.5 万人次，同比增长 3.9%；外汇收入 1.65 亿美元，同比增长 4.4%；实现旅游总收入 800.99 亿元，同比增长14.41%。通过分析可知，入境过夜游客的增比远低于国内游客的增比，因而郑州文化旅游产业在今后的发展方向应在进一步扩大国内游客旅游消费的同时，努力吸引入境过夜游客，扩大郑州文化旅游产业的影响力。

（二）影视动漫的消费能力持续增强

影视动漫的消费能力持续增强，最根本的原因当然在于郑州居民收入的不断提高，而从客观上说，首先，要归功于影视动漫产业的蓬勃发展为影视动漫的消费提供了丰富的影视动漫产品和服务，像《梨园春》、《武林风》等一批优秀品牌文化栏目在电视荧幕上的大放异彩，《幸福的白天鹅》、《念书的孩子》等本土电影在国际舞台上的异军突起，以及以小樱桃动漫公司为代表创作的动漫文化产品和动漫衍生品占领市场。其次，传统媒介和新兴媒体为影视动漫文化的消费提供了生长的土壤，电视、电影作为影视动漫文化消费的传统媒介在今后的消费行为中仍占据着主体地位，成为特定家庭文化氛围的形成载体，而新兴媒体作为传统媒介的有效补充，在今后的文化消费活动中有着举足轻重的地位，以寄存于网络媒介的微电影产业为例，郑州微电影涌现了一批专业的制作团队，制作出《就要爱》等一批讲述郑州正能量的优秀作品，其适应了现代社会快节奏的文化消费需求，为郑州影视动漫消费能力的提高创造了新的增长平台。最后，大众对动漫产业认可度的提高为动漫产业创造了新的消费增长点，动漫产业作为新兴产业，其社会影响力的扩大需要一定的时间，伴随着郑州各动漫产业基地的建成以及以小樱桃动漫公司为代表的动漫品牌核心的形成，在政府扶持和市场机制的双重作用下，大众对动漫的消费能力有着持续增强的趋势。

（三）文化休闲的消费水平逐年递增

由于受教育程度对居民文化消费有着逐级传递的影响，伴随着郑州居民教育支出的大增，郑州的文化休闲消费水平近年来也呈现逐年递增的趋势，主要体现在两个方面：一方面，娱乐型的日常文化消费不再仅仅局限于精神需求的满足，为健康而消费正逐渐成为郑州居民新的消费理念，这里所说的健康不仅指健康的体魄，更是身心的舒适，因而旅游、健身等各种寓教于乐的消费活动日益成为居民的消费选择；另一方面，高科技的文化产品普遍走入居民的文化生活中，电视、电脑、手机以及摄像机等电子产品不断更新换代，丰富着居民的文化消费生活，提高了郑州居民的文化休闲消费水平。

（四）文化艺术消费能力稳步提升

郑州居民的文化艺术消费能力的提升在于基本的物质需求满足之后，人们对"美"的追求、对艺术的尊重，这是郑州文化艺术历史不断积淀的必然结果。郑州"古塔记忆"的矗立；豫剧、曲剧、越剧作为郑州的地方戏剧在新的媒体平台上再现辉煌；以华夏文化艺术博物馆、中原文化博物馆等为代表的新的文化艺术载体相继投入建设，为郑州文化艺术消费提供了更加专业的消费选择；郑州文化艺术网的上线，既整合了郑州的文化艺术资源，也为郑州的文化艺术走进社区提供了发展的契机。

三　郑州市文化消费现状及存在问题

（一）文化消费意识不强，消费推动文化产业发展动力不足

郑州市居民文化消费项目仅局限于休闲娱乐活动和教育培训两个方面，其中主要集中于对教育的投入，而绝大部分居民每月用于文化产品和服务的支出费用接近于零，这说明郑州市居民的整体文化消费意识不足，受旧观念影响，大部分居民的文化消费意识仍停留在较低水平，一定时期内甚至出现过文化消费萎缩的情况。正确合理的文化消费意识未能得以培养并有效地引导消费，在一定程度上制约了全市文化产业的发展，使文化消费在推动文化产业发展的过程中尤显动力不足。

（二）文化消费能力总体偏低，消费引导文化产业发展的创新力度不够

伴随郑州社会经济的不断发展，郑州全市城镇居民人均可支配收入截至2012 年已达 24246 元，居民收入水平有了大幅度提高，但居民文化消费能力总体偏低仍是制约郑州文化产业发展"瓶颈"之一。郑州文化消费的总量和结构受贫富差距、社会保障机制以及教育经费过高等因素的影响，处于低水平不可持续的发展轨迹之上，发展型文化消费热点难以培育，享受型文化消费积淀不足，这都大大制约了文化消费引导下的文化产业创新力的增强。

（三）文化消费手段单调，消费带动产业发展的广度不够

调查显示，郑州城市居民文化消费手段中所占比重较大的是看电视、读报纸、上网，只有不到 20% 的居民会选择到影院看电影、参加展览会等，文化消费手段单调，尤其是对相对高层次的文化消费活动的参与意识淡薄，文化消费依旧停留在通俗或者雅俗共赏的层次，相应文化消费所能带动起的文化产业也就局限于影视、旅游等领域。郑州市文化消费带动文化产业发展的广度显然不足，这种不足可以归咎于郑州市根深蒂固的传统文化底蕴，居民的消费手段和消费意识显然不足以支撑文化产业广度的扩张。

（四）文化消费规模整体偏小，消费推动文化产业结构升级的能力欠缺

文化消费规模整体偏小主要体现在郑州市居民单位时间内用于文化产品或文化活动的支出费用上。由范周主编的《中国城市文化消费报告》指出，郑州市居民每月用于文化产品或活动的支出费用区间为 0～300 元，其中以 0～100 元的人数最多，支出在 101～300 元的人数其次，超过 300 元支出的人数较少。而在众多受访者中，选择每月用于文化产品或活动消费的支出接近于零元的人数最多，占调查人数的半数以上。而在影响郑州市居民参与文化活动、消费文化产品的主要因素中，自身以及孩子的教育成为郑州市居民文化消费活动的最大影响因子，是郑州居民文化消费的主要内容，而与塑造形象、社交、娱乐以及时尚等方面有关的文化消费活动则很少，这样的文化消费结构不利于文化产业结构的优化和升级，文化消费对文化产业结构升级的推动力不足。

（五）文化消费设施布局不合理，难以支撑文化产业均衡发展

城市的文化消费设施直接影响和制约着城市居民的文化消费，郑州市也不例外，郑州市文化消费设施的不完善已成为制约居民文化消费和文化活动的关键因素。现阶段，郑州城市形象标志不明确、社区基础设施不完善以及文化消费设施空间分布不均等问题突出，这直接影响着居民文化消费的意愿及其满意度，在文化消费设施建设上，存在结构失衡、设施陈旧、供求矛盾突出等问题，一些高端文化消费设施虽然在建设，却仅能满足部分群体的需求，一些文化设施由于不是群众所需求的，长期难以发挥应有作用。

四 文化消费引导产业发展的重点领域

（一）深入开发特色文化旅游产业

要充分发挥郑州市文化资源优势，深入开发与物质文化遗产、非物质文化

遗产相关的旅游产业。所谓的深度开发并非过度开发，既要适度有序地开发文化资源的物质载体，又要大力发扬文化资源所折射出的丰厚的文化底蕴。具体而言，要重点开发嵩山文化游、黄帝故里游、黄河精品游等。同时，开发郑州所积淀而来的优秀的民俗文化，例如民间手工艺品、特色的节日庆典、民间舞蹈、土特产等民俗文化资源，做好民俗文化旅游产业的规划、开发以及评估。此外，注重戏曲资源的开发，光辉灿烂的戏曲文化是历史悠久的郑州文化的产物，对戏曲文化资源的开发既要使郑州民间艺术文化遗产得以传承，也要满足市民对戏曲文化的消费需求。

（二）扶持影视动漫产业转型升级

郑州的影视文化产业在充分利用本土文化资源优势的基础上，走出了一条郑州化特色的原创品牌发展道路，电影电视领域的发展均取得了产量和质量的双丰收。处于瞬息万变的影视文化产业发展的市场大背景下，郑州在今后的发展道路上需要进一步发挥本土的人才以及文化资源优势，充分利用政府的引导与支持，通过建设影视产业总部基地发挥产业的聚集优势，走郑州电影的本土化和特色化道路。另外，郑州的影视产业需要走国际化道路，"国际化"道路是"走出去"和"引进来"的复合体，在"走出去"的过程中，郑州一批优秀的本土影视作品像《念书的孩子》等斩获了国际电影节大奖，向世界展示了大量的郑州元素；"引进来"国际先进的拍摄手法和制作技术来武装郑州的影视文化产业。近年来，郑州动漫文化产业得到迅速发展，消费人群广泛、消费市场前景优越，但是动漫产品的播放与影响力仍然不足，因此要加大公共技术服务平台的支持，对动漫文化产业的扶持要立足于动漫产业体系的不断完善，根据动漫文化消费不断发展变化的现实，探寻郑州动漫文化产业未来的发展前景和方向。

（三）打造中部文化休闲娱乐产业之都

目前，休闲娱乐产业成为主导性文化产业，也是文化消费比重和文化效益最高的行业，成为推动文化产业发展的关键领域。因此，要积极规划休闲娱乐业的发展，以致力于建设中部休闲娱乐文化之都为目标，稳固文化产业的阶段性战略基点。目前，郑州主题公园及游乐设施展览会暨休闲娱乐产业博览会的成功举办，体现出休闲娱乐产业市场巨大的发展前景。通过挖掘、传承、创新郑州特色文化资源和娱乐元素，引入现代文化产业发展模式，郑州市充分整合郑州少林武术、黄帝文化、演艺节目、民俗艺术等资源，加快广播影视、演艺娱乐、新闻出版、动漫游戏、文化创意等重点文化产业的综合发展，通过高科技植入和文化活化增强郑州市的体验感和时尚感，创新打造文化娱乐之都。

（四）提升文化创意产业的整体水平

文化创意产业作为创意产业的核心，以创作、创造、创新为根本手段，以文化内容的创意成果为核心价值，以知识产权实现或消费为交易特征，为社会公众提供文化体验的内在联系的企业集合。未来要结合郑州地域文化特点和资源优势，创新发展理念，重点谋划动漫业、演艺娱乐业、数字出版业、广播影视业、文化旅游业等文化创意产业的发展，推动国家动漫产业发展基地（河南基地）、登封嵩山文化产业园区、郑州华强文化科技产业基地、新郑黄帝故里文化产业园区、石佛艺术公社文化产业园区等创意产业的发展。而致力于文化创意产业的提升首先要加快创意人才的培养，为郑州创意产业的壮大提供强大的人力支持。文化创意产业的发展壮大，满足了人们的多元文化消费需求，反过来又能够通过创意文化产品消费引导创意产业的提升发展。

（五）大力培育具有国际影响力的文化艺术精品

文化艺术精品具有极强的思想性、艺术性和观赏性，能够提升人们的消费水平，发挥消费的引导能力。郑州在培育文化艺术精品的过程中首先需要培育一批较高水平的文艺品牌，立足于文化历史遗产的深度发掘，扩大文化艺术精品的影响力和影响半径，将打造高质量的文化艺术精品与扩大文化传播紧密联系起来。紧紧围绕文化消费市场需求，推出一批精品舞台剧，打造文艺精品展示基地，培育创作团队，增强艺术精品原创性或独创性，在传承经典的基础上，通过对某些文化艺术精品的打造来填补特定艺术领域的空白，激发群众文艺消费热情，推动文艺精品"走出去"，提升国际影响力。

五　文化消费引导文化产业发展的具体对策

（一）树立正确合理的文化消费观念

科学的文化消费观念对于文化产业引导能力突出，其关系到引导文化产业的结构及预期发展方向。因此，要形成健康向上的文化消费观念，以实现自我全面发展为核心，以提高文化水平为手段，以适应社会发展水平为标准，以提高生活品质为目的，做到适度消费，不奢侈消费；理性消费，不炫耀消费；绿色消费，不浪费消费。从文化消费需求的实际出发，树立起正确合理的文化消费观念，为文化消费推动郑州文化产业发展打下基础。

（二）加强对文化消费的政策引导

文化消费作为一种社会化的消费活动，对其引导需要以健全的政策体系为支撑，无论是文化消费主体的消费能力的提高，还是文化消费对象素质的提升，都需要政府在政策导向上正确定位，要以增加居民收入水平作为提高文化消费能力的前提。同时，积极加大对文化产业的扶持和补贴力度，确保文化消费对象的生产和供给。通过税收等相关政策将部分文化消费活动中的外部成本转嫁给文化消费主体，促使文化消费主体以更加理性的方式来获取文化消费活动的收益最大化，以稳定文化消费市场秩序，健全文化消费市场体系。为进一步引导居民进行健康合理的文化消费，促进郑州文化产业科学发展，需批量印制郑州文化消费地图，通过多种形式免费向广大市民发放，为居民的文化消费需求提供充分的信息支持。

（三）培育新的文化消费热点

要适应当前城乡居民消费结构的新变化和审美的新需求，创新文化产品和服务，培育新的消费热点。随着居民收入水平的不断增加，精神文化产品和服务的需求也提高到了新的层次，消费热情在一定时间跨度内亟须满足，因此要对城市文化消费增长空间进行科学评估，充分发掘文化消费潜能，找到培育新的文化消费热点的方向，以保障文化产业的可持续性发展。而新的文化消费热点应追求一种品质型文化消费，提高文化消费热点的文化含量，以郑州旅游产业开发模式为例，要将文化历史游、民俗游、地方戏曲游以及美食游等特色消费热点培育起来，积极架构"走出去"的发展战略，将独特深厚的中原文化展现给世界，弘扬郑州的地方特色，从而培育新的文化消费热点。

（四）优化居民的文化消费结构

针对郑州文化消费结构失衡的现状，对消费结构的优化应从结构的形式和内容两方面出发着手。从结构的形式出发，把发展型文化消费作为现阶段文化消费结构中的主要消费形式，以消费整体水平的提高来带动郑州文化产业的发展；对享受型文化消费，则需要在提倡理性文化消费的基础上合理控制，从文化消费主体的现实情况出发加以引导。从结构的内容出发，充分利用新技术时代各种新媒体、新技术所蕴含的巨大消费潜力，不断扩展文化消费结构的内容，丰富文化消费结构的形式。要以文化产业结构的完善为物质基础，来优化居民文化消费结构，大力发展旅游、影视动漫以及创意文化等有益身心健康的文化产业，对休闲娱乐的定位应秉持着绿色、健康的合理消费理念，不断优化文化市场的消费环境。同时，缩小城乡文化消费结构的差异，通过文化惠民、文化下乡等举措，实现城乡文化供给的均等化，普遍提高基层群众的文化消费力。

（五）加大文化基础设施的建设投入

文化基础设施是文化消费的载体，也是文化产业发展的平台，要以建设国家公共服务体系示范区为目标，不断创新文化设施投入建设机制，积极争取中央对郑州市基础设施建设的投入，同时努力增加市级财政投入的比例，并通过财政资金的引导、示范、贷款贴息等方式，吸引社会资金投入到文化设施建设中。推进基层公共文化设施共建共享，整合基层宣传文化、党员教育、科学普及、体育健身等设施，建设综合性文化服务中心，保持公共图书馆、博物馆、文化馆等设施继续免费开放并深化内部改革，进一步推进科技馆免费开放的进程。加强商业性文化设施建设，推动休闲娱乐、工艺美术、古玩销售、创意文化等产业设施建设，建立以多厅多功能为发展目标的城市电影院，建设展现地域文化的主题公园，规划一批特色文化街区，通过文化设施建设，形成集学习、休闲、娱乐、体验、购物于一体的公共文化消费服务体系，提高居民文化消费的参与程度。

B.19
郑州市文化产业投融资现状及对策研究

秦海敏　熊项斌*

摘　要：

文化产业作为一种新兴的产业形态担负着促进产业转型升级的重大使命，具有非常广阔的发展前景。郑州作为中国八大古都之一，拥有丰富的文化资源，近几年文化产业建设全面推进，投融资力度不断加大，文化产业集聚发展得到实质性推进。但郑州市文化产业长期以来投资不足、融资渠道狭窄等问题突出，成为制约郑州市文化产业发展的"瓶颈"。因此，要进一步创新投融资的政策体系，化解郑州文化产业投融资存在的问题，不断提升文化产业发展能力，把文化产业打造成国民经济支柱性产业。

关键词：

郑州　文化产业　投融资

郑州市是中国八大古都之一，拥有黄帝文化、黄河文化、姓氏文化和武术文化等丰富的文化资源，是河南省文化产业布局最为集中的区域，具有独特的地理位置、便利的交通、完善的基础设施、发达的经济、先进的科技，发展潜力和空间巨大。但从总体上看，郑州文化产业还处于起步、探索阶段，以文化娱乐、文化旅游、新闻出版、艺术表演、文博会展等为主的文化产业，普遍存在投融资渠道不畅、资本结构不合理等问题，与先进省市文化产业的发展有着明显差距，与郑州市经济发展速度和文化资源大市的地位极不相称。文化产业

---

* 秦海敏，河南工业大学管理学院教授；熊项斌，中州大学副教授。

的大发展必须依托强大的资本支持，文化产业投融资体系是否健全、合理直接关系到文化产业发展的速度与规模。在文化越来越成为影响区域竞争力重要因素的背景下，郑州应尽快破解文化产业的投融资"瓶颈"问题，为文化产业发展提供有效的资金支持，以进一步增强郑州市文化软实力和综合竞争实力。

一 郑州市文化产业投融资现状

（一）政策支持力度逐步加强

国务院出台的《关于支持河南省加快建设中原经济区的指导意见》（国发〔2011〕32号，以下简称《指导意见》）将中原经济区定位为华夏历史文明重要传承创新区，并指出要加大金融对中原文化产业发展支持力度，加快文化产业投融资平台建设。这为郑州文化产业的发展带来了前所未有的契机，郑州市委、市政府把发展文化产业作为转变经济发展方式、调整经济结构的一项重要内容，将文化产业作为重点培育的支柱性产业，加强领导，加大投入，全力推进。近几年，郑州市委、市政府先后出台了《关于创新文化产业发展促进机制的意见》、《关于进一步深化文化体制改革，加快文化资源大市向文化强市跨越的实施意见》、《关于扶持动漫产业发展的若干意见》等文件，初步形成了财政、税收、金融等方面的配套政策体系，有力地推进了当地文化产业的发展。随着政府政策支持力度的逐步加强，郑州市文化经济总量持续扩大，对推动郑州市经济又好又快发展起到积极作用。据统计，仅2009~2011年就安排重点文化产业项目28个，完成投资达130亿元。在郑州市"十二五"文化产业专项规划中，投资10多个大型文化产业项目，总投资达300多亿元。"十一五"以来，郑州文化产业增加值年均增速在20%左右，占全省文化产业增加值的比重稳定在25%以上。2012年实现文化产业增加值236.7亿元（含个体），按现价计算比上年增长17.5%，增速高于同期现价地区生产总值（11.4%）6.1个百分点。文化产业增加值占地区生产总值的比重达4.3%，比上年增加0.3个百分点，对经济增长的贡献率达6.2%，比上年（3.5%）提高了2.7个百分点。

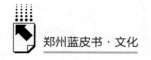

（二）财政资金渠道进一步拓宽

2010年起，郑州市财政每年至少安排3000万元文化产业发展专项资金、5000万元动漫产业发展专项资金，并逐年增加支持文化产业发展。这些优惠政策有力地促进了文化改革发展。为进一步促进全市文化产业发展，根据《郑州市文化产业发展专项资金管理暂行办法》，郑州市遴选了郑州市影剧公司、郑州魅力天成广告有限公司、郑州市曲剧团演艺有限公司、河南小樱桃动漫集团有限公司等38个项目作为2013年度郑州市市级文化产业发展专项资金扶持项目，分别给予贴息资金、补助资金、奖励资金扶持，重点加大对动漫产业发展的扶持力度，鼓励动漫企业做大做强。

（三）依托重点项目建设撬动民间投资

近几年，郑州市依托重点项目建设着力打造一批具有世界影响力的强势文化品牌，使之成为吸引社会资本投资的黄金招牌，扩大文化招商。郑州市从2009～2012年投资近50亿元着力打造新郑拜祖大典、《禅宗少林·音乐大典》一期及二期、郑州日报社印务发行中心、炎黄二帝巨型塑像、海洋馆二期、《大宋·东京梦华》、中原福塔、国家动漫产业发展基地、郑州华强文化科技产业基地项目等一大批重点项目，带动了文化产业民间资金投资，提升了文化产业档次和水平。比如，2005年以来，河南在黄帝故里新郑市连年举办拜祖大典，每年投入1000多万元深度开发黄帝文化，带动了当地文化旅游、文化教育、文化产业以及其他产业的联动发展。借此平台，2012年郑州市于拜祖大典期间签约项目总金额近800亿元；2013年拜祖大典期间仅新郑市就签订投资项目53个，合同总金额达476亿元（5000万元以上项目）。通过深圳文博会、杭州动漫节等会展扩大招商引资规模，引导撬动社会资金300多亿元投入38个文化产业项目。通过重点项目投资与建设，还为郑州市骨干动漫企业争取省级专项资金715万元、市级专项资金1914万元，促进了动漫产业、影视业、演艺业等快速发展，动漫企业数量占全省的95%以上，动漫作品制作总量位列中部地区省会城市第一名，《少年司马光》、《小樱桃》、《少林海宝》等成为具有极强影响力的品牌，并带动了相关衍生产业的发展。依托中原国际演艺中心项目，积极推动与央属文化企业和新濠国际发展有限公司等海外机构的合作，带动民间资金投资。

同时，在郑州市范围内征集到符合国家文化产业政策的融资项目 12 个，建立了"2012 年郑州市文化企业投融资项目库"，拟投资总额 104.2 亿元，融资总额达 21.3 亿元，取得了较好的效果。2013 年，郑州华强文化科技有限公司等郑州市多家文化产业骨干企业入围"河南省文化企业 50 强"和"河南省重点文化产业项目"，河南省文化厅在贷款融资、项目对接、资金申报、宣传推介、跟踪服务等方面给予优惠。

（四）文化产业园区投资加大

郑州市不断加大文化产业园区投资建设，促进了郑州市文化产业的规模化发展，已投资建设的登封文化产业示范区，园区内的一批重点开发少林禅武文化、儒学文化、道教文化和古代天文文化等重点项目建设正在加快推进，未来计划投资 100 多亿元。目前，登封"天地之中"历史建筑群申报世界文化遗产取得圆满成功；国家动漫产业发展基地（河南基地）投资 12 亿元，已经发展相对成熟，建设包括动漫研发、企业孵化、技术共享等全面的平台体系，园区能够容纳超过 300 家动漫企业；郑州动漫产业基地成功运营，华强科技产业基地也积极规划建设，目前投资超过 50 亿元，建设了 4 个科技产业基地、2 个文化体验基地。此外，绿博园、雁鸣湖风景区、黄河生态景区以及河洛文化基地等都在积极规划建设。嵩山文化产业示范园区、金水文化创意园区、石佛艺术公社产业园区、郑州西里路影像产业集聚区、郑州印刷产业园区等文化园区建设得到有力推进。由中南建设集团有限公司 2011 年签约投资 80 亿元建设的中南文化创意产业园项目，将带动郑州周边文化产业进一步发展。

二 制约郑州市文化产业投融资的因素分析

（一）政策环境有待进一步大力优化

从国家政策环境层面来看，我国相继出台了一系列的政策法规，但是因为具有一定专有性、排他性等问题，法规与文化产业的特性不相符，对文化产业的持续发展不利，尤其是还欠缺支持文化产业发展的财政、税收、金融等方面的具体政策和措施，而且与文化产业等新兴产业相关的制度、机制、法规、政策都还不完善，相关政策的协调性不足，政策之间存在错位，难以发挥协同效益。同时，文化产业市场化发展程度不够，很多产业难以融入市场进行公平竞争，尤其是中心企业发展的政策环境差，竞争能力不足。

（二）投融资渠道狭窄

要落实郑州市文化产业发展的战略规划和具体措施，需要大量的资金。但是，从融资渠道来看，郑州市文化产业的融资难度大，存在融资渠道狭窄、融资额度较低的问题，难以形成高度市场化的投融资渠道，缺少重量级的资本进入，特别对一些周期长、数量大、见效慢的文化产业领域，财政、社会等基金的融资不足，支持力度不够。郑州市文化产业的重点企业多数是由文化事业单位转制形成的，如文化艺术、新闻出版、广播影视等支柱产业，资金来源中政府投入仍占相当比重，绝大多数文化企业在之后的发展过程中仅靠自身积累，资产少、规模小、管理差、效益低，融资能力弱。目前，郑州市文化产业投融资环境尚不完善，投融资体制与文化产业的发展不相适应，加上民间资本成本较高，非公有制经济进入一些文化产业领域还存在一些制度性障碍。金融机构为文化产业提供融资的服务水平较低，尤其是结合文化产业特色的融资方式没有建立，以至于企业的实际融资规模非常小。受文化市场准入和退出机制的限制，外资进入更少。总的来看，郑州市获得的间接融资、直接融资的力度较小，融资力度远不能支持郑州市文化产业的发展。

（三）财税支持资金缺口依然较大，引导能力较弱

文化产业代表着一个国家、一个地区的"软实力"，但文化产业通常投资大、周期长、见效慢，必须依靠政府的资金投入。郑州市作为文化资源丰富的地区，还没有制定一套专门针对科学文化企业的财政扶持政策，经济投入总量

偏小，从各年财政支出情况看，文化产业财政投入绝对量在缓慢增长，相对量却没有较大变化，政府对文化产业的资金投入依然严重不足，财政投入缺口大，加上规模较小，难以支撑企业的长期发展，企业运作资本的能力不足，弱化了财政投入的杠杆效应。2012 年，郑州市公共财政预算支出中的文化体育与传媒支出为 10.9 亿元，比上年增加了 2.2 亿元，占公共财政预算支出的比重为 1.6%，比上年提高了 0.03 个百分点，但仍处于较低水平。在固定资产投资方面，2012 年全社会固定资产投资 3669.8 亿元，比上年增长 22.2%，其中文化体育与娱乐支出 40.0 亿元，所占比重为 1.1%，虽然比上年提高了 0.2 个百分点，但仍低于全国平均水平（1.2%）。另外，文化产业发展专项资金主要是通过补助、贴息、奖励 3 种形式，支持具有产业基础、有市场需求及有发展前景的文化产业或产业项目，众多中小文化企业很难获得。目前，出台的各种支持文化产业发展的税收政策，实质性支持力度明显较弱，尤其是大多数中小企业无法享受。

（四）金融约束较大

从间接融资来看，文化企业的间接融资规模较小，银行借款相对于其他行业微不足道。目前，郑州文化产业融资的金融工具相对单一，金融创新不足，与文化产业特征相符的金融产品缺乏，使企业很难通过有效抵押品获得银行贷款，因此也难以及时推动企业的成立与发展。目前，郑州市文化企业集团实力较强，还可以获取一定的银行贷款，但中小型文化企业获取银行贷款的难度较大。尽管河南省文化厅 2011 年与省工商银行、省农业银行、省建设银行签订《河南省文化产业政银战略合作协议》，签约的 3 家银行将在未来 3～5 年为河南省文化产业发展提供 300 亿元的信贷支持，但由于河南省文化产业点多面广，郑州市文化产业获得一小部分。近几年来，郑州市金融机构的贷款余额以及存贷差与存款余额的比例呈现逐年递增的趋势，由 2010 年的 28.45% 上升到 2012 年的 34.97%（见表 1），说明金融机构对企业的支持相对弱化，贷款增长与郑州市经济增长仍不协调。郑州市文化企业获取的银行贷款更是有限，远不能满足文化产业发展的需要。

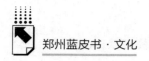

表1 2010～2012年郑州市金融机构存贷差占存款余额情况

单位：亿元，%

年份 \ 指标	金融机构年底存款余额	金融机构年底贷款余额	存贷差占存款余额比例
2012	10448.29	6794.13	34.97
2011	8964.87	6112.78	31.81
2010	7990.85	5717.55	28.45

资料来源：《河南统计年鉴》（2013、2012、2011年）。

另外，支持文化产业发展的政策性银行缺失，金融环境约束大。金融机构缺乏支持文化产业发展的创新机制，首先是贷款审批手续多、程序复杂、周期长，很难满足文化企业对融资时效性的要求；其次是金融机构对新兴的文化产业不了解，对文化企业业务不熟悉，针对文化产业的服务创新不够，影响了对文化产业的信贷效率和效益。

（五）资本市场融资规模小

利用资本市场发行股票和债券是企业获得直接融资的主要途径，但是，由于我国资本市场发展时间短，资本市场体系还不完善，郑州文化产业发行股票和债券获得直接融资难度较大。从上市门槛来说，我国法规有严格的规模限制，如主板和中小板首次公开发行上市，要求发行前股本总额不少于人民币3000万元，发行后股本总额不少于人民币5000万元；最近3个会计年度净利润均为正且累计超过人民币3000万元、最近3个会计年度经营活动产生的现金流量净额累计超过人民币5000万元或者最近3个会计年度营业收入累计超过人民币3亿元等。面对中小型高成长企业的创业板市场所规定的企业上市门槛，郑州市文化企业现有规模和财务状况很难达标，如IPO后总股本不得少于3000万元；最近两年连续盈利，最近两年净利润累计不少于1000万元，且持续增长；最近一年盈利，且净利润不少于500万元，最近一年营业收入不少于5000万元，最近两年营业收入增长率均不低于30%；发行前净资产不少于2000万元等。郑州市文化企业普遍起步晚、规模小，大多数文化企业都很难满足目前规定的上市融资的条件。目前，郑州只有中原大地传媒股份有限公司一家文化类企业上市，这也是河南省唯一的一家文化企业上市公司。郑州文化企业目前还没有通过发行债券等直接融资方式融资的，要充分利用资本市场发展文化产业还必须加大力度。

（六）民间融资成本较高

民间融资的秩序相对混乱，大多数的民间融资多是以追逐利益为目标，运营不规范、内容较为分散，甚至乱放高利贷，这对于中小企业发展极为不利，直接提高了融资的成本。据调查，中小企业在国有银行的贷款年平均利率为8.6%，而民间融资的平均利率高达15%~20%，这对目前盈利能力本来就比较低的企业而言成本极高，它们很难负担这么高的融资成本。企业自身的资金积累也是产业持续发展的主要资金来源，欧美发达国家一些企业内源资金有的高达70%以上，而郑州市文化类企业自身资金积累不足。与工商企业相比文化企业的效益比较低，特别是动漫数字媒体等新兴产业。2012年，郑州市文化、体育与娱乐业法人单位仅实现收入76.7198亿元、营业利润4.0906亿元，内源资金普遍严重不足。

（七）信用担保机构实力较弱

目前，郑州市已经初步建立了企业信用担保体系，并且在从事担保业务的基础上，许多担保机构围绕提升企业的信用能力，开展信用征集、信用评价、信用调查、信用咨询等业务。但是，这些担保公司大部分规模小、实力不强，且运作欠规范。在文化产业寻求投融资的过程中，保险咨询管理等中介服务机构本应是必不可少的大多数文化企业，就是由于规模问题或者财务问题，无法有效融资。如果文化企业融资能够得到高水平中介机构的扶持，融资能力和规模将会得到有效提高。

三　拓宽郑州市文化产业投融资渠道的建议

（一）完善文化产业投融资政策环境

一是尽快完善文化产业投融资政策法规环境。在文化产业投融资过程中，政策法规环境的制约因素也是企业融资考虑的一个重要方面。在国家层面，应完善文化产业投融资的政策法规环境，降低文化产业投融资环境的风险程度。郑州市各级政府应该根据本地的实际情况，按照河南省关于加快文化产业发展的精神，建立必要的政策激励机制，制定文化产业投融资的具体政策措施，对文化企业科技研发平台建设给予政策和资金支持，优化文化企业投融资法规、政策环境。比如，完善发展文化产业的资本市场准入政策，创新金融政策以提高各类金融机构支持文化企业融资的积极性，完善和落实能惠及更多文化企业的各种税收减免政策和财政扶持政策等，加强文化产业政策与投融资政策之间的协调，确保文化产业政策与金融政策结合。二是借助中原经济区建设，大力争取中央财政、河南省财政与科技融合资金支持等各项优惠政策。近几年，中央也进一步加大了对文化产业支持的力度，中央财政下拨 2013 年度文化产业发展专项资金 48 亿元，比 2012 年增加了 41.18%。郑州市面临国家和省政府大力发展中原经济区建设带动中原文化产业发展前所未有的机遇，要积极协同省政府，切实落实与财政部共同推进中原经济区建设备忘录，加强与中央各部委衔接，争取中央给予中原文化产业发展财税、金融支持等各项优惠政策的扶持。三是贯彻落实文化产业投融资相关政策。有关职能部门要尽快建立投融资的政策实施评估体制，监督政策的实施效果，确保政府投融资政策的引导作用。切实落实政府投融资、政策投融资与市场投融资的各项优惠政策，对资金到位情况和具体使用情况进行严格的监管。

（二）协调推进优势互补的文化产业投融资模式

目前，从郑州市文化产业的政府投融资、政策投融资和市场投融资等模式的运行效果看，投融资对文化产业发展的促进作用还远没有得到充分发挥。以"文化产业发展专项资金"主要形式的政府投融资与文化产业发展的资金需求相距甚远；政策投融资在具体落实过程中，没有有效地发挥相应的导向作用；市场投融资虽然带动了一批大型文化产业项目，但民间资金的优化配置作用没有凸显。所以，应积极推进政府投融资、政策投融资和市场投融资有机结合的投融资体系协调发展，有效拓宽文化产业融资渠道，优化企业资本结构，提高文化产业的融资能力。政府投融资应合理定位政府作用，加大文化产业财政资金投入力度，增加文化产业发展专项资金的额度，强化引领和导向作用，带动民间资金参与，提升财政资金投融资质量，对于以政府财政投资为主的非营利性公益文化行业，即政府必须提供的公共产品或准公共产品，如图书馆、博物馆、纪念馆、科技馆、文化馆、美术馆、国家与省市重点文物保护等基础性领域，还要注重解决政府投资结构的二元分化问题与区域不平衡问题。政策性投融资应当突出重点项目、优势项目和竞争力强的项目，对那些创新性强、技术含量高的文化创意项目，应予以更多的政策倾斜，培育有影响力和知名度的文化品牌。同时，更应重视发挥市场机制的调节作用，必须严格依据市场规则运行，发挥市场投融资模式引导资源优化配置的优势。

（三）建立多层次、多元化融资机制

一是建立文化产业投融资助推机制，实现资本市场与文化市场的有机结合，除了政府财政直接拨款外，还可以通过组建专业文化投融资平台、设立文化产业投资基金等鼓励引导金融资本、民间资金向文化产业合理流动，拓宽文化企业筹措资本的渠道，以形成国家财政资金、非银行金融机构资金、其他法人资金、银行贷款、股票投资、风险基金等多层次与多元化投融资通道，吸引更为充裕的资本进入文化市场。二是搭建文化市场与金融市场的对接平台。《河南省文化产业发展战略重点方案》强调要充分发挥郑州金融中心作用，围绕文化产业发展战略重点，鼓励金融创新，构建满足不同类型、不同成长阶段文化企业需求的金融产品和服务体系，支持文化产业快速发展。国家开发银行、中国工商银行河南省分行、中国农业银行河南省分行、中国建设银行河南省分行等虽然与河南签订了相关文化产业政银战略合作协议，但要切实落实还需要文化厅等相关部门、机构中介充分发挥平台作用，尽快建立融资担保保险制度，积极开发和创新适合郑州文化产业发展的金融产品和服务，建立发展文化产业政策性银行，并继续争取世界银行、亚洲开发银行、联合国教科文组织等相关国际机构的大力支持。三是着力提升郑州市文化企业投融资能力。一方面，要培育一批实力雄厚、具有较强竞争力和影响力的大型骨干文化企业，积极推动龙头骨干企业上市融资，加快文化产业战略重组，在出版、发行、演艺、动漫、影视、旅游、网络文化数字节目制作等领域发挥龙头作用，引领和

带动文化产业整体投融资能力。另一方面，积极发展民营和中外合资文化企业，促进文化企业改制，建立健全现代企业制度，塑造市场化的投融资主体，使其能够承担由市场化带来的投融资风险，成为自主经营、自我发展、自我积累的市场运营主体，发挥市场在优化配置郑州市文化资本中的作用。四是进一步发展壮大郑州资本市场，促进文化产业和资本市场全面对接，不断提升多层次资本市场的直接融资作用，支持符合条件的重点后备文化企业的优先上市安排，以债券融资、股权融资、参股控股等方式融资，推动风险投资者对有市场潜力的创业期文化企业提供风险投资基金支持。

（四）构建文化产业投融资配套服务体系

尽快构建文化产业投融资配套服务体系，助推文化产业投融资良性发展。一是建立文化企业信用担保体系，加强文化企业投融资信用信息库建设。从政府的角度来说，以银行的信息网络为基础，收集统计各方面的信息资源，主要建立银行、文化企业、信用担保机构3方面的信息网络，适时地为3方面提供资金短缺信息，有针对性地提供政策支持。推动民间资金参与担保，建立规范化的担保公司和集团，政府作为信用担保主体，引入商业担保、互助担保等内容，形成综合性的互助担保体系。要积极建立投融资的风险补偿机制，可以成立为政策性担保机构提供补偿的市级再担保机构。在市级财政支出中，可以设置专门的风险补偿基金，来弥补政策性担保的损失。二是大力建设文化产业投资信息服务平台，完善文化产业融资政策，积极与政府扶持文化产业的政策衔接。完善文化产业咨询服务平台，通过定期或不定期组织文化产业项目推介信息发布会等，促进金融机构与文化企业的双向对接，吸引有实力的企业和民间资本投资文化产业，为实力雄厚的企业和社会资金进入文化产业领域提供服务。三是加快信用担保权交易无形资产评价等中介服务体系，规范优化文化产业交易环境，进一步完善文化企业贷款的无形资产评估、质押相关管理办法，为文化企业利用无形资本融资创造条件，确保文化产业的知识产权转化为内生收益，提升企业内源融资能力。

B . 20

郑州市文化产业促进机制建设研究

熊 壮 全 丽*

摘 要:

文化产业促进机制是全面深化改革的重要举措,是推动文化产业跨越式发展的动力,在新形势下必须不断创新文化产业促进机制,以全面提升文化产业发展质量。本文系统总结了郑州文化产业促进机制的现状,找出了机制创新中存在的问题,并提出了推动郑州文化产业促进机制发展的建议。

关键词:

郑州 文化产业 促进机制

党的十八大明确提出,要"加快完善文化管理体制和文化生产经营机制,基本建立现代文化市场体系,健全国有文化资产管理体制,形成有利于创新创造的文化发展环境"。新形势下建立完善的文化发展推动机制,形成良好的文化产业发展的外部环境,推动文化产业提升发展,是当前各地区面临的重大问题。郑州市文化产业正处于转型发展阶段,文化产业类型丰富,创意能力提升,竞争力不断增强,但是仍然存在一些问题,需要通过深化文化产业促进机制,形成强大的内外推动力,以激发文化产业的发展活动,推动郑州文化产业跨越式发展,打造国家级文化产业创新发展先导区。

一 建立健全文化产业促进机制的现实意义

在文化大发展大繁荣的背景下,建立健全文化产业发展机制,能够有效

---

* 熊壮,中原工学院信息商务学院助教;全丽,中州大学讲师。

贯彻落实国家相关要求，激发文化产业发展活力，推动文化产业全面转型升级。

（一）贯彻国家关于文化发展机制创新要求的举措

自党的十七届六中全会提出文化大发展大繁荣的总体要求以来，国家高度重视文化建设，十八大、十八届三中全会和中央思想宣传工作会议对文化建设提出了明确要求，尤其强调要加强文化体制机制的创新，确保社会主义先进文化的前进方向，丰富人民精神世界，增强人民精神力量，满足人民精神需求，建设社会主义文化强国，增强国家文化软实力。郑州市作为中原经济区核心区和华夏历史文明传承创新的核心区域，面临着文明传承与文化繁荣发展的重要任务，但是当前随着经济快速发展与社会转型，人们的思想、价值与文化需求日益多元，这给转型中的郑州提出了更高的要求。因此，要进一步统筹推进文化建设和产业发展，不断创新文化产业发展的促进机制，认真贯彻落实国家的要求，把郑州建设成国家文化创新发展的先导区。

（二）激发文化产业发展活力的重要手段

总体上看，中国文化产业已经进入了一个快速发展时期，但是仍然存在市场化程度低、文化规模效益不足、文化附加值低等问题，导致这些问题产生的关键是体制机制改革不足，体制机制不适应文化产业发展的需要，制约了文化产业的市场化运行，以至于文化产业的活力不足。为此，国家成立了文化产业发展和体制改革工作领导小组，全力推进文化产业体制机制改革，党的十八届三中全会又明确提出"完善文化管理体制、建立健全现代文化市场体系"。目前，郑州市文化产业的业态相对单一，产业化发展规模及创新能力相对不足，文化产业发展活力亟待激活。因此，加快建立更加系统的文化产业运行、推动和激励机制，有利于提升文化产业创新创意能力，激发文化产业活力，打造成国民经济支柱型产业，开创郑州文化产业繁荣发展的新局面。

（三）适应文化产业发展规律的内在要求

加快推动文化产业的跨越式发展，必须认真研究并承认文化产业的发展规律，依据规律来制定政策和制度。而长期以来文化建设过于突出文化事业的公共属性和文化产业的运作体系，存在管理制度以及法人结构不完善、含糊不清的问题，尤其是文化产业缺少与市场接轨的体制机制，文化产业仍然依靠"计划"运行，这种传统的计划经济体系下的思维模式不符合文化产业发展规律，必须改变传统的思维定式，加大改革力度，建立健全与产业发展需求相适应的机制。对郑州而言，应积极转变文化产业发展思维，坚持全面深化体制机制改革，建立起与市场经济发展、时代需求相适应的产业政策和促进机制，有利于切实推进文化产业的跨越式发展。

二 郑州文化产业发展现状与机制创新的主要做法

（一）郑州市文化产业发展进入加快发展期

郑州市高度重视文化产业的发展，通过政策支持、文化体制改革、文化品牌打造、产业集聚发展等措施，文化产业进入了加速发展期。文化产业经营单位快速增加，2012 年，文化法人单位达到 7242 个，比 2011 年增加 2376 个。文化总量持续增大，2012 年底文化产业增加值 236.7 亿元，比上年增长 17.5%，在河南省居于第一位，对经济增长的贡献率达到 6.2%。2012 年，文化产业从业人员达到 21.2 万，文化产业从业人员人均创造增加值 11.2 万元，比 2011 年 10.2 万元提高了 1 万元。郑州市始终坚持以市场为导向、以资本为纽带、以项目为载体、以文化体制机制改革为突破口，大力推动技术创新、资源整合和布局优化，使文化产业产值逐年增加，不断加快文化资源大市向文化强市转变，文化产业逐渐成为郑州经济腾飞的新支点和人民生活品质提升的助推剂。

（二）文化产业促进机制持续改革深化

文化产业促进机制是指推动文化产业良好运行的外部机制，涉及文化管理、投融资、产业统计、人才队伍、项目推进等多方面，是助推、促进文化产业发展的外部制度。郑州市高度重视文化产业促进机制的改革和创新，逐步形

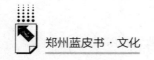

成了一套促进文化产业发展的工作机制。

1. 文化体制改革成效凸显

郑州市文化体制改革从 2005 年开始部署安排，2012 年完成了国家和省委要求的阶段性任务，将郑州市文化产业发展和文化体制改革工作领导小组更名为郑州市文化体制改革和发展工作领导小组，由市委副书记担任组长，常务副市长、宣传部长和主管文化的副市长担任副组长，并明确了郑州市文化体制改革和发展办公室的工作职责，进一步加强了对文化改革发展工作的组织领导。郑州歌舞剧院、郑州市豫剧院、郑州市曲剧团等转企改制，分别成立了新的公司，新郑市、登封市、荥阳市、巩义市、新密市和中牟县所属的 6 家豫剧团撤销，分别组建豫剧艺术传承和研究单位，完成了有线电视网络整合和电台电视台合并，郑州人民广播电台、郑州电视台合并工作，两台合并后成立郑州广播电视台。

2. 文化产业投融资机制逐步完善

郑州市为大力发展文化产业，引导支持文化产业做大做强，下拨了 3000万元的郑州市文化产业发展专项资金，用于扶持和奖励文化企业发展，专项资金由市财政局会同市文化产业发展和文化体制改革工作领导小组办公室管理。为推动全市动漫产业发展，市政府下拨了 5000 万元支持郑州市动漫产业发展的专项资金，以鼓励动漫企业原创动画漫画作品的播出、演出和发行。大力引入文化企业，加大招商引资力度，与深圳华强集团合作，建立了郑州华强文化科技产业基地。相继成立了郑州商都文化投资建设有限公司、郑州金宝文化艺术品投资有限公司等，通过市场化运作方式，推动传统文化资源的开发利用。同时，积极吸纳民间资金进入文化产业领域，推动文化产业的市场化。

3. 逐步完善文化产业发展的数据统计机制

郑州市建设了文化产业统计指标体系，成立了由市委宣传部和统计局牵头，由各相关居委会参加的文化产业统计调研领导小组，开始加强对文化产业工作的统计和研究，对法人单位数量、产业增加值、从业人员规模、产业结构等进行了全面统计，并每年都会对产业发展总体情况进行研究，形成文化产业报告，找出文化产业发展中存在的问题，提出科学的对策建议。不仅可以科学检测郑州文化产业发展情况，而且可以通过数据比较，探索郑州文化产业发展的基本规律，为未来文化政策的制定提供保障。

4. 项目推进机制不断完善

郑州市为加快重大文化产业项目的建设，制定了严格有效的项目推进机制，采取月例会、周汇报的形式，集中解决项目建设中的重大问题，并建立健全了监督考核制度，对项目建设进行跟踪监督，对问题解决的效果进行考核，有力地推动了郑州文化项目建设，郑州华强文化科技产业基地、黄河生态旅游风景区、绿博园、中牟雁鸣湖风景区、巩义河洛文化区等持续推进，一些项目建设完成，《禅宗少林·音乐大典》、炎黄二帝巨型塑像、黄河碑林一期、点点梦想动漫城少儿职业体验馆、康百万庄园保护与开发、杜甫故里开发等一大批项目相继建成，通过科学有效的推进机制，园区建设、企业发展、品牌培育等方面都取得了突破性进展，形成了具有鲜明郑州特色的文化产业体系。

三 郑州文化产业促进机制建设方面存在的不足

文化产业发展的体制机制性障碍依然存在，主要表现在以下几个方面。

（一）文化机制改革力度需要进一步加大

郑州市文化体制改革虽然取得了阶段性成果，但是工作机构、机制和人员仍然相对缺乏，尤其是各县（市、区）的改革相对缓慢，一些地区没有专门的办事机构，文化体制改革的力度较慢，个别地区对文化体制改革重视不够，文化产业发展促进机制不完善，虽然省、市都出台了文化产业发展的政策，但是地方的政策创新性不强，思想观念滞后，难以适应时代需求，不少政策还停留在文件上和口头上，没有认真落实，而且一些地方未把文化产业发展纳入考核体系中，没有形成明确的目标和任务，监督和推进速度较慢。一些地区改革缓慢，很容易政企不分、政事不分，也导致行业管理成本较高。由于部门多头管理、交叉管理存在，一些职能机构对文化企业单位及相关主体的活动过多干预，不仅使职能方面的越位、缺位、不到位问题存在，降低了行政效能，而且使文化市场主体缺乏活力，文化产业创新创意能力不足。

（二）文化市场培育机制不完善

文化市场作为经济整体的一部分，遵循市场经济一般规律的同时，也会有自身的独特运作规律，因此在文化市场培育和建设构成中，要形成与文化市场相适应的机制。文化市场生产要素的培育和资源配置，还不是完全由市场需求及价格决定的，政策性的管治在少数领域还存在，例如多媒体技术、数字网络技术等市场化水平不高。文化市场的经营门类不健全，一些图书馆、博物馆、群艺馆等，基本上都属于政府管理，市场化程度低，缺乏与社会和市场的有机融合。文化市场管理机制不完善，管理理念相对落后，难于把握文化市场的管理和服务特有规律，抑制了一些新兴行业的发展。此外，文化市场建设仍然缺少长期发展规划，立法相对滞后，部分法规操作性差，对盗版、非法出版等不法活动打击力度不够，以至于文化市场服务水平不高，文化监管的机制不完善，导致项目发展缓慢，企业发展空间狭小，从而制约了文化市场的繁荣发展。

（三）文化产业的投融资机制不活

文化产业投融资是为从事文化产品生产和提供服务的营利性产业采取的筹资行为，主要包括公有资本、民间资本、国外资本等的投融资。目前，郑州市主要依靠政府投入为主，文化产业还未形成全方位的投融资格局。政府虽然每年都有文化产业专项扶持资金，但是在文化产业中的财政投入仍然不足，难以发挥引导和保障作用；而且郑州市文化产业扶持资金远少于发达城市，因此对文化企业的引入、培育的引力不够。同时，存在民营资本投入不足，中小企业融资难问题突出，目前郑州市缺乏理想的引导民营投资的环境和机制，高端文化产品被少数企业垄断，民营资本、中小企业进入的多是低端文化产业，因此民营资本逐渐脱离了文化产业。文化产业投融资的风险化解机制缺乏，由于市场需求的不确定、文化产品生产周期长、产品复杂多元化，文化产业具有较高的风险，尤其是中小企业投资大、化解风险能力低，这种情况下一些担保公司、融资租赁公司也不会给中小企业贷款，也阻碍了中小文化企业的发展。

（四）文化产业的人才培养机制有待加强

文化人力资源的培养与开发是提升文化产业发展水平的保障，是文化产业增加的关键。然而，就郑州市当前文化产业发展现状以及从业人员的整体素质而言，高素质的专业文化人才、复合型文化人才、创新文化团队缺乏，它们已经明显制约了文化产业的持续发展与产业核心竞争力的提升，这主要是文化人才的培养机制不健全所致。主要表现在文化人才的培养方式单一，目前文化人才主要采取学校化的教育模式，与文化企业的合作培养较少，以至于一些毕业生不能适应企业的现实需求，而现有的文化人才接受再教育的机会少，技能水平和创新能力难以提高。文化产业人才的激励机制也不健全，郑州缺少激励创意、创新的机制及评价标准，以至于文化产业人才的发展空间缺乏，尤其是年轻的文化产业人才的成长需要更多的支持和激励，目前仍然缺少相关机制，企业的人力资源开发层次较低，仍然限于低层次的人力资源工作，开发和管理手段都相对滞后，不利于人才的培育和开发。而且，由于文化产业还未形成核心产业，高校对文化产业及人才的培养重视程度不够，文化人才缺乏已经成为现实，因此研究文化产业人才培养机制、提高文化产业人才培养水平和从业人员整体素成为关键。

四　进一步建立健全郑州市文化产业发展促进机制

从文化产业发展的总体现状来看，郑州市已经进入了一个加速、有序和全面发展的阶段，而且随着市场在资源配置中的作用日益增强，必须加快建立与市场相匹配的、富有效率和活力的促进机制，以便更好地贯彻落实国家关于文化体制机制改革的要求，激发文化产业的内在活力，推动文化产业科学发展、持续发展。

（一）持续完善文化产业的统筹协调机制

协调机制是推动文化产业发展的基础，文化产业的协调发展机制要创新思维、解放思想，适应新形势下文化产业发展的规律和需求，不断创新发展，加强基层文化产业的促进机制建设，增强统筹协作能力，进一步推进全市文化产业促进机制建设。一是完善文化体制和发展办公室功能，增强协调和统筹解决问题的能力，推动一些县（市、区）设置文化产业发展办公室，落实机构、编制和人员问题，进一步推进文化产业和文化体制改革。二是建立部门之间的协作机制。加快推进文化产业发展，要形成党委领导、政府组织实施、宣传部门协调的格局，尤其是行政部门要加强相关政策的落实，职能部门之间要密切协作，形成推动文化产业发展的合力。三是要制定文化产业促进机制创新的方案。要增强体制改革和机制建设重要性和紧迫性的认识，消除抵触、为难情绪，形成主动推进改革的自主性、积极性，尤其是要结合郑州实际，组织专家深入研究，制定市级文化产业促进机制实施方案，明确机制建设思路、方向和任务，形成具有全局性和前瞻性的实施方案。四是要建立推动文化产业跨越式发展的评价机制。把文化产业发展质量考核纳入地方党委、政府的目标考核体系中，制定科学、合理的考核指标和考核方式，把考核结果作为评价地方发展水平及考核领导干部的主要内容。

（二）强化文化改革的推动机制建设

十八届三中全会明确提出"按照政企分开、政事分开原则，推动政府部门由办文化向管文化转变，推动党政部门与其所属的文化企事业单位进一步理顺关系"。因此，要加强文化体制改革步伐，强化文化改革的推动机制建设。一是全面推动经营性文化单位的转企改制，加快推进文艺院团、新闻网站和非时政类报刊的转企改制工作，对于已经转企的郑州影剧院、郑州新华书店、小小说文化传媒有限公司等，要完善法人治理结构，建立起现代企业制度，形成合理的文化市场主体。二是建立现代文化市场体系。按照十八届三中全会的要求，完善市场准入和退出机制，推动企业的集团化、规模化发展，尤其是要推动动漫、旅游等优势产业的规模化、集约化发展，同时加大对中小企业的扶持力度，使各类市场主体公平竞争、优胜劣汰。三是加快推动文化中介产业机构的发展。结合郑州文化产业优势和特色，加快推进文化贸易代理与拍卖服务、文化经济代理服务、文化艺术经济代理等中介发展，培育一批诚实度高、服务质量好的文化中介组织，拉动文化产品消费，发挥其在促进文化产业和文化市场繁荣发展中的作用。

（三）完善文化产业的投融资机制

郑州文化产业实现转型和跨越式发展，必须严格按照市场经济规律的要求，发挥市场在资源配置中的积极作用，坚持"市场运作为主、政府扶持为辅"，形成多层次、多元化和多渠道的投融资模式，着力解决郑州文化产业投融资不足的问题。一是形成多元化的投融资方式。组建稳定的文化产业专业投资公司，整合市级文化部门及骨干企业，试点建立市级文化产业投资集团。积极发展合作型的文化产业投资机构，鼓励国内外合作和公私合作，积极引入民间资本，鼓励个人和集团、家族企业合作，推动个人和投资者向文化产业投资公司融资。鼓励上市公司和集团投资文化产业，以扩大社会文化产业资金的来源。二是发展多样化的投资方式。充分发挥市场的决定性作用，形成多元化的融资机制，为郑州文化产业投资主体创造多样化的投资机会和方式，使不同规模的资本主体能够依据经济能力选择合适的投资方式，并能够通过合作方式参与到文化产业发展中，在具体的投资方式中，可采取股份制模式，通过土地入股、技术入股、创意入股等方式，引入多种优势资源进入文化产业发展领域，提升文化产业发展的软件和硬件设施资源，创新文化企业的投资方式。三是建立产业项目投融资的评价机制。加强对郑州文化产业无形资产的评估，通过建立资产评估机构、评价体系，为文化产业无形资产进行评估，解决企业难以通过文化产品贷款的问题。要设置投融资服务平台，通过设置投融资推介会、洽谈会等，为特色文化产业项目提供融资平台，负责与金融机构、企业集团进行融资沟通，为文化类企业提供融资平台。建立文化企业的信用担保体系，通过建立郑州文化担保公司，为文化企业向金融机构进行贷款提供担保，鼓励企业、民间资金融入担保机构中，形成多层次信用担保体系。

（四）完善重大项目推进机制

对于文化产业重大项目要强调宏观指导，坚持在文化产业跨越式发展与文化强市的高度来抓好文化产业项目，实现重大项目指导、协调和督导的常态化。一是加大资金和政策支持力度。对创新型、生态型、可持续能力强的重大文化产业项目要加大扶持力度，完善土地、财政、税收等方面的优惠和扶持政策，对效益突出、税收贡献大的文化企业给予奖励，提升文化企业发展的主动性，推动企业的规模化发展。二是建立科学的服务机制。对于重大文化项目推进工作，要注重主动服务、主动解决问题，形成良好的项目建设环境。对项目运行规律要深入研究，制定项目建设的规划，完善相关制度，做好前期准备工作，办好相关手续。建立文化产业重大项目联席会议制度，可由宣传部门牵头，财政局、发改委等相关部门参加，定期或不定期地召开会议，研究国家、省文化发展政策，确定市文化产业发展方向、政策和产业规划。不断提升服务水平，县（市、区）文产办要主动上门服务，定期召开协调会，做好统筹协调工作，及时解决项目推进中的问题。三是完善监督管理机制。重大项目实施领导分包项目责任制和项目化管理制，对项目推进工作进行严格问责，明确工作的思路、要求、计划、任务和时间表，在各个环节实现全面跟踪监督，确保计划的有效落实。建立周例会、月报、季通报制度，及时掌握项目的展开情况和项目进展情况，建立市、县两级的文化产业项目储备库，对项目库实现实时、动态的管理。

（五）创新文化产业人才培养机制

文化产业的发展离不开文化产业人才资源开发，人才是推动文化产业发展的重要支撑。因此需要不断完善人才培养的工作机制，为文化产业人才的培养和发展创造良好环境，培育一批郑州文化产业发展的急需人才、高端人才和复合型人才。一是把文化产业人才培养纳入郑州市人才队伍建设规划中，多渠道筹集文化产业人才培养资金，加大对郑州市文化产业人才培养的投入力度，加强对复合型人才的培养，重点加大在旅游、影视、动漫等领域的投入力度，设立专项文化产业教育基金扶持人才培养和开发。二是结合市场需求，进行产业人才培养。人才培养要围绕文化产业的发展趋势、企业管理能力提升、科技创新能力培养等，培养一批综合把握能力和实际操作能力强的复合型人才。同时，要运用现代的理念，结合产业运行模式、现代技术等，在具体实践、操作中培养合格的文化产业技能人才，以适应市场需求。三是形成产、学、研结合的人才培养体系。扩宽文化产业人才培养渠道，通过政府引导社会力量参与，建立文化产业的人才培养基地，开办高端人才的研修班，开展经理人培训等，吸纳全社会力量参与到人才培训中，形成人才培训、学历教育、实践训练、技术创新为一体的产学研基地。四是加强文化产业人才的继续教育。市场需求及技术革新的速度较快，郑州市必须适应新形势下的需求，推动产业领军人物、管理人才的深造，因此可利用网络培训、学校委托、出国再教育等方式，加强对郑州市文化产业人才的继续培训。五是全面改革文化产业人才激励机制。对突出贡献的人才要加大奖励力度，对急需的拔尖人才、高层次的文化管理人才要提供优厚待遇，对科技创新人才实行年度奖励，营造尊重人才、尊重知识的良好氛围，提高文化人才对产业发展的贡献率。

（六）建立资源整合机制

郑州市文化资源丰富，文化业态多元，但是文化布局较为分散，产业的规模化不足，导致竞争力不强。因此，需要进一步整合市域范围内的文化产业资源，形成综合性的多功能文化产业模式，实现产业之间的整合、开发、协调、互补。一是整合产业资源。结合郑州市文化产业的特色，发挥交通、人才、技术等优势，整合目前相关产业间资源，尤其是推动动漫、旅游、影视等产业的集聚，形成产业园区、特色产业对接发展和产品流动等模式，推动产业的规模化、专业化和集约化发展。二是建立园区合作发展机制。各县（市、区）的园区要确立特色发展道路，确立适合本区域的特色产业，同时要加强相关园区的合作，建立园区联络机构和常态化的合作机制，通过政府引导建立以资源融合、信息共享、技术协作等为内容的对接机制。三是建立文化协同的平台服务机制。建立文化产业公共服务平台，为产业发展提供信息、技术等服务，搭建推动文化产业发展的重要平台。要建立市级综合性文化产业公共服务平台，为区域合作、信息共享、技术协作提供载体。要通过推动金水、登封、航空港区等内的企业和园区之间合作研发，创建各类型的文化产业公共服务平台，以协作和融合来推动文化产业的发展。

B.21
运用地域特色文化提升
郑州城市内涵研究

史 蕊 罗来军*

摘 要：

一个城市的内涵对城市发展具有重大意义，是促进城市经济、社会与人和谐并可持续发展的重要因素，而城市的特色地域文化是打造和提升城市内涵的重要手段。郑州作为我国八大古都之一，具有得天独厚的历史文化资源，形成了郑州的特色地域文化。目前，郑州市正处于城市转型升级阶段，充分利用其特色文化打造与提升城市内涵，对提高城市发展质量和城市竞争都具有重要价值。

关键词：

郑州 城市内涵 特色文化 城市规划 文化产品

一 引言

城市作为一个复杂的庞大系统，不仅是高楼大厦林立等的简单罗列，更是丰富的建设艺术，是人文与自然环境、文化艺术活动、旅游观光、休闲娱乐等与城市现代文明的和谐与统一。对一座城市而言，布局相当于城市的结构骨架，经济发展相当于城市的血肉，城市内涵则是城市的灵魂。城市内涵对城市发展具有重大意义，是城市形象塑造的生命，那些没有个性的城市就没有生命力，良好的城市内涵使这座城市具有独特的意象和亲和力，具有良

---

* 史蕊，河南财政税务高等专科学校讲师；罗来军，中国人民大学经济学院副教授。

好的城市形象。因此，加强城市内涵建设，有利于居民素质的提高，有利于市民文明风气的形成，有利于形成和塑造美好的城市形象，从而促进城市可持续发展。把特色地域文化融入城市，是提升城市内涵的重要手段。郑州作为我国八大古都之一，历史悠久，文化丰富，有距今 8000 多年的裴李岗文化，也有黄帝文化、少林文化、河洛文化等多种类型的黄河文明和文化古迹，这些都是郑州所拥有的特色地域文化。如果把这些文化有机地融入郑州的城市规划和发展之中，能够积极有效地提升郑州的城市内涵。目前，郑州市正处于城市转型升级阶段，依托特色文化塑造形象、提升内涵，对提高城市发展质量、提升城市竞争力都具有重要价值。因此，本文从郑州市特色文化资源概况出发，着重对郑州特色文化运用的现状、存在的问题进行了分析，提出了以特色文化提升城市内涵的对策建议。

二　特色文化对提升城市内涵的战略意义

（一）特色文化对城市生态环境起着不可低估的矫正作用

城市是区域的经济、政治、文化中心，是人类对地球作用最活跃的地方，这种作用有正向的和负向的两种。正向的作用有利于人类的可持续发展，负向的作用则是破坏性的。城市生态环境是人工化形成的生态系统，是人与自然矛盾最尖锐的地方，因此这种环境非常脆弱。现代城市经济高速发展，在此过程中所带来的现代城市病给人们生活带来破坏性的影响，为了保护我们的家园，各国都在采取各种方法来建设美好生态家园。目前，建设"生态城市"是城市可持续发展的主要目标之一，城市生态环境问题的产生有其深刻的文化根源，是由于人们精神追求比较少，文化观念相对落后，缺乏整体观念和长远目光，对城市和生活环境的理解往往还停留在物质层面这种表层现象上，对文化观念对城市生态环境的影响缺乏足够的重视，从而忽略了城市文化环境的建设，造成了现代城市精神文化的极度贫乏。郑州也存在这种问题，在日常生活中，不文明行为处处可见，人们的素质亟待提高，因此，加强郑州城市特色文化建设，传播运用丰富厚重的文化特色，能够提

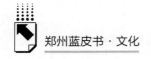

高城市人群的精神文明水平。郑州地区传统民风如包容、开阔、淳朴等特点应该在当今时代继续发扬与深化，建设与打造具有中原特色的城市生态环境。

（二）特色文化是城市形象塑造的重要物质基础

城市的发展不能只看到城市经济的增长、城市规模的扩大和城市化水平的提高等表象，我们更应该强调的是社会的文化结构、人的全面发展、人的基本需求和生活质量的提高。要实现城市的全面发展，归根结底必须依赖人的价值观念的改变、思想文化素质的提升，要推进城市的现代化进程必须先实现城市文化的现代化。正如一个只有经济高速增长而文化相对落后与贫乏的国家不可能是现代化的国家，一个只有经济的增长而文化贫乏的城市不能称之为现代化城市。一个城市的文化内涵是该城市的灵魂，其中特色文化又是城市文化的基础，城市文化的生命力存在于城市的特色文化之中。加强城市的特色文化建设可以增加城市魄力，提高城市品位，丰富市民生活，扩大城市外界影响力，带动经济增长，增强经济实力和综合竞争力等。由此可见，城市特色文化在城市建设与发展中起着重要的作用。

（三）特色文化是提升城市内涵的宝贵资源

在城市发展进程中，文化的作用不可低估，是城市现代化的关键所在，也是城市综合竞争实力提升的标志，我们必须通过建设城市特色文化来促进现代城市的发展。城市特色文化可以将城市内部力量统一起来，形成特定的价值标准、道德规范、历史传统或文化观念等意识形态，从而增强市民的向心力、凝聚力与竞争力。城市形象是城市文化在景观形态上的综合反映，使城市文化得以展现。特色城市文化影响了人们对城市的环境、造型、色彩、技术、社会等各方面形象的塑造，城市特色文化是各城市呈现风采各异的内在决定因素，也是城市的魅力所在。特色文化在城市形象的各个方面都深深地打上了区别于其他城市的文化烙印。特色文化是郑州特有的文化传统，不易被其他城市效仿，是塑造郑州城市形象极其宝贵的战略资源。

三 郑州特色地域文化的类型及含义

郑州历史悠久、文化类型丰富，既古老又年轻，既丰富又单纯，既传统又现代，既综合又独具特色，融历史古都与现代化城市于一体，这些独特的文化对城市形象塑造、内涵提升有着重要的价值。

（一）悠久的古都文化

悠久的历史产生灿烂的文化，史前文化、夏商文化、先秦文化是郑州特色文化之根，也是郑州成为"国家历史文化名城"、"八大古都"的文化基础。文献记载和考古研究表明，这里是华夏主流文化的重要发源地，在郑州地区发掘有裴李岗遗址、大河村遗址、西山古城遗址、古城寨遗址、王城岗遗址、轩辕黄帝文化、夏都文化、商都文化、郑韩文化等文化遗存，且序列非常完整。其中西山古城位于郑州北郊附近，建城约在 5300 年前，堪称中国已发现最早的古城遗址。人文始祖黄帝故里、黄帝文化和郑韩故城分布在新郑地区。建都于距今 3600 年前的商都古城遗址位于郑州城市的中心，规模宏大，遗存丰厚，国家"九五"重点研究项目"夏商周断代工程"确认该遗址为商朝开国君主商汤的国都所在。商代的建立是中国历史上划时代的里程碑，奠定了郑州地区商都文化的中心地位。

（二）底蕴深厚的黄帝文化

在郑州特色文化中，黄帝文化是最具代表性的一个。被誉为黄帝故里所在地的郑州与黄帝文化相辅相成、密不可分。黄帝是中华民族的"民族始祖"、"人文始祖"。黄帝代表具体人黄帝、黄帝族团和黄帝族团世袭领袖的名号，是黄帝时代的代名词。黄帝活动的主要区域（如黄帝出生地、黄帝族团发祥地、黄帝的都城、黄帝征战迁徙地、黄帝游历地区、黄帝葬地点等）分布在以郑州为中心的中原地区。在中华远古史上，黄帝第一次统一了黄河中下游各个部落，出现了具有国家职能的社会管理机构，并且在物质、精神、制度等文明方面取得了重要成就，为进入国家阶段做了准备。因此，黄帝文化在中原文化乃至全国历史文化中占有重要地位。

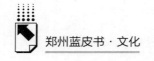

（三）发达的铁路交通文化

郑州地处京广、陇海铁路交汇处，是全国最早的铁路交通枢纽。铁路的发达使商贸金融产业最先兴盛起来，郑州很快形成中国重要的经济中心。古代和近现代的郑州在中原地区异军突起绝非偶然，而是有着特殊的自然和社会历史背景。郑州具有"中、通、丰、古、商"这5种显著的优势，加速并形成了郑州地区特有的文化元素。随着时代的发展，郑州更成为中国最重要的铁路、航空、高速公路、电力、邮政电信的主枢纽，有"中国铁路心脏"和"中国交通十字路口"之美誉，成为新亚欧大陆桥及黄河流域第一大城市和经济文化中心。作为中原区域城市群的中心城市，郑州拥有亚洲最大的列车编组站，以及亚洲首座时速350公里高铁客运枢纽站。发达的铁路交通枢纽带来了经济的腾飞，也带来了文化的繁荣。铁路交通文化是郑州特色文化的重要组成部分。

（四）丰富的历史名人文化

郑州北临黄河，西倚嵩山，扼守交通要塞，土地富饶，民风淳朴。悠久的历史和重要的交通位置，使郑州市拥有无可争议的重要历史文化地位。在这片富饶的土地上，历史文化名人辈出。有人文始祖黄帝，许姓的始祖许由，郑国名相子产，道家学派的列子，法家学派的韩非子，农民领袖陈胜，春秋第一相管仲，中国奴隶制的创始人禹，艺苑大师郑虔，汉初三杰之一的张良，被誉为"诗圣"的杜甫，我国历史上著名诗人白居易、李商隐等，不胜枚举。这些历史文化名人犹如璀璨的群星，化为郑州文化的一部分，使郑州乃至中原文化更加具有丰厚的人文气息，是郑州特色文化底蕴的象征和体现。

（五）影响深远的武术文化

提起郑州的武术，当推少林寺武术文化，武术文化又称功夫文化，是郑州城市文化的典型代表。中原武术文化技冠天下，誉满神州，"天下功夫出少林"非常形象地体现了少林武术在中国武术文化中的重要地位。自古至今，关于少林寺的历史故事层出不穷，"十三棍僧救唐王"，"帮助戚继光抗击倭寇并屡立战功"，使少林寺美名远播，成为中华武术文化的荟萃、传播、发扬光大之地。"中国郑州国际少林武术节"是一项集武术、旅游、文化交流于一体的大型综合性盛会，自1991年以来，中国郑州国际少林武术节遵循"以武会友，共同进步"的宗旨已成功举办了8届，来自世界五大洲60多个国家和地区的运动员参加了这一武术盛会。随着中国功夫在世界上的盛行，"少林"、"郑州"也被海内外所知晓，武术文化已经成为郑州塑造自身特色文化的一张烫金名片。

（六）特色突出的民间艺术文化

郑州传承和发展了大量的民间文化，使自身的城市文化更加富有特色。作为我国五大剧种之一的豫剧，在全国具有广泛的影响力，居于各地域戏曲之首，因豫剧平易近人又具有高度的艺术性而广受各界人士的喜爱。豫剧经典《花木兰选段》、《穆桂英挂帅》和《朝阳沟》等是众多豫剧名段中的代表曲目，深受广大人民群众的喜爱。2006年，豫剧被列为第一批国家非物质文化遗产名录。无论是在公园还是广场，到处都能发现豫剧爱好者成群结队地练习和表演豫剧，身处其中能使人感受到浓浓的中原文化、郑州文化的深厚氛围。除了豫剧之外，像根雕、剪纸、面塑、糖雕、泥泥狗、舞狮、腰鼓、划旱船、踩高跷等民间传统手工艺和表演都是珍贵的民间民俗文化种类，这些饱含着乡土特色、原汁原味的传统民间艺术形式是郑州特色文化的典型代表和重要组成部分。

四　特色文化在提升郑州城市内涵中的运用

（一）城市建筑中的表现

对于一座城市而言，建筑能直接代表城市的直观形象，在郑州城市发展的进程中，不乏具有现代气息又体现郑州特色文化的建筑。省级重点项目河南艺术中心坐落于郑州新区CBD核心区，占地面积10公顷，建筑面积约75000平方米，艺术中心的5个椭圆形建筑部分借鉴的是6500年前出土的古乐器陶埙的造型，中间的装饰柱融入了 8700 年前骨笛的艺术特征。郑州会展宾馆是郑州新区三大标志性建筑之一，西临河南艺术中心，北临中心湖，建筑面积约为24 万平方米，高为 280 米，该项目的设计理念与设计思路来源于登封古建筑嵩岳寺塔。嵩岳寺塔是全国重点文物保护单位、世界文化遗产"天地之中"历史文化建筑群之一，使用密檐式建筑结构，是中国唯一一座十二边形塔。郑州会展宾馆的外形曲线与嵩岳寺塔基本吻合，运用现代的建筑材料与建筑手法把古代密檐效果展现在世人面前，建筑布局与嵩岳寺塔平面基本相似。这些建筑物充分融合了郑州特色文化的深厚内涵，是传统与现代的结合，独特的建筑风貌展现了郑州特色文化，是郑州城市的地标和名片。

（二）文化产品中的融入

近几年在市委、市政府的正确领导与大力扶植下，涌现出很多具有郑州特色的文化产品。黄帝文化是郑州特色文化的代表，黄帝故里拜祖大典的成功举办进一步打响了黄帝文化品牌，使其逐步成为推动全市乃至全省文化产业发展、实现新跨越的重要力量。在黄帝故里拜祖大典的带动下，郑州市下属的新郑地区开展对外文化交流 100 多项，涉及世界五大洲和港澳台 10 多个国家和地区。进一步弘扬了中原文化，扩大了河南的影响。河南电视台名牌栏目《梨园春》，以演唱比赛、打擂台的新形式弘扬民族戏曲豫剧，不仅多次荣获全国电视文艺"星光奖"大奖——优秀栏目奖，还远赴委内瑞拉、墨西哥、巴西等国家演出，受到当地人民的欢迎与喜爱。体现郑州特色文化的舞剧《风中少林》、《水月洛神》，豫剧《斗笠县令》场场都受到人们的关注与喜爱，这些精品力作是郑州文化特色与现代艺术手段的完美结合，逐步扩大了以郑州特色文化为代表的中原本土文化的知名度与影响力。《水月洛神》、《斗笠县令》双双参演第十三届中国上海国际艺术节，《水月洛神》被选为开幕演出舞剧，艳惊全场。这些文化产品的产生与传播对繁荣郑州文化事业、提升郑州城市形象，具有十分重要的意义。

（三）旅游产业发展中的运用

少林文化是郑州特色文化的重要组成部分，少林寺、中岳庙等历史名胜古迹是郑州地区重要的旅游资源。《禅宗少林·音乐大典》是当代音乐艺术家们在经过挖掘整理少林寺所传承的禅宗文化之禅乐文化的基础上奉献给人们的音乐盛宴。演出地点位于距登封70公里的待山沟，演出背景为一片峡谷，内有溪水、石桥等实景，整个表演区占地3平方公里，演出最高点1400米。演出过程中，舞台、音乐和观众与音乐、声、光、电、实景交相辉映，美轮美奂，成为中原旅游的一大特色和亮点。《禅宗少林·音乐大典》是把特色文化融入旅游产业并结合时代特色进行创新，在原有文化资源上运用现代的艺术手段和表演形式，取得了巨大的成功。从20世纪90年代起，郑州市依托独特的历史和人文资源，先后修复和建成了中华人文始祖圣地、国家AAAA级景区黄帝故里，国家AAA级景区具茨山，中国唯一将诗经摆到地面上的主题公园——郑风苑等多个知名景区。这些都是深入挖掘郑州历史文化内涵、打造独特旅游文化品牌的最好实证，宣传了郑州的城市形象，提高了郑州的知名度。

（四）城市精神培育中的运用

2008年郑州市文明办对新郑州"城市精神"的表述做出了具体的解释，即"博大、开放、创新、和谐"。其中，以郑州地区特色文化为内涵的就占到3个内容。郑州悠久的历史和深厚的文化积淀体现了郑州的"博大"。作为中国八大古都之一，郑州历史悠久，是中华民族的发祥地之一，孕育了中华民族及其光辉灿烂的文化：古都文化、铁路交通文化、黄帝文化、武术文化、历史名人文化等，这样的文化涵盖是何其博大。郑州位居交通枢纽，东西南北四方贯通，各种人流、物流、信息都在此交汇；郑州成为全国人口流动性最大的城市之一，每天从郑州转车换乘的流动人口就达数十万，由此便形成了郑州人不排外、不自大、心地坦荡、待人宽厚、思维开放、容易接受新鲜事物、包容和接纳不同文化与习俗的特点，上述情形体现了郑州的"开放"。郑州是黄帝文化的发源地，在黄帝时代，各个部族融合统一，这与和谐的文化指向是相吻合的，同时郑州也是河洛文化的发源地。阴阳太极可以解读为天人合一的自然景观与人世间的其乐融融的太平盛世景象，这些从历史的维度体现了郑州的"和谐"。

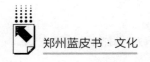

五 特色文化在提升城市内涵中存在的问题

郑州城市形象塑造取得了很大成绩，但也存在着一些问题，如城市形象定位模糊、特色文化元素运用不足、特色文化品牌的培育缺乏等。

（一）城市形象定位模糊

城市形象建设对一座城市的作用不容忽视，良好的城市形象能够展现城市的精神内涵与气质特征，吸引外资，推动城市的发展。郑州具有悠久的文化、灿烂的历史，是一座具有鲜明特色的历史文化名城和现代商贸名都。但遗憾的是城市形象的定位比较模糊，城市形象的塑造也比较无序，有说"商贸之都"，有说"会展旅游之都"，有说"历史文化之都"。这些城市形象过于分散和多样，没有一个能代表郑州形象的主要特色要素，不免显得无所适从。因此，在城市形象塑造上一定要有自己的特色定位，有了自己的文化特色，才能有可持续发展的基础与资本。

（二）特色文化元素在城市建设中运用不足

放眼郑州，大道纵横，高楼林立，犹如钢筋水泥丛林一般，现代化城市的外在景观趋同，自身的特色文化和厚重的城市品位并没有得以展现。现代化气息浓厚，缺乏具有本土文化气息和个性特色的景观和载体。虽然在城市建设中也采用了一些郑州地区特色文化，如在"文博广场"建造的"少林武僧群雕"、河南会展宾馆的建造采用了嵩岳寺塔的传统元素等。但类似于这类的城市建筑和公共场所的景观还是少之又少，并不能引起人们的重视，形成视觉冲击力，更不能形成独特的城市文化特色体系。在现实中，片面追求程式化的城市建设体系和形象识别系统，在城市形象塑造方面陷入平庸而失去自己的特色，出现千城一面的景象。因此，守望精神家园，唤醒历史记忆，彰显城市独特的文化个性和文化魅力，是历史文化名城郑州面临的一项神圣的文化使命。

（三）特色文化品牌的培育缺乏

打造独具特色的文化产业品牌是促进城市形象建设的重要途径。郑州具有得天独厚的文化资源，对这些文化资源加以整合就有可能形成具有特色的城市形象，在城市竞争中占有主动与优势地位。现在的问题是，我们现有的文化资源虽然很丰富，但是文化资源的商品转化率却很低，文化产品的精神内涵和艺术的精致程度也较低，缺乏有竞争力的、叫得响的本土文化品牌。虽然经过多年努力与发展，郑州打造了一批文化产品，像电视剧《少林寺传奇》、舞剧《水月洛神》等，取得了一定的成绩，但对于城市文化的建设需求来说，还显得太少。一方面，郑州的文化产品很难打入国际市场，立住脚跟；另一方面，国外的文化产品蜂拥而至，纷纷占据我们的市场，市场资源大部分被外来文化抢占。我们通过打造郑州特色文化品牌，加快培育本土文化品牌，提升郑州城市形象，达到提高郑州综合竞争力的现实要求。

（四）城市文化精神不突出

郑州特色文化在对郑州城市精神的支撑和推广中的作用在目前看来是比较有限的，致使郑州的文化精神没有得到足够的体现。我们在谈论历史时很清楚：郑州是我国八大古都之一，历史极其悠久，文化极其深厚；有距今8000多年的裴李岗文化，也有黄帝文化、少林文化、河洛文化等多种类型的黄河文明和文化古迹，这些对整个中华文明都影响深远，足见郑州的历史底蕴博大厚重。然而，提及当今的郑州，漫步于眼前的郑州，这种博大与厚重的感觉，似乎轻了太多。在郑州的历史中，凸显和谐的历史文化元素很多，而且在天然的环境中，郑州处于天下之中，是中原之都，那么居中而融四方的特色文化内涵就浑然天成。与此同时，当今和未来的郑州在天地人多方和谐、居中而融四方的个性、品位和魅力仍需不断加强。

六　运用特色文化提升郑州城市内涵的对策建议

不同的城市存在着不同的文化背景和历史资源，塑造城市形象的思路也存在较大差异。郑州要想形成自己独特的城市形象，必须高标准挖掘郑州地区历史文化资源，打造具有特色的文化品牌，提升城市文化品位，加强城市人口文化素养，构建支撑郑州城市建设的文化产业体系。

（一）努力打造郑州地区特色历史文化

对郑州地区有较大影响的黄帝文化、武术文化、商都文化，要继续加大研究、宣传力度，形成郑州的特色城市名片。嵩山地区的少林文化是具有世界影响力的文化资源，是郑州发展国际文化产业的有利条件，要充分利用和深入挖掘少林文化的全球化意义，2010年"天地之中"历史建筑群被列入《世界遗产名录》，这对郑州特色文化是一个很好的宣传点。要努力打造郑州的特色文化，开发像《禅宗少林·音乐大典》这样有影响力的大型音乐演出，提升郑州在全国乃至全球的知名度与影响力。黄帝文化是郑州特色文化的代表，围绕黄帝文化形成的年度黄帝故里拜祖大典，随着近些年的努力与传播，影响力在逐步增大。要加大研究力度考虑把姓氏文化、黄帝文化、河洛文化、客家文化等资源进行整合提炼，开发形成特色寻根文化体系，扩大在全球华人中的影响力。此外，商都文化也是开发的重点，在现有的基础上进行研究并加以开发利用，能够进一步提高郑州地区的地位和影响力。

（二）加强历史名人文化的研究与开发

郑州地区历史文化名人众多，拥有灿烂的历史文化资源，要进一步研究，深入挖掘历史名人资源。为此可以从3个方面进行：一是成立专门研究的机构和组织，加强对郑州特色历史文化名人进行研究，挖掘出他们的行为与思想中可以借鉴的，进行提炼、总结与宣传，为郑州市的文化发展与文明建设添砖加瓦；二是运用传媒力量与传播手段，向普通市民宣传和普及郑州地区的历史文化名人知识，增强市民的自豪感，从而产生归属感与认同感，增强城市的文化凝聚力，提高老百姓的文化素养；三是基于郑州地区的历史文化名人，打造一批文化产品，凭借文化产品向全国甚至全世界人民进行传播与宣传。比如选取素材丰实并且历史价值大的人物，考虑出版成书，或者拍摄成电影电视等影视作品；也可以选取一些社会价值大的专题，把相关的多名历史人物故事出版成书，或者拍摄成影视作品，这样的文化产品适合在社会上流传，宣传范围会非常广泛。

（三）挖掘铁路交通文化所包含的文化内涵

以"二七"文化为代表的近现代历史文化所包含的人文价值、经济价值是一种非常宝贵的文化资源。建设郑州城市形象要深入挖掘和努力打造郑州"二七"文化品牌。把"二七纪念馆"作为传承"二七"铁路文化的载体，培养其在城市发展中独特的形象与亲和力，形成不断提高人民综合素质、营造文明城市的文化氛围。运用"二七纪念馆"的良好文化形象，使其在城市形象塑造中扮演重要角色，将其打造成郑州城市的文化名片。此外，要提炼和创新"二七"文化内涵，使其成为郑州新型城镇化建设与航空港区建设的精神支柱。把革命的"二七精神"转化与凝练，形成激励人们开拓、进取、创新的精神。郑州地处京广线和陇海线的交会处，是全省乃至中部地区承接发达国家及中国东部地区产业转移、西部资源输出的枢纽区域之一。作为铁路、公路、航空、通信综合性核心，人流、物流、资金、信息、技术、产业在这里交会，成为郑州塑造交通枢纽文化的独特优势，可以说这是一种区位优势文化。建设都市区，打造郑州城市形象就要充分利用综合枢纽的区位优势，努力培养郑州兼收并蓄、包容开放的综合枢纽文化。

（四）培育具有郑州特色的文化品牌

打造城市形象，提升城市影响力一定要考虑城市自身所具有的优势，像法国、英国、日本、韩国等国家的许多城市，都将文化特色和文化产业作为重要支柱产业，形成自己不同于其他城市的特色风貌。郑州拥有众多优势条件，特色文化资源丰富，具有明显的竞争优势。利用文化资源优势来发展文化产业，强化利用差异化优势做大做强郑州文化产业，培育具有郑州特色的文化品牌和文化精品。以"天地之中"历史古建筑群申遗成功为契机，着力打造具有特色的少林文化、黄帝文化、商都文化、黄河文化等国内外知名文化旅游品牌，形成具有独特优势的文化产业体系，开发具有特色的动漫产业和文化创意产业。利用郑州丰

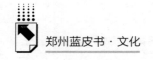

富的文化旅游资源，打造开发出一批像《禅宗少林·音乐大典》、《水月洛神》那样的文化演艺项目，努力培养武术、寻根、黄帝故里拜祖大典等具有国际效应的文化旅游品牌，形成各具特色的文化产业集聚地。

（五）加强郑州城市精神的培育与传播

城市精神是一座城市独特的品格精神，是一座城市的精、气、神所在，它物化和渗透于城市生活的各个方面，对城市的可持续发展产生广泛而深远的影响。然而，城市精神的确立、培育与传播，并不是一件简单的事情。郑州市文明办把新郑州的"城市精神"表达为"博大、开放、创新、和谐"，那么，如何让全国乃至于全世界民众在心中认为郑州切切实实就是"博大、开放、创新、和谐"的大都市，而不仅仅是一句城市广告语，是需要实际题材的支撑与有力的培育传播的。让人振奋的是，郑州的特色文化能够为郑州的城市精神提供具有历史震撼力的实际题材。运用好有关题材，是对郑州城市精神进行培育与传播的重要手段。郑州作为黄河文明的摇篮，在此地域积淀形成了郑州地区历史文化特有的博大，涵盖了古都文化、铁路交通文化、黄帝文化、武术文化、历史名人文化等，诸多的文化渊源足以说明郑州在历史上的博大。而我们今天要做的是，让上述文化在政治、经济、文化、思想等方面的博大传承到今天和明天的郑州，即是在培育当今的"博大"城市精神。对于郑州的"开放"与"和谐"，既可以通过近期的文化元素来塑造和传播，也可以通过远古的文化元素来塑造和传播。比如郑州四通八达的铁路交通文化、热情迎接四海商客与文客的习俗与民风、黄帝时代的部族融合、阴阳太极文化的天人合一理念，这些元素均传达了开放与和谐的内在底蕴。如果当今的郑州与市民找出有效方式传承这些精神，那么，自然也就传播于世。

（六）注重让文化融入人们的日常生活、休闲与娱乐

郑州的一些特色文化已经在人们日常的生活、休闲与娱乐当中较好地普及了，比如豫剧，在郑州的很多公园和广场都能发现豫剧爱好者进行练习或者表演，也会吸引很多市民观看和欣赏，这就是特色文化渗透到了人们的生活当中。与此同时，在让文化融入人们生活、休闲与娱乐当中，郑州还可以从多个

方面进行突破。①从更高的层次来发展与推广豫剧。对豫剧爱好者的演练进行一定的支持，让更多的市民参与，并对他们的演练地点进行管理，资助或提供必要的表演道具，增强戏剧的感染力和气氛烘托；组织全国范围内的豫剧比赛，拓展豫剧的发展空间；选拔和培养优秀的豫剧人才，组织全国乃至全球范围内的豫剧演出，扩大豫剧的影响范围。②发挥和推广武术文化在健身、体育、演艺和安保中的作用。鼓励广大市民练习少林武术等中原武术，提供必要和方便的武术练习场地，推广武术在广大市民中的健身作用；在体育院校和其他高校开设武术课程，组织武术交流和比赛活动，在体育界发展壮大中原武术；对于武术演练的佼佼者，可以选拔和推荐其到演艺界和安保工作中去发展，输送通过中原武术成长起来的人才。③发展多种多样的民间艺术，既形成文化娱乐，又形成文化产业。比如郑州的根雕、剪纸、面塑、糖雕、泥泥狗、舞狮、腰鼓、划旱船、踩高跷等民间传统艺术，开发出相关的艺术产品、手工艺品和纪念品，以及相关的表演项目。一方面，让受众参与其中，享受到文化与艺术的熏陶；另一方面，产品和项目的开发者可以建立相关的公司、机构和品牌，形成文化产业。

（七）运用特色文化指导城市规划建设

根据当前的城市发展定位与需要，把一些能够服务于郑州发展的特色文化运用到城市的规划建设当中去，即把一些城市项目根据特色文化进行建设，发挥特色文化在当今经济发展与文明发展中的作用。以商都文化为例，根据考古发掘，过去的郑州商城是商汤建国的国都亳都，距今大约3600年；当时郑州商城的面积总计70多平方公里，亳都曾是世界上最大城市之一。郑州商城在商代的经济地位和作用是非常巨大的，这样的历史角色对今天的郑州发展商贸能够起到显著的作用，郑州可以从历史传承的意蕴和逻辑来挖掘商都文化的作用，服务于郑州现在和未来的商贸发展。在实际操作上可以参考这样的规划：围绕古亳都遗址，规划建设一个古商都街区，集商业中心、步行街、休闲娱乐、文化旅游、商都博物馆等于一体，建筑风格与人文氛围凸显亳都特色；南城墙北侧与东城墙西侧，地下文物丰富，可以考虑建设以商都博物馆为主体的商都文化中心；城南路东段已经成为郑州的书画一条街，可以在此基础上强化其文化气息；城南路西段，靠近火车站和"二七"广场，可以以此为基点发展都市商业；南城墙北边的都市村庄、废旧厂房等区域，比较混乱，可以进行改造，建设旅游、娱乐等设施；设计和组织好关于商都文化的精品旅游项目，以及精品文物收藏与展览，以此吸引郑州以外的人士关注郑州。

"天地之中"世界文化遗产的
保护利用研究

李秀清　刘涛*

摘　要：

在文化大发展、大繁荣的背景下，要充分利用优秀的历史文化资源，通过传承发展、创新形式、转化发展，推动经济转型和城市发展。本文从"天地之中"世界文化遗产的保护利用现状出发，总结了"天地之中"世界文化遗产在文物本体保护、产业转化、宣传交流等方面的成效，分析了在遗产研究、模式创新、品牌化建设等方面仍然存在的问题，提出要挖掘其蕴含的优秀文化内容，构筑国内一流的保护传承体系，塑造特色城市文化形象，培育精品文化品牌，提升产业转化水平，全面推动"天地之中"世界文化遗产的传承创新。

关键词：

"天地之中"　世界文化遗产　传承创新　产业转化

在现代化快速推进的过程中，传统文化及其影响力日益式微，文化的虚无使社会日益偏离方向，经济发展的活力不断降低，城市建设中的"千城一面"、特色蜕化、个性消失等问题也日益凸显，民族传统文化在现代化进程中变得日益弱化。党的十八届三中全会强调要"建设社会主义文化强国，增强国家文化软实力"。实现文化的繁荣发展不仅要发展现代文化，而且需要依靠

---

* 李秀清，河南职业艺术学院教授、河南宇通信息技术研究院研究员；刘涛，郑州市社会科学院文化所副所长、助理研究员。

优秀的传统文化，尤其是具有世界影响力的优秀文化内容。"天地之中"世界建筑群是中华文明的集中表达，是华夏文明的起源地、古代城市的发端地，历经汉、魏、唐、宋、元、明、清等朝代，具有建筑集中、跨越时代长、数量庞大等特点，不仅体现了中国古代精湛的建筑技艺和文化，而且包含了宗教文化、儒家文化、行为哲学、国家政治等丰富的文明内容，展现了中国古代文明的灿烂辉煌。在文化大发展、大繁荣的战略背景下，更好地传承、延续、发展"天地之中"世界文化遗产意义重大，本文系统地分析了"天地之中"世界文化遗产保护利用现状和存在的不足，并结合其特点和内容，提出了进一步保护利用的对策建议，以能够实现世界文化遗产的传承创新，助推区域文化的大繁荣、大发展。

一 "天地之中"历史建筑群申遗后期的保护利用现状

（一）突出世界文化遗产本体的保护传承

保护传承历史文化遗产具有重大意义，可以有效地延续传统文化遗产的伦理、宗教、政治等文化的特质，而且对于守护民族记忆、表达民族精神、激发民族情怀都具有重大作用。因此，郑州高度重视世界文化遗产的保护传承，一是以科学的本体保护政策传承。2010 年以来，郑州市相继制定了《登封"天地之中"历史建筑群总体保护规划》、《河南登封少林寺保护规划》等 34 项专项保护规划。2011 年《郑州都市区规划》中明确将登封确定为"天中旅游新城"，建设成为"中原经济区的休闲度假中心"和"全省文化旅游核心区集散中心"。2011 年郑州市又以"天地之中"品牌为核心，制订了城市整体营销方案。2012 年，世界遗产监测中心揭牌仪式、少林寺塔林保护工程相继启动，提升了郑州世界文化遗产保护管理的整体水平。二是加大对文化遗产本体的保护，实施周封祀坛保护修复工程，加强对周封祀坛保护，并做好文化展示工程方案设计。建立了少林武术图书音像馆、少林文化研究院，系统地保护少林禅、武、医、艺等少林文化的遗产资源。2013 年，开工建设嵩山少林武术博物馆，主要建设功夫文化展览馆、功夫文化演艺擂台馆、交流中心、研究所等。"天地之中"世界文化遗产保护中始终坚持"低限度干预"的原则，在修复与重建的时候，尽量保持周边的人文环境与生态环境，让其能够展现原有的建筑价值和人文精神。

（二）推动世界文化遗产的产业转化

发挥世界文化遗产资源的价值和效益，必须借助现代的表达形式，在保护的基础上，推动历史文化资源向现代产业转化。因此，积极推动"天地之中"世界文化遗产的开发利用，使文化资源潜力转化为文化产业实力、文化资源优势转化为文化产业优势。一是以项目带动旅游产业发展。为进一步提升"天地之中"的价值和效益，郑州积极规划建设登封旅游新城，建设嵩山文化产业园区，推动文化产业集聚发展，加快推动文化旅游产业的发展，入驻的港中旅集团计划投资超百亿元，着力建设旅游小镇、五星级休闲度假区、登封古街等一批重大文化旅游产业项目。天人文化旅游公司围绕禅文化，打造禅体验、住宿、素斋、会议、旅游咨询等综合旅游项目，有力地推动了文化资源的集聚，提升了文化资源的产业转化水平。二是推动特色文化产业转化。在开展嵩山风景名胜区旅游开发的同时，为加快推动少林文化、书院文化、嵩山文化等的传承与创新，通过培育文化品牌、发展特色文化产业等，不断提升"天地之中"文化内涵的开发与挖掘。在武术文化开发方面，围绕建设"功夫之都"，以合资、合作等形式引进《武林风》栏目，推动文化与现代传媒结合，以现代科技展现少林文化博大精深的内容。在整合现有武术教育资源基础上，通过授权、合作办学、设立分支机构等形式，开展少林功夫的研究、传承和对外推广交流工作，把少林功夫文化向世界宣传推广。三是加快配套基础设施建设。为提升文化产业的发展环境，加强文化旅游服务设施的建设力度，逐步建设一批标志性建筑和道路景观带，恢复历史文化名城风貌，完善中心城区服务功能，推动文化旅游产业链的延伸和拓展，建设一批五星级酒店、会议中心、国际广场等重点设施。

（三）积极开展文化交流宣传活动

在"天地之中"历史建筑群申报世界文化遗产成功后，郑州积极探索举办一系列国际性的大型文化活动，提高了"天地之中"在国际上的影响力和知名度。一是通过举办国际性武术文化活动，传播少林功夫文化。截至 2012 年，郑州国际少林武术节已经连续举办 9 届，除武术竞赛外，还举办少林武术论文报告会，突出"禅意"、"少林"、"武术"、"国际"的概念，文武结合、相得益彰，在全球形成新的"少林武术热"，巩固了郑州"武术圣地"、"功夫之都"的地位。二是举办以嵩山文化研究为主题的交流论坛，强化嵩山文明的传播弘扬。为深入推进嵩山文化研究，2012 年以来已经连续举办两届嵩山论坛，嵩山论坛已经成为世界文明对话的平台、国际文化交流的重要载体，论坛对嵩山文化、华夏文明、世界文化交流等进行深入研究和讨论，对推动世界不同文明的对话与交流、华夏文明的传播、中原文化的传承与创新都具有重大的意义。三是借助现代传媒技术，加强以"天地之中"为标识的城市形象宣传。积极开展以"天地之中"、"文化圣山"、"功夫之都"为主题的系列宣传活动，增强嵩山文化在国内及国际的感召力和影响力。拍摄制作的《天地之中·功夫之都·文化圣山》登封城市形象片的播出，极大地提高了"天地之中"世界文化遗产在国内外的影响力。

（四）挖掘开发"天地之中"特色文化品牌

文化品牌是一种无形的资产，不仅能够提升所代表的文化遗产的知名度，而且对整个城市竞争力和软实力的提升都具有重要价值。通过深入挖掘"天地之中"世界文化遗产蕴含的文化元素，培育了一批特色突出的文化品牌。一是打造多层次的文化旅游品牌。在旅游文化品牌培育和建设过程中，以禅宗、功夫文化为核心，开发"武术学校游"、"少林寺深度体验"等旅游品牌项目，开拓功夫研习、禅修体验等新领域，打造禅宗、武术功夫等世界级品牌。二是培育世界级演艺品牌。着眼于舞台艺术市场的定位、社会消费的需求，聘请全国一流的专家，打造了《禅宗少林·音乐大典》、《风中少林》等在国内外有重大影响的知名文化演艺品牌，并形成了演艺业与旅游业融合发展的新模式。三是培育满足时代需求的影视品牌。推动"天地之中"依托影视作品的传承创新，并形成了一系列的影视文化品牌，如《少林寺传奇》、《少林寺弟子》、《新少林寺》、《少林俗家弟子》、《少林真功夫》、《少林小子》、

《南北少林》等，到 2012 年为止，国内外以少林功夫为题材的电影已 50 多部。四是塑造城市形象品牌。规划建设了文化遗产广场、自然遗产广场、唐代封禅纪念园等具有嵩山文化特色的公共设施，同时建设一批彰显"天地之中"世界文化遗产的雕塑、景观带，塑造了特色突出的城市形象品牌，提升了城市在国内外的知名度。

二 "天地之中"世界文化遗产保护利用中存在的问题

（一）"天地之中"的理论研究需要深化拓展

"天地之中"所蕴含的文化内容极为丰富，虽然得到了一定程度的利用，但是研究、提炼、挖掘仍然不够充分，仍然处于一种潜在状态，制约了世界文化遗产的传承创新。一是"天地之中"的挖掘深度不够。"天地之中"作为世界文化遗产，当前更多的是作为一种建筑文化遗产和旅游景点而被接受，其中丰富的文化、政治、经济和科技的内容缺少整合与提炼，哲学、价值和精神的知识体系仍然没有系统的梳理和挖掘。"天地之中"文化研究的整体性相对被忽视，而且动态的、具有生命意义的文化理念还未被深入发掘。二是"天地之中"的拓展研究不充分。拓展研究主要是指跨学科、跨领域的研究，包含融合研究、交叉研究等方向，目前研究主要集中在哲学、历史、考古、地理、民俗等学科，主要围绕嵩山文化遗址、自然环境、文明演进、人类发展史等展开，而对政治、经济、科技等领域的研究相对不足，应该逐渐拓宽领域，从多元化的视角来认识、研究和宣传"天地之中"。

（二）"天地之中"传承创新的模式有待提升

"天地之中"世界文化遗产的开发形式过于单一、形式创新力度不够、开发方式相对简单，影响着世界文化遗产功能的发挥。一是商业开发模式的趋向化严重。在"天地之中"文化遗产开发利用过程中，把重点放在旅游景点的宣传展示、景区介绍、盈利项目的增加等商业经营项目上，以增加景点的吸引力，吸引更多的游客，其中诸多商业化营销没有从文化保护、传承、弘扬与创新的角度予以设计，在可持续性和系统性上有待考验，少林寺遭遇的摘牌危机都是过度商业化的表现，过度商业化削弱了世界文化遗产具有的濡化功能和教导功能。二是传承创新载体单一问题突出。"天地之中"文化遗产表达、展示、传播载体都相对单一，仅是以实景展现为主。例如，技术化手段运用不足，"天地之中"蕴含的文化内容利用现代传播技术、数字技术等载体的表达不充分，仍停留在复制、记录的范围内，文化遗产的表达形式单一，表达内容受到限制。三是文化旅游业发展层级有待提升。目前，嵩山文化旅游产业仅限于景区的开发，目的是满足游客的参观旅游需求，文化自身的驱动力较弱，以至于游客也多停留在一般的观光层次上。另外，文化旅游产品开发处于低端环节，例如纪念品的品质较低、样式老化、品种单一，文化产业的链条延伸度低，游客参与、体验、表达的产业品种缺乏，尚未形成产业化、规模化、高端化的发展模式，其经济效益并未完全开发出来。

（三）具有国际影响力的文化品牌缺乏

"天地之中"蕴含着嵩山文化、武术文化、宗教文化等丰富的文化资源，这些资源不仅是华夏历史文明的见证，也是世界文明的重要组成部分。但是，从已有的开发利用状况来看，已经转化为国际性知名文化品牌的内容极少。一是缺乏文化品牌整体性的国际化运营理念。"天地之中"世界历史遗产不仅是民族的，更是世界的，除功夫、演艺等品牌的国际化水平相对较高，其他文化元素和内容的国际化运营不够，多是面向全国，都还未进入国际市场，这主要是因为在文化产品的培育、打造及宣传中缺乏整体化的理念，品牌的带动力不足。二是文化资源品牌化开发的内容单一。"天地之中"蕴含着丰富的文化内容，文化类型众多，文化资源丰富，目前仅停留在武术文化的开发方面，在国内外具有一定影响力的其他文化品牌缺乏，数量相对较少，延伸产品不足。"天地之中"蕴含的哲学思想、神话故事、文化名人、建筑遗产、天文技术等都是中华文明的重要内容，还未进行充分的提炼、挖掘和包装，世界范围内的影响力不足。

（四）特色历史文化与城市建设融合不够

"天地之中"世界文化遗产蕴含的丰富文化元素，具有鲜明的特色、内涵和个性，但是在城市建设中的表达不足，城市逐渐失去了特色和个性。一是传统城市扩张模式排斥文化融入。在城市化加速推进的过程中，郑州城市规划沿用的是单一中心的规划布局，中心城市功能过分集聚，边缘地区功能弱化，特色城市建筑和文化街区被杂乱无章的建筑湮没，这不仅使城市环境日益恶化，而且不利于文化遗产的传承保护和城市形象塑造，城市面貌千篇一律，城市面临"特色危机"。二是城市主题文化不突出。郑州在城市建设中，虽然不同区域都在强调文化的保护和建设，但是主题文化并不突出。对不同文化内容缺乏整合和规划，主题城市文化形象模糊，虽然在城市局部地区有一些文化亮点，但是由于缺乏主题文化的定位，城市建筑表现形式紊乱、建筑内涵缺失的现象较为突出。三是"天地之中"文化符号的运用不足。"天地之中"历史建筑群是古代建筑文化遗产的代表，包含了丰富的哲学文化元素和精湛的建筑艺术，在现代城市建设中的运用却相对缺乏，尤其是在城市标志性建筑、城市景观带、城市雕塑中的表达不足。

三 "天地之中"世界文化遗产保护利用对策

（一）构建世界一流的遗产保护传承体系

加强世界文化遗产的保护传承，推进华夏历史文明和中华文化的延续，实施积极的遗产保护战略，创新遗产保护、展示、体验、传播的载体和形式，构筑起世界一流的保护传承体系，建立起中华文化圣山的形象。一是借助现代科技保护文物本体。对于建筑、文物、遗址等物质文化遗产，要采取建设博物馆、原地维护的方式来保护，依托修复、修补、复制、温控、保湿等技术，不断提高文化遗产保护传承的水平。二是打造华夏历史文明展示体验地。依托悠久的历史文化遗产，打造国际水平的文明保护展示体验基地，推动中华文明的延续传承。建设人类文明演进体验馆、中国古代教育展示基地、天文遗产展示地、礼制文化体验中心等主题文化设施，通过文化遗产展示、再现历史场景、特色项目体验等，把嵩山地区打造成华夏历史文明传播、展示和体验的中心地。三是建设华夏文明研究传承基地。打造以"天地之中"为核心的研究交流新载体，把嵩山论坛打造成具有国际影响力的文化品牌，强化论坛会址、设施及科研队伍的建设，构筑起华夏历史文明的研究、交流和传播基地，使该基地成为世界文明交流和对话的重要平台。鼓励多学科交叉融合研究，鼓励政治学、经济学、社会学、生态学等学科融入，实现对"天地之中"世界文化遗产的综合性研究，深入挖掘其蕴含的多元文化价值，并能够将其有效地转化为推动现代城市建设的成果。强化对"天地之中"的古代哲学文化、礼制文化、儒家文化、宗教文化等的研究，提炼中国古代文明演进中的精髓，转换为图书、画册、教材、展览等表现形式，在全社会形成保护、传承传统文化的良好氛围。

（二）以蕴含的独特文化符号塑造城市形象

城市在形成过程中孕育出城市文化，城市文化又反过来影响着城市的发展和演变，城市发展建设和文化形象主要是由城市文化的构建来实现的。特色突出的城市形象能够提升城市的品质、培育城市的精神、增强城市的凝聚力和人们对城市的认同感，从而提高城市文化的经济社会价值。因此，要提炼"天地之中"蕴含的特色要素、符号与标识，融入城市规划建设中，培育个体明显、特色突出的城市形象，彰显城市的历史底蕴和独特魅力。一是提炼城市色彩和品牌标识。从"天地之中"蕴含的文明体系和遗产资源中，挖掘提炼展现郑州城市历史、功能和价值的主体文化色彩，运用到城市色彩规划中，确定城市建设的主导色调。设计城市的标志性品牌，从"天地之中·文明之源"出发，设计出能够展现中华文明辉煌面貌的城市标识，能够把城市历史变迁中形成的共同的文化心理、地方文化个性和历史底蕴呈现出来。二是借助城市文化设施表达"天地之中"的内涵。建立特色文化标志景观带，在城市主要出入口或重要景观节点布置以"天地之中"为主题的雕塑或景观小品，凸显"天地之中"的城市文化。在郑州与登封主要道路沿线，通过道路绿化、指示牌等，打造特色道路景观，形成"天地之中"文化通廊。打造特色文化标志区，充分利用省、市两级文化基础设施的资源优势，统一规划，优化配置，结合航空港区建设，高起点规划建设一批蕴含"天地之中"文化元素、特色突出、品位高雅、风格鲜明的文化基础设施，如博物馆、图书馆、美术馆、科技馆、书城、展览中心、体育中心等，通过这些设施的建筑艺术、风格、空间布局形式，营造着郑州厚重而又开放的城市文化氛围。

（三）培育具有地域特色的精品文化品牌

打造富有鲜明特色、具有深厚内涵的文化品牌，是推动文化资源向文化资本形态转变的重要方式，也是世界文化遗产传承创新的重要手段，要立足于既有的文化资源优势和特色，培育一批具有地域特色和较强影响力的精品文化品牌。一是培育特色文化旅游精品。培育优化"中"文化、少林文化、宗教文化等旅游精品线路，全面展示"天地之中"历史文化特色，构筑起"老家河南"、"天地之中"、"郑州家园"、"中岳嵩山"的概念，使"天地之中"成为世界文化旅游品牌的重要内容。培育特色文化旅游产品，设计展现以"中"文化、中原文化、华夏文明为内涵的系列文化纪念品，培育开发适应市场需求的休闲度假、登山旅游、乡村生态等旅游产品。二是培育国际知名的演艺品牌。要通过先进宣传技术、科技改造技术的引用，加强对《禅宗少林·音乐大典》、《风中少林》、国际少林武术节等文艺活动品牌的改造提升，使之成为文艺影视领域的国际标志品牌。深入挖掘"天地之中"世界文化遗产所蕴含的文明元素，把历史名人、传说故事转化为演艺剧目，把石画、音乐、雕刻、陶瓷等文化遗产编辑成特色表演节目，打造国内外知名的演艺品牌。提炼嵩山文化、武术文化、教育文化、"中"文化及民俗、舞蹈、戏曲地域文化中的优秀内容，运用现代科技手段和传媒技术，培育一批具有历史内涵、地域特色和时代特色的演艺精品。三是打造世界水准的特色项目培训品牌。整合区域内武术教育资源，扶持功夫学校发展，提升功夫产业发展水平，通过整合、规范、扶持及与周边城市的联合发展，形成功夫培训联盟，打造国际性的武术培训基地，塑造"世界功夫之都"的品牌形象。依托少林寺禅宗祖庭，挖掘代表中国思想精髓和中华文化典范的内容，加强禅宗文化的宣传和研究力度，开办禅修研习班，邀请高僧、名家讲解禅文化，为学员提供禅修住宿区域及禅修的书堂、素斋馆、武艺馆、养生堂，打造集禅文化体验、研修、培训于一体的综合性品牌化基地。

（四）探索世界文化遗产特色产业转化途径

推动"天地之中"世界文化遗产的保护利用，要注重产业转化和运用，在突出文化旅游等主导产业发展的同时，要借助各种载体和形式，积极推动其蕴含的文化内容向特色产业转化，创新产业发展内容，形成特色产业优势，提升文化产业的发展层次。一是以文化街区带动产业发展。打造禅武文化特色购物街，街区建设具有功夫文化内涵的雕塑、"中"文化标识、武术文化表演项目、禅文化茶馆等，实现顾客观赏、娱乐和休闲的多元化需求，并融入新颖奇特、附加值高且具有市场潜力的纪念品。建设特色餐饮街区，对餐饮业进行总体规划，提供特色和高效的餐饮服务，集中满足多元顾客的需求，积极开发地方特色餐饮菜品，推进登封焦盖烧饼、嵩山人参果、烩羊肉等的精细化加工，打造少林特色餐饮，推出一系列少林精品素斋、禅茶、素饼等，把禅武文化融入餐饮中，形成口味俱佳、意境深远、佛教文化浓厚的菜肴，传达出一种深邃和高远的意境。二是特色文化的影视产业转化。建立"天地之中"影视产业基地，培育、形成一批在全国竞争优势较强、品牌效应显著和实力较强的影视生产企业集团，邀请国内知名编剧、导演、演员，拍摄数部展现嵩山文化、中原文化、名人文化、华夏文明的影视力作。从中国传统神话、宗教建筑等文化中提取奇观影像，依托嵩山地区的自然景观，拍摄一系列奇幻、古装、武侠影视作品，打造展现中国传统文化气象的影视精品。三是休闲娱乐产业提升文化效益。发展集群式的休闲娱乐业，形成表演、运动、休闲、度假等多元化的休闲娱乐产业，提升娱乐休闲业的整体水平和品位。挖掘民间艺术、祭祀文化、天文遗产、武术文化等，打造表演型的娱乐演艺品牌。

参考文献

王哲：《2013年郑州文化发展报告》，社会科学文献出版社，2013。

贾秀清、王珏：《数字化手段在我国文化遗产传承与创新领域中的应用》，《现代传播》2012年第2期。

刘晓丽、张小河：《城市文化在现代城市建设中的作用》，《湖南城市学院学报》2009年第1期。

郑州文化遗产的保护传承问题研究

高　云*

摘　要：

城市文化遗产是人类智慧发展的结晶，包含整座城市的历史文明脉络，是人类文明发展史中最具价值的成果，是塑造城市个性的关键性资源。本文对郑州文化遗产保护传承价值、现状进行分析，找出文化遗产保护传承中存在的问题，并有针对性地提出了对策措施，以推动郑州文化遗产的保护传承。

关键词：

郑州　文化遗产　保护传承　华夏文明

文化是民族的血脉，是人民的精神家园。党的十八大报告中提出，要"建设优秀传统文化传承体系，弘扬中华优秀传统文化"。郑州作为国家历史文化名城和华夏历史文明传承创新区的核心区域，文化遗产历史悠久、资源丰富、类型众多，是中华文化和华夏文明发展的源头，文化遗产的保护传承在城市文化建设中意义重大，必须高度重视郑州文化遗产的保护传承。

一　郑州文化遗产保护传承的价值意义

鉴于文化遗产的重要价值，进入21世纪以来，关于城市文化遗产保护传承的问题已经越来越受到我们的关注与重视，合理保护传承城市文化遗产，可以更好地弘扬与维护国家的民族精神，更好地促进文化自信与自觉的形成，从

＊　高云，郑州大学讲师。

而促进国家与城市向着更为文明、科学与现代化的方向发展。"城市"这种群体生活空间一直都是孕育人类文化遗产的重要场所，人类城市的演进史表明，城市发展建构庞大实体容易，但拥有真正的人文构造却很难，真正的历史文化名城必须有一定要素和条件，历经长久积淀的城市文化遗产便是要素之一。郑州是全国"八大古都"之一，作为国家历史文化名城和华夏历史文明传承创新区的核心区域，她的性格由久远历史的沉淀和深厚的文化凝结而成，其文化遗产的保护传承在城市文化建设中更是举足轻重。

城市文化遗产不是一蹴而就的，它是在城市发展过程中逐步积累沉淀而成的文化形态。郑州作为华夏文明的重要发祥地之一，是中原文化的核心地带和起源地，在漫长的文明演进程中，她孕育和留存了大量珍贵的文化遗产，不但是整个城市文化脉络中的组成部分和源头，而且与当下城市文化有着极为密切的血缘传承关系。这些文化遗产本身具有深厚的文化精神内涵，反映了具有一定普适性意义的民族文化传统、民族审美情感与民族价值取向。所以，作为文化遗产的继承者，我们不但要在形式上对其进行合理的保护和利用，更应该将其上升到上层建筑的层面，发挥文化遗产对城市精神以及城市性格的塑造和影响能力，完善城市对自身传统、历史文化的追寻、认同和承续，在大文化的架构里，通过文化遗产的保护与利用向人们描述这个城市、这个区域的人文精神与文化传统，在历史演进中逐渐塑造城市个性和魅力。

二 郑州文化遗产类型与保护传承的现状

（一）郑州文化遗产类型

1. 文物

从历史、艺术或科学角度看，文物是具有突出、普遍价值的建筑物、雕刻和绘画，具有考古意义的成分或结构，以及铭文、洞穴、住区等各类历史文化遗存的综合体。截至2013年底，郑州各类文物共计10315处，国家级重点文物保护单位38处43项、省级重点文物保护单位128处、市级文物保护单位269处，这些数据在全国范围内位居前列。

2. 建筑群

从历史、艺术或科学角度看，因其建筑的形式、同一性及其在景观中的地位，具有突出、普遍价值的单独或相互联系的建筑群可视为文物。2010 年 8 月，登封"天地之中"历史建筑群被列入《世界遗产名录》，这一建筑群是以"天地之中"理念为核心的场所精神体现的文化遗产聚落，集中分布在太室山、少室山周边 40 余平方公里的区域内，包括太室阙和中岳庙、少室阙、启母阙、嵩岳寺塔、少林寺建筑群（常住院、初祖庵、塔林）、会善寺、嵩阳书院、观星台 8 处 11 项，遗产区总面积 825 公顷，缓冲区总面积 14940 公顷。这组建筑群真实地保留了中国历代礼制、宗教、科技和教育等各种主要建筑类型的最高代表作品，在历史上成为这些建筑类型的初创制度和形制典范，并且凝聚着东方具有深远、广泛影响的文明传统的核心理念、信仰、科技和建筑艺术，综合体现一种东方文化的悠久历史和突出成就，具有全球普遍价值。

3. 遗址

从历史、美学、人种学或人类学角度看，具有突出、普遍价值的人造工程或人与自然的共同杰作以及考古遗址地带。在国家文物局发布的国家文物博物馆事业发展"十二五"规划中，郑州与西安、洛阳、荆州、成都、曲阜一起被确立为"十二五"期间国家重点支持的 6 个大遗址片区，郑州商城遗址、郑韩故城、大河村遗址、宋陵、古城寨城址、王城岗遗址 6 处大遗址被列入国家重点保护的 150 处大遗址。2013 年 7 月，第六批省级文物保护单位已经划定，共涉及 9 处战国时期修建的长城遗址，是新密市魏长城遗址、鲁山县楚长城遗址、南召县楚长城遗址、叶县楚长城遗址、方城县楚长城遗址、舞钢市楚长城遗址、泌阳县楚长城遗址、驻马店市楚长城遗址和桐柏县楚长城遗址。在此前的第三次全国文物普查中，文物局成立专门的长城调查队进行深入调查，调查结果也得到了国家文物局认定。

（二）郑州文化遗产保护传承现状

1. 文物保护力度不断加大

作为文化大省的核心区域，郑州市一直都很重视文化遗产的保护，在领导高度重视下，文物政策法规体系不断完善，始于 2012 年的《郑州大遗址片区保护利用战略规划》编制工作已顺利完成，郑州赢得了2012年中国文化遗产日主场城市活动的承办权并取得圆满成功。2014年，郑州将继续推进商城国家考古遗址公园、大河村考古遗址公园、郑州市文博展示中心等"两园一中心"建设，建成后不仅为广大市民提供了新的休闲场所，也使郑州市文物资源在利用中得以保护。

2. 申报世界文化遗产工作积极推进

登封"天地之中"的成功申遗，给郑州市的文物保护工作找到了方向，2014年郑州市将完成登封"天地之中"历史建筑群总体保护管理规划修订、少林寺塔林等文物本体维修，并完善世界遗产监测体系建设及运行；中国大运河申遗项目已于2014年提交世界遗产大会。目前，根据全国统一安排，大运河郑州段申遗项目申报点的遴选及保护规划的编制工作已完成，2014年大运河郑州段申遗顺利通过联合国审议，郑州市又新增一处世界文化遗产；按照国家文物局部署推进丝绸之路世界文化遗产项目建设。

3. 文物普查工作成果突出

河南省委、省政府高度重视文物的普查工作，河南省公布的第五批文物保护单位涉及文物遗址近300处，为数量最多的一次，包括曹操高陵等一大批重要史迹及代表性建筑、石窟寺和石刻、古建筑、古遗址和古墓葬等。郑州市作为省会城市认真贯彻国家和省委要求，加强文物普查工作，市文物局2012年度工作报告显示，将做好第三次全国文物普查总结表彰工作，并启动郑州市文物地理信息系统建立工作，计划用5年时间完成。按照国家标准制作全市国家级、省级文物保护单位标志牌，建立完善全市国家级、省级文物保护单位记录档案。与规划、测绘部门合作，启动了郑州市文物保护单位保护范围、建设控制地带图纸绘制工作。筹备启动郑州市文物保护科研中心建设工作，建立世界遗产监测监控中心，并出版了《郑州文物地图集》、《郑州市历史文化图集》、《郑州市文物志》、《重读郑州》等典章文集，持续为经济社会发展服务。

4. 文物勘探和考古发掘工作

2012年完成勘探项目230项，勘探面积802.6万平方米，发现各类遗址1295处。在保证郑州市城市建设的顺利进行的前提下完成考古发掘项目70

项，发现遗址面积 28200 平方米，出土文物 3200 件、陶片 290 包。郑州市进一步完善文物局办事大厅各项制度和机制，提高办事效率，提升服务质量，发挥好窗口作用。继续开展文物勘探和考古发掘跟踪服务、致函服务，对省、市重点项目提前介入，开展服务质量调查，优化经济发展环境。积极引进先进技术和设备，开拓文物勘探新思路，并做好文物勘探、文物鉴定培训交流工作。

5. 加强和深化保护传承载体建设

郑州市加大文物征集经费投入力度，做好历史文物征集，注重现当代文物征集。已完成博物馆馆藏文物清库建档工作，开展馆藏文物定级工作。在全市范围内推进国有博物馆建设，郑州客属文化中心后续建设和移交管理工作顺利开展，接收档案资料、图纸 160 卷，组织专业技术人员进行核对。郑州市古荥汉代冶铁遗址博物馆及郑州汉石雕博物馆均已开放。2014 年，郑州市大河村遗址博物馆、荥阳市博物馆新馆完成基本陈列布展并向社会开放；全市博物馆、纪念馆的免费开放深入开展，博物馆将清库建档并规范文物藏品管理。而民办博物馆迎来稳步发展，广大观众可参观藏品丰富、门类多样的博物馆。博物馆陈列改造有序进行。博物馆纪念馆免费开放的工作得到深化，切实保障了社会公众的基本文化权利。

6. 加强城镇建设中的遗产保护

郑州市高度重视历史文化遗产的保护利用，在城镇化推进过程中，注重传承文化，发展有历史记忆、地域特色、民族特点的美丽城镇，突出落实好古遗址、古建筑、古墓葬等的保护开发工作，落实好历史文化名城、古镇、古村落、古街道的保护展示工作以及古镇名、古村名等非物质文化遗产的保护传承，以高度的责任心坚决防止在城镇化的过程中破坏文化的行为。2014 年 1 月，郑州市政府下发《关于在城镇化建设中加强历史文化遗存保护工作的通知》，要求各县（市、区）人民政府和各有关单位在推进城镇化建设中必须高度重视历史文化遗存的保护工作，将文化遗产保护纳入经济和社会发展计划，纳入城乡建设规划，纳入财政预算，纳入体制改革，纳入各级领导责任制，把政府保护文物的责任进一步具体化。

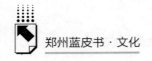
三 郑州历史文化遗产保护传承存在的问题

随着郑州城市功能和规模的扩大，新型城镇化建设不断推进，旧城区的改造工程蓬勃开展，历史文化遗产的保护任务更加艰巨，文化遗产保护仍然存在一些问题。

（一）保护观念意识有待转变

郑州市的文化资源丰富，且重点文物古迹保存大体完好，但郑州作为国家历史文化名城，其历史特色和风貌已经很难发现，城市的整体文化形象不复存在。这种问题的出现与文化遗产的保护理念密不可分，传统的理念过于重视单体保护，遗产与城市的融合缺乏，文化街区、文化片区、文化古迹被现代建筑包围，尤其是历史文化街区基本不存在，比如说商城城墙遗址周边，一侧是车水马龙的柏油马路，一侧则被裱画、玻璃加工等小作坊包围，站在可以追溯到几千年前的古城墙边，丝毫感受不到历史的厚重感以及应有的人文气息，使人们已经难以感受悠久文明古城的特色和氛围，能够展现城市历史的建筑和古迹已经非常少，现代单体建筑又缺乏地方特色和文化底蕴，以至于城市的文化价值在降低。

（二）历史文化遗产的宣传和整合力度不够

在历史文化遗产和城市的宣传上，郑州没有抓住特色和魅力，也难以给外地人留下深刻的印象。在城市的建筑、景观和宣传口号上，除少林、嵩山等部分文化遗产的影响较大，大多数没有被人们认识和了解，在历史文化遗产的展示方面，也存在展览的内容陈旧、技术滞后、形式单一等问题，不利于扩大历史文化遗产的知名度，同时各区域的文化资源和文化古迹仍然相对分散，没有形成保护的合力，以至于在保护、宣传、传承与创新等方面的能力不足。

（三）普遍存在保护投入不足、人才缺乏的问题

虽然郑州市加大了对历史文化遗产保护的投入力度，但是各县（市、区）在文化遗产的投入上仍然不足，除登封作为文化旅游城市，进行了较大投入

外，其他区域的历史文化遗产保护性投入相对较少，这对文物古迹的保护、修复和展示不利。同时，各县（市、区）的文保机构不健全、管理能力不足，基层社区也尚未将历史文化遗产的保护纳入管理体系中，而且社会力量参与保护欠缺。目前，郑州市的文化遗产保护的专业人才缺乏，尤其是非物质文化遗产的传承后继乏人，存在行业无组织、艺人无地位、生活无保障的现象；传承艰难、选择弟子艰难、发展艰难；缺资金、缺舞台、缺文化等问题严重制约了文化遗产的保护。

（四）历史文化遗产保护的法律法规不健全

目前，关于历史文化遗产保护的"法律真空"仍然较多，表现在现行文保法规过于原则化，一些规定模糊不清，规则不够细致，管理盲区普遍存在，不利于法律的执行，尤其是对文保单位、历史建筑的使用单位的监管难度大，监管手段缺乏，使保护的难度加大。同时，也需要注意农村地区历史文化遗产保护的法规缺乏，对于城镇化建设中文化遗产的保护研究不足，传承发展缺乏体系，使大量的文化遗产被破坏。统筹保护协调的难度大，历史文化遗产的保护涉及规划、土地、房管、文物等多个部门，而且各部门的法规相互交叉且不一致，一些文化遗产法规和法律统筹实施较为困难。同时，非物质文化遗产的法规尚未建立，保护缺乏有效的依据，社会参与非遗保护的法规和机制也未建立，这都不利于非物质文化遗产的保护。

四　郑州文化遗产保护对策创新研究

在文化大发展、大繁荣的总体背景下，要进一步加强郑州文化遗产的保护，展现城市历史文化底蕴，不断提升历史文化名城的影响力。

（一）创新历史文化遗产保护的理念

一是实现文化遗产的整体性保护，延续文化遗产所在地的文化"命脉"。历史建筑、风土人情、传统习俗、文学艺术、价值观念等，都是文化遗产，因此要在城镇建设中充分考虑文化遗产保护的整体性，创新文化遗产保护的载体，使地域特色文化能够在现代城镇中充分体现。二是坚持在保护中创新，推动文化遗产融入现实社会。借助现代科技手段、创意理念、展示转化平台等，推动文化遗产保护的内容与形式创新，使之与经济发展、社会进步相适应，与现代文明、时代步伐、科技发展相协调，实现历史文明与现代文明的对接，使丰富的文化遗产资源转化为资本和产品，上升为现实的文化竞争力。三是坚持"以人为本"的文化遗产保护理念，以保护来挽留生活。文化遗产保护要注重以繁荣和满足群众文化需求为基础，通过文化遗产的保护、宣传和传播，来培育和塑造新时期的人文精神，规划建设符合人们需求的基础设施，提升保护的水平、保护工作的文化涵养。

（二）深化对历史文化遗产保护工作的研究

加强对历史文化遗产的保护，必须立足于前期的基础和政策性研究，以研究为保护奠定基础，开展历史文化遗产的相关问题研究，要有计划和规划，明确研究的思路、目标和主要内容，以服务于郑州经济社会发展和建设国际文化名城为中心，有重点、有针对性地选择研究题目，组织专家队伍进行深入研究。一是加强对特色文化、文化古迹、文化名人、文明起源、中原文化等的研究，形成系列文化研究专题，同时深入对历史文化遗产保护内容、技术、模式与路径等的研究，提升保护的质量和水平。二是与国内外知名专家合作，定期组织研讨会、交流会，对郑州历史文化遗产的价值、内容和未来提升发展等进行研讨，推动嵩山论坛建设，打造世界文明交流的窗口和平台。三是加强成果转化。积极与郑州市高校、企业联动，交流文化研究成果，实现资源共享，推动兴办文化项目，发展文化产业，参与文化修复和挖掘工作。同时，创办《郑州历史文化》，编辑出版"郑州历史文化"丛书，在郑州图书馆、博物馆举办名人名家、文化遗产综合展览。推动社会力量参与郑州历史文化遗产保护和研究工作，打造系统性的历史文化研究载体和平台。

（三）运用现代科技手段多维度再现文化遗产内涵

随着新技术特别是数字化技术的出现，传统文化遗产的保护、传播方式都发生巨大变化，现代科技手段使传统文化得到再生和展示体现，需要在文化遗产保护中进一步融入现代技术手段，多维度地展现文化遗产内涵。一是利用先进技术保护、抢救和保存历史文化遗产。通过现代的修复、复制、保湿、修补技术，提升文化遗产的保护水平，借助现代科技博物馆和立体扫描技术，全面展现郑州历史文化遗产。要借助数字技术、信息技术对非物质文化遗产进行拍摄记录，尤其是对即将消失的非物质文化遗产，要形成立体式的记录和保护。二是利用现代科技传播文化遗产。要积极推动文化遗产进入社会，融入现代生活，必须把文化遗产转化为可以接受和易于接受的影视、动漫游戏，借助电视、网络等现代网络传媒进行传播。将嵩山文化、商都文化、少林文化等蕴含的名人、传说、历史等拍摄成影视剧，制作成动漫游戏，在国内知名的电视台播放，把一些文化古迹和历史遗产制作成宣传片，进行全国展播和宣传，把历史文化遗产转化为影视剧目、演绎品牌等，推动文化遗产走入社会，为群众所熟悉和认知。三是利用现代科技构筑文化体验基地。在"天地之中"世界文化遗产保护区、商都古城区、新郑黄帝生活区，建立能够展现世界文明、华夏文明的立体式体验基地，通过再现传统生活空间的场景、复原历史建筑风格、举办地方民俗活动等，亲身体验人类文明演进、文化的集聚碰撞、农耕生活、儒学教育、武术培训等，丰富传统历史文化遗产的呈现方式，让人们通过互动式体验、参与式接受，从视觉、听觉和触觉上广泛参与，完全进入到传统文化体系中，自觉接受、保护、传承郑州特色历史文化资源。

（四）以基础公共设施作为文化遗产精神文化解放新场所

文化型基础公共设施是城市的文化符号，对文化传承和功能提升具有重大作用。郑州市文化型基础公共设施主要包括城市的标志性建筑、公共活动场所、公共基础设施、文化传承展示平台等，目前基础公共设施文化内涵不足，必须通过融入新理念，推动文化遗产的传承发展。一是历史文化元素融入城市建筑中。在文化规划纳入城市建设总体规划中，在城市建设中充分考虑建筑的色彩、样式、布局等，提炼城市特色文化元素，融入城市街道、标志性建筑及新建社区中，可在城市核心区域、主干道路设计历史故事、人物和事件，建造一些展现郑州文化的标志建筑，也可将特色文化元素、文化符号等融入道路、桥梁、地铁的命名中，让外来游客和市民能够感受到郑州的文化气息。二是城市公共文化设施展现文化底蕴。在生态城市建设中，要赋予城市公园、绿地、生态廊道等更多的文化内涵，尤其是在郑州生态廊道建设的过程中，要在休闲广场、景观带、园区等设施中，融入文化标示和元素，尤其是要把城市雕塑作为基础设施建设的关键，作为展现城市文化元素的载体，通过征集特色作品，融入文化元素，进行合理规划建设，使城市建筑能够充分传承地域文化。三是新建城镇中融入地域文化。注重城镇建设中历史文化遗产的整体性保护，并提炼地域文化中蕴含的文化元素，融入新建城镇中，建设文化型城镇。四是建设非物质文化遗产传承展示设施。郑州非物质文化遗产类型众多，包括音乐、戏曲、舞蹈、手工艺、医药等多种类型，为此要积极建设综合性的非物质文化遗产展示园区，并建立起非物质文化遗产的传习所、展示馆等设施，通过传习技艺、经营产品，推动非物质文化遗产的保护。

（五）社会参与共同推动历史文化遗产保护

文化遗产的保护不仅是政府的工作，也是全社会共同的责任和义务，当下需要积极引导社会力量参与历史文化遗产的保护，形成社会积极参与文化遗产保护的氛围。一是依托社区力量开展保护宣传工作。社区作为人们生活的基本单位，具有组织、宣传和引导等多项功能，社区要通过各种形式的文化活动，加强对郑州历史文化遗产的介绍、宣传，并倡导社区居民自觉保护郑州历史文化遗产，文物管理部门可以与高校进行合作，组织专家学者走入社区，宣传文物和文化遗产保护方面的知识。二是依托学校教育传承。加强小学文化遗产保护方面的知识教育，通过把知识融入教材，编制历史文化遗产读本等措施，传承郑州历史文明，使市民从小形成保护历史文化遗产的意识。同时，探索在郑州市高等院校教育中设立专门的文化遗产专业课，向来自全国各地的学生传播郑州文化，增强郑州历史文化的影响力。高等院校要积极举办学术论坛、文化讲座，通过交流、研讨等方式创新历史文化保护的形式。三是社会组织参与保护。推动建设一批文化遗产保护和传播的协会、学会和研究会，组织志愿者、专家、社区党员等参与进来，共同推动历史文化遗产的保护。激励当前文化组织的发展，制定管理制度，拨付资金支持历史文化遗产保护组织的建设，奖励历史文化遗产保护的贡献者，鼓励市民参与到历史文化遗产保护中，形成全社会参与、支持文化遗产保护的强大合力。

个 案 研 究

Cases Studies

.24

贴近群众惠民生　文化情韵满郑州

——郑州市"情韵郑州"群众文化品牌活动的启示

李桂玲　周　颖　王丹妮*

摘　要：

为更好地丰富人民群众的精神文化生活，深入宣传党的思想方针政策，进一步发挥群众文化所具有的思想导向和文化服务功能。郑州市群众文化工作围绕郑州市主体工作，统筹不同形式的群众文化活动，精心打造了以"群星讲堂"、"公益舞台"、"公益展厅"、"公益讲堂"为组成部分的"情韵郑州"群众文化品牌，为和谐郑州建设提供强大的精神力量。

关键词：

群众文化　文化品牌　公益服务　经验启示

---

* 李桂玲，郑州市群众艺术馆馆长、副研究馆员；周颖，郑州市群众艺术馆馆员；王丹妮，郑州市群众艺术馆工作人员。

一 "情韵郑州"活动展开的背景

群众文化事业作为国家公益性社会文化事业,在社会文化发展中具有龙头、导向和示范作用,对于规范社会文化市场的方向,促进政治、物质、精神文明建设与和谐社会建设具有重要作用。丰富多彩的群众文化活动是党委、政府与人民群众之间的"连心桥",能够让广大人民群众在享受文化愉悦、提升自身文化素养的同时,在潜移默化中形成对市委、市政府中心工作的深入认识及了解,不断增强人民群众对党委政府的深厚情感,从而起到提高群众文明素质、促进社会和谐进步的良好作用。

十八大报告之文化建设中提出,要扎实推进社会主义文化强国建设,并强调要建设社会主义文化强国,关键是增强全民族文化创造活力。因此,要全面深化文化体制改革,解放和发展文化生产力,发扬学术民主、艺术民主,为人民提供广阔的文化舞台。只有这样才能够让文化的创造源泉不断地涌流,使群众能够参与到文化发展中来,保障好群众的文化权益,不断激发群众的创造活力,充分享受文化发展的成果。郑州市作为国家区域性中心城市、国家公共文化服务体系示范区,不断加强文化建设,积极扶持一批文化优势品牌做大做强,完善公共文化服务体系,大力实施文化惠民工程,实施文艺精品创作工程,推出了一批有重大影响的文艺精品。

在国家和郑州市高度重视群众文化建设的背景下,郑州市的群众文化工作立足实际,多策并举,形成了以"群星讲堂"、"公益大舞台"、"公益大展厅"、"公益大讲堂"为主要支点的群众文化活动体系。2013 年,郑州市群众艺术馆紧紧围绕市委、市政府提出的新型城镇化建设、现代产业体系构建,以及城市网格化管理的"三大主体"工作,以创建国家公共文化服务体系示范区为抓手,组织群文工作者深入学习领会"三大主体"工作的意义、内涵和具体的实施步骤,集思广益,打破以往传统单一的活动模式,重新塑造了以"群星讲堂"、"公益舞台"、"公益展厅"、"公益讲堂"为组成部分的"情韵郑州"群众文化品牌。以"情"韵郑州,将工作汇报变成群众的语言,化作通俗的形式,从而令群众心领神会,加深对党委政府工作的认识,增进干部群众的关系，激发群众向党委政府靠拢。"情韵郑州"系列群众文化活动品牌的打造，充分发挥了群众文化作为基层思想宣传主阵地的作用，把思想宣传工作与百姓文化生活紧密结合，以贯彻党的十八大精神、宣传郑州市"三大主体"工作为核心内容，通过寓教于乐的方式，推出具有时代特点的活动项目，做到周周有活动、月月有亮点、季季有主题，切实把干部群众思想统一到市委、市政府的决策部署上来，为郑州都市区建设提供强大的精神动力、思想保证、舆论支持和文化条件。

二 "情韵郑州"文化活动的做法与成效

（一）"情韵郑州"文化活动的价值

群众文化品牌是文化品牌的一种类型，是群众文化品牌化的结果，它不仅是一种工具，更是文化、精神和个性的体现，对群众文化发展有着至关重要的推动作用。丰富多彩的群众文化资源是群众文化发展的重要基础，但仅有群众文化资源不足以产生发展优势，丰富的群众文化资源往往是分散性的，阻碍了发展的进程。群众文化品牌形成的过程是集中配置包括群众文化资源在内的各种资源的过程，其本身就是对群众文化资源的整合。在创建国家公共文化服务体系示范区的两年里，郑州市群众文化工作在摸索中前行，并形成了具有地域特色的发展经验。群众对政府提供的公共文化服务的认可，很大程度上取决于当地富有感染力和创新力的公共文化活动品牌，即为广大群众所喜爱、参与面广、特色鲜明并产生广泛影响的公共文化服务活动项目，只有加快群众文化品牌的培育和建设，才能真正实现群众文化的大发展、大繁荣。

"情韵郑州"是有机整体，"群星讲堂"、"公益舞台"、"公益展厅"、"公益讲堂"既是独立篇章，又相辅相成，不是各自为政，而是"四位一体"。"群星讲堂"、"公益讲堂"通过邀请专家讲座，全面细致地讲述"三大主体"工作内涵；"公益舞台"通过文艺会演，以寓教于乐的形式展现"三大主体"工作进展；"公益展厅"则通过展览展示，图文并茂地介绍"三大主体"的工作成绩。由此可见，"情韵郑州"是一个集公益性、导向性、群众性、情感性于一身的群众文化活动品牌，它具有鲜明的时代特色、郑州特色，同时也是群文工作者在漫长的实践中挖掘出的郑州市民喜闻乐见的群众文化活动。"情韵郑州"依托"群星讲堂"、"公益舞台"、"公益展厅"、"公益讲堂"四大载体全方位、多角度地展示了"三大主体"工作，将活动平台延伸到千家万户，充分调动县（市、区）文化馆、社区文化站、农村文化活动中心以及企业公会等基层单位，发挥人民群众的主观能动性，既增进了人民群众对党委政府工作的认同感，同时也吸引了更多的人民群众参与到"三大主体"工作的建设中，让"情韵郑州"深入人心、情动绿城。

在推动群众文化品牌"情韵郑州"面向郑州1100万人民群众铺展开来的过程中，郑州市群文工作者始终秉着坚持将党性与人民性统一起来，坚决同党委政府保持高度一致，把服务群众同教育群众、引导群众结合起来，坚持团结稳定鼓劲、正面宣传党委政府中心工作为主的重要方针，引导人民群众更加全面客观地认识党委政府的中心工作，从而引领人民群众拥护和支持党委政府的中心工作。"情韵郑州"在内容结构上，结合不同季节的群众文化活动特点，全年活动围绕春、夏、秋、冬4个季节以活动季的形式呈现在全市人民的面前。

（二）"情韵郑州"文化活动的做法

"情韵郑州"共分为4个篇章，每个篇章为一个季度，围绕城市发展的一个核心主题展开，全面展现、宣传城市建设与发展的成绩。

1. 绿城春潮——新型城镇化建设

春季篇以"新型城镇化建设中的群众文化建设"为主题，抓住新型城镇化建设的6个切入点，围绕道路建设、生态廊道、四类社区、组团起步区、中心城区功能提升以及产业聚集区建设展开。"群星讲堂"邀请专家学者，组织社会各阶层的文艺骨干进行"新型城镇化建设中的群众文化建设"专题讲座；"公益舞台"举办新农村社区系列文艺会演，展现郑州市日新月异的变化；"公益展厅"举办以郑州的道路（生态廊道）、城中村改造、新型农村社区建设为专题的"美丽郑州，幸福家园"系列摄影展；"公益讲堂"走进新农村社区，举办群众文化培训；"公益舞台"策划组织"情韵郑州"助力新型城镇化主题晚会在郑州艺术宫成功举办。晚会以"新绿　新城　新郑州"为主题，以"新绿"突出郑州生态廊道建设的成绩，展示美丽郑州的无限魅力；以"新城"突出四类社区改造后市民的幸福生活，展示和谐郑州人民群众的幸福安康；以"新郑州"全面展示未来3～5年后城乡发展规划一体化、城乡产业布局一体化、城乡基础设施一体化、城乡公共服务一体化、城乡劳动就业一体化、城乡社会管理一体化的美好前景。郑州电视台给予了全程录制并两次播放。演出将经典诵读、器乐、歌曲、舞蹈、课本剧等有机串联，内容寓教于乐，以温馨、愉快、明亮、活泼的舞台艺术形式展示了郑州新型城镇化建设的阶段性成果，用优美的歌声和舞姿描述美丽的郑州，进一步激发了广大市民热爱郑州、奉献郑州的热情，进一步提升了郑州城市文化品位。

2. 激情跨越——现代产业体系构建

夏季篇以富有激情且与产业工人的生产生活密切相关的现代产业体系构建为主题，深入厂矿、企业等基层，围绕产业结构调整的效应、现代产业体系的新格局、发展软化环境的提升、项目建设环境的优化、经济社会发展竞争力的增强等内容展开。"群星讲堂"围绕"现代产业体系构建与现代城市文化建设"举办专题讲座；"公益舞台"在全社会范围内开展厂歌竞赛、以"现代产业体系构建"为题的原创歌曲大赛、拉歌比赛以及职工大联欢歌会，引导职工舒缓工作压力，从而以更好的精神面貌投入工作；"公益展厅"举办全市职工书法、美术作品展；"公益讲堂"走进工矿企业，组织开展群众文化培训。着力营造有利于基层优秀文化人才大量涌现、健康成长的良好氛围，实现群众文化人才总量稳步增长，群众文化人才队伍素质明显提高。

3. 多彩家园——城市网格化管理

秋季篇以"网格化管理"为主题，围绕以网格化为载体的坚持依靠群众推进工作落实长效机制建设，体现政府各项职责全覆盖、无缝隙落实，切实提高城乡管理科学化、制度化水平，营造稳定、高效、有序的发展环境，建设和谐、温馨、美丽的家园。"群星讲堂"邀请全国"网格化"公共文化服务先进典型交流工作经验；"公益舞台"举办郑州市网格化管理先进社区文艺会演；"公益展厅"开展"我的社区我的家"书法、美术、摄影主题作品展；"公益讲堂"组织"我骄傲我是网格长"演讲比赛；"公益舞台"组织"心相连　情相牵"郑州市群众路线长效机制专题文艺会演，该会演在郑州电视台演播厅隆重举办，晚会以赞美家乡发展变化为主题，充分利用网格化建设这一群众工作的新型载体，在创新思路、规范化执法、做好群众工作等方面进行创作及选择节目，同时也邀请了在演讲比赛中获胜的网格长进行现场演讲。不仅让人民群众更加了解网格化管理工作的内涵，也充分体现政府各项职责全覆盖、无缝隙落实，城乡管理科学化、制度化水平的提升。在赞颂郑州市网格化管理取得良好阶段性成效的同时，激发广大市民投身于"热爱家乡、建设家乡"的行动中来。

4. 岁月华章——郑州都市区建设

冬季篇以"盘点一年来推进郑州都市区建设成就"为主题，围绕"三大主体"工作一年的工作成就创作节目。"群星讲堂"围绕"中原历史文化和现代城市文明"进行专家讲座；"公益舞台"组织原创节目深入基层巡回演出；"公益展厅"举办"精彩2013"郑州市建设成就展；"公益讲堂"举办重点工程建设先进典型报告会，营造出喜庆欢乐的氛围，体现郑州市干部群众的自豪感和自信心，打造郑州文化新形象。

三 郑州市群众文化品牌"情韵郑州"的启示

在群众文化领域确立品牌观念，能让群众文化工作具有系统性、长效性，是群众文化事业可持续发展的时代要求。推进群众文化品牌战略，是开展群众文化工作的突破口，有了群众文化品牌，更能让群众充分享受到文化的滋润。

（一）坚持倾听群众文化诉求、充分满足群众文化需求，是做好群文工作的前提

基层是事业发展的根基所在，社会主义文化的繁荣离不开基层文化的发展。郑州市注重基层基础、坚持利民惠民，突出地方特色、发挥资源优势，努力提供更多更好的文化产品和文化服务，不断地丰富人民群众精神文化生活。郑州市群众艺术馆借助"情韵郑州"活动，直接面向全社会开展的公益讲堂以"充分发动、以需定教、免费培训、群众自愿"为原则，以"统一规划、分级培训、四级联动、惠及全民"为主要方法，挑选舞蹈、音乐、文学、书法、摄影等群众喜闻乐见的、最急需学习的艺术门类，免费为群众培训。此

外，郑州市群众艺术馆还组织群文工作者深入乡镇（街道）、社区、企业广泛调研，坚持倾听群众的精神文化需求，开展具有针对性的群众文化活动，跳出以往单纯只搞广场演出的老路子，将书法绘画摄影展、艺术培训、非遗项目展演等多种形式融于一体，满足了广大人民群众不同层次的文化需求。

（二）发挥基层群众主体作用、不断增强群众文化吸引力，是做好群文工作的方向

"情韵郑州"有群众文化建设的明确方向，有激励群众文化工作的有力措施，再加上对文化活动的有效宣传，提升了群众参与文化活动的热情，更好地开展了群众文化活动。一是要加大力度，继续开展公益品牌文化活动。吸引群众广泛参与群众文化活动，从而达到"群众演、群众看、群众乐"的效果，让群众在活动中唱主角、受教育，要让群众从文化发展中得到看得见、摸得着的实惠。二是要找准支点，服务群众。大力创新活动形式，由过去简单的"送文化"转为"种文化"，增强群众文化活动自我发展、自我服务的能力和水平。三是加强文化活动培训。据不完全统计，仅 2013 年郑州接受艺术普及的人民群众就高达 10 万余名，因此应选择群众文化活动基础较好的村镇、社区、广场，建立"文化活动培训基地"，定期组织文艺骨干进行辅导。

（三）建立文化惠民长效机制、推动群众文化活动常态化，是做好群文工作的目标

"情韵郑州"以不断巩固、深化和拓展教育活动成果为目标，努力把一批群众文化活动打造成为文化惠民新领域、提升群众幸福指数新举措、接地气问民生的新渠道，形成了一系列的活动开展机制，为城市文化活动建设提供了经验。一是建立文化惠民调研机制。建立领导干部联系点，定期深入基层调研文化活动状况，撰写调研报告，有针对性地提出基层文化活动的意见和建议。二是建立文化惠民联动机制。整合文化活动资源，加强职能部门作用。报社、电台、电视台、文化市场执法支队等部门定期深入基层开展文化活动，形成文化惠民的合力。三是建立文化惠民保障机制。要借鉴"情韵郑州"的经验，坚持把优秀文化人才输送到基层，把活动器材配发到基层，把文化场所建立在基

层，把有限经费投放到基层，改善基层文化活动条件，切实为基层、为群众办实事、办好事、解难题，切实保障广大人民群众的文化权益。

四　进一步提升群众文化活动品牌的建议

在开展群众文化品牌"情韵郑州"系列活动的过程中，郑州市群众文化工作者摸着石头过河，积极探索群众文化品牌的发展道路，但工作中仍存在投入不足、机构不健全、专业人才紧缺、基础设施薄弱等问题，因此要深化认识、加强领导、加大投入、重视文化队伍建设，为今后更加顺利地开展群众文化品牌活动奠定坚实的基础。

（一）明确群众文化活动的发展思路，提升群众文化活动水平

文化是民族的血脉，是人民的精神家园。作为"全国首批创建国家公共文化服务体系示范区"成功的城市，在新的时期，群众文化品牌未来的发展面临着新的挑战与机遇，但机遇大于挑战，关键是群众文化工作者要转变观念、与时俱进，注重群众文化品牌的多样性，正确把握好群众文化品牌的发展方向。因此，未来群众文化活动要注重创新，不断地丰富活动内容，打造城市群众活动的品牌，提升群众文化活动的水平。

（二）大力培养文艺骨干，积极引导群众文化活动

从"情韵郑州"活动中可以看出，在群众文化开展得好的地区，大多具有一定规模且由有组织性的文艺骨干带头。而郑州目前群众文艺骨干较为分散，且缺少正规组织，因此带动郑州人民推动文化的繁荣发展不切实际，必须扩大文艺骨干队伍，积极开展艺术培训，广泛交流、借鉴经验，采取一教十、十教百的方式，逐步引导更多的群众参与到群众文化活动中来，从而创造出更多的群众文化品牌。

（三）建立群众文化主阵地，打造文化活动网络化

群众文化主阵地对推动群众文化活动的开展具有重大作用，使活动有载

体、平台，并能够有利于形成积极的引导能力。郑州正在形成日趋新颖的群众文化品牌，必须要有一个正确的导向，作为群众文化工作者必须从大处着眼，建立群众文化主阵地，形成文化活动网络化。可以借助群众艺术馆这个中心载体，以各类文化广场为主阵地，社区、乡镇为基层阵地，做好导向和调控工作，让群众文化品牌既有广度，又有深度，更有高度，从而健康有序地开展。

（四）围绕中心，打造品牌，全面发挥群众文化的服务功能

群众文化是人民群众以自身为活动主体，以娱乐为主要内容的文化活动，担负着直接开展文化工作与创建社会主义文化的重任，大力推进群众文化品牌战略的进程，搭建起党委、政府与人民群众之间的"连心桥"，在宣传党和国家的方针、政策，加强党和政府与人民群众之间的紧密联系、全社会培养健康文明的生活方式，提高广大人民群众的思想道德和科学文化素质等方面，都具有不可低估的作用，"情韵郑州"文化活动就是一次有益的探索。今后，要以成功创建国家公共文化服务体系示范区为抓手，倾力打造新的群众文化精品品牌"情韵郑州"，推出具有时代特点、郑州特色的活动项目，为和谐城市建设提供强大的精神力量。

B.25

郑州市卧龙游乐设备有限
公司发展研究报告

马志辉　王永峰　吴　静*

摘　要：

随着综合国力的增强、人均 GDP 的增加，人们对游乐设备产业的需求越来越旺盛，游乐设备产业作为文化休闲娱乐业的一个分支也迎来了发展的机遇。郑州市游乐设备产业经过多年的发展，已经初具规模，但也面临着诸多困境。本文以郑州市卧龙游乐设备有限公司为例，总结了其发展现状，分析了其发展的成功经验以及面临的问题和挑战，提出了进一步推动该企业发展的建议和对策。

关键词：

郑州　文化休闲娱乐　游乐设备

随着综合国力的增强、人均 GDP 的增加，人们对游乐设备产业的需求越来越旺盛，游乐设备产业迎来了绝好的发展机遇。游乐设备的生产和经营属于文化休闲娱乐业，是一个包含设计、制造、使用、维修保养、质量监督检验和安全监察等在内的完整体系。随着游乐设备制造业的快速发展，当前中国中型以上的游乐园约有 428 家，年营业额超过 60 亿元，整个行业共形成产值大约 110 亿元以上，保持着不可抵挡的发展势头。郑州市也高度重视游乐设备制造业的发展，游乐设备制造业最初以荥阳市王村镇为起点，从一家一户作坊式生产开始，由零散状态自由发展成了一个社会产业，行业呈现繁荣

---

*　马志辉、王永峰、吴静，郑州市委宣传部。

发展的局面。但是长期零散经营、自发成长起来的游乐业也存在规模小、管理不到位、技术质量不过关等问题，如何向高端化、规模化发展，已经成为摆在郑州市游乐设备行业面前的突出问题。郑州市卧龙游乐设备有限公司（以下简称"卧龙公司"）由原来的小作坊，发展到今天年销售收入2448.67万元的国内知名的充气游乐设备生产企业，对郑州市乃至全国同行业的发展具有典型的借鉴意义。

一　卧龙公司基本情况及发展现状

卧龙公司是一家专业从事充气游乐设备开发、生产和销售的企业，产品主要包括动漫卡通充气形象玩具、动漫衍生品、充气动漫玩具、动漫水上运动休闲、动漫机械游乐产品、充气动漫广告媒体等。公司成立于1995年3月，现位于郑州市南郊，紧靠107国道，毗邻环城高速，占地67600平方米，总建筑面积25416平方米，现有员工600余人，各类中高级管理人员40多人、技术人员70多人。经过近20年的发展，卧龙公司由原来的小作坊，通过不断的努力，规模不断壮大，销售网络遍布全国各地，连续多年产销量居全国同行业前茅，产品远销欧美、韩国、日本、泰国、马来西亚、澳大利亚、中国台湾等国家和地区。卧龙公司通过不断强化管理、加大创新、人才培养等多种措施，获得了良好的经济效益，2013年全年销售收入2448.67万元，出口额达168.89万美元，上缴税金88.46万元。

卧龙公司始终坚持以市场需求为导向，已开发出大中小型充气玩具上百种，产品设计新颖、外形逼真、质量过硬，赢得了顾客的一致好评。同时，对充气广告媒体中声光电技术的开发和应用，为老产品注入了新的活力。卧龙公司至今已获得水上透明滚筒、水上电动碰碰船、支架水池、滑梯泳池嬉水乐园等30余项国家专利。卧龙公司是中国游艺机游乐园协会和国际游艺机游乐园协会会员，拥有国家进出口企业资格，曾先后获得郑州市文化产业示范基地、河南省第四批文化产业示范基地、国家文化出口重点企业、河南省文化企业50强等称号。

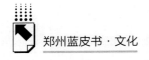

二 卧龙公司游乐设备产业发展的经验

卧龙公司是国内充气游乐设备行业内规模最大的生产厂家之一，产品已经覆盖到全国各省市以及国际上主要国家和地区，年销售充气游乐设施30万平方米，国内市场占有率60%以上，外贸出口额每年都在180万美元以上，产品受到了国内外客户的一致认可。

（一）以科学管理为基础，不断提高客户的满意度

卧龙公司自成立以来本着实实在在做企业的原则，以满足客户的需要为出发点和落脚点，不断强化成本管理和质量管理，力争为客户提供质高价优的产品。一是从源头做起，公司生产的充气游乐设施所使用的原材料都由国内知名企业提供，确保了原材的质量，同时，公司重视与供应商的合作，先后与北京五洲佳泰、广州柏拉图等企业共同研发多款充气游乐设施专用布料和配套设施。二是从生产环节入手，设置了质检部门，建立了严格的质检体系，对生产过程进行全程跟踪，确保从原材料到发货，每一步都严把质量大门，尽量减少差错的出现，在产品结构、生产工艺、技术标准、仿真程度上达到了国内同行业中的最高水平，在业内赢得了较好的口碑。三是从售后服务入手，组建专业部门，通过强化管理、明确职责，不断提高售后服务质量，解决客户提出的各类问题，并通过培训和考核，不断加强员工的服务意识，提高客户满意度。

（二）以创新研发为核心，不断地提升产品的品质

作为该行业的领跑者，卧龙公司将研发创新作为公司发展的助推器，每年投入营业收入的6%用于科技创新，并在本地同行业中率先成立了研发部门，为该行业的发展注入了新的活力。研发部成立以来，每年研发新产品10余项，带动郑州市充气游乐设施行业走在了国内的前列。公司现有技术人员70多人，专门从事产品研发的有40人，公司还不断加强对专业人才的培养和引进，先后与郑州大学、中原工学院等国内大专院校、科研院所进行技术合作，科技创新能力不断提高。公司成立以来，先后申请国家专利30余项，通过行业标准

5 项，与国家标委共同编制行业国家标准 1 项。产品的新颖度高是客户盈利的保障，也是企业发展的基础，卧龙公司奉行"人无我有，人有我优"的原则，不断开发新产品，儿童闯关设备、新型水上乐园设备、龙宝宝大滑梯、超级玛丽大滑梯等都是近年来的热销产品，特别是公司新推出的支架水池，设备便于拆卸和移动，解决了传统水上游乐设施占地大、成本高、经营期限短的问题，为短期且无固定场地的经营者带来了新的经营模式。项目一经推出，得到了市场的广泛认可。同时，卧龙公司为解决太阳暴晒的问题，还对该产品进行了二次研发，为支架水池配置了充气遮阳棚，既美观又实用。公司通过产品的不断创新研发，不仅给游客提供了更好的游玩环境，也使公司的业绩蒸蒸日上。

（三）以特色文化为导向，不断提升产品的文化内涵

卧龙公司自成立以来，一直走着与文化相结合的道路，由原来的充气广告媒体，到现在的儿童游乐产品与体育教育的结合，无不体现着文化内涵。卧龙公司先后依据神话故事《西游记》、动画片《海尔兄弟》等推出了一批以传统文化为主题的充气产品，如大闹天宫、海尔兄弟、宝莲灯等；由于该类产品造型逼真，深受当时少年儿童的喜欢。21 世纪初，随着国际动漫的引进，卧龙公司又推出了迪士尼城堡、奥特曼、超级宝贝等多款产品，满足了市场的需求。近年来，卧龙公司在科技创新方面狠下功夫的同时，在产品的设计中一直追赶着文化的大潮，2011 年启动的"移动文化乐园"项目，是结合传统文化和现代文化及科技为一体的文化项目，主旨是加强娱乐与文化、娱乐与体育的结合，提倡健康的生活方式。项目结合不同的文化元素，充分利用充气游乐产品形象，在体现功能、安全等特点的同时，与设备制造、机电控制等科技产品结合，能够满足不同年龄人群的娱乐体验要求。该项目通过近两年的平稳运行，取得了良好的经济效益和社会效益。2014 年，卧龙公司还将推出以文化活动策划和服务为主的"趣味运动会"、大型文化主题乐园等与文化结合的项目，企业的竞争力将进一步提升。

（四）以营销策划为抓手，不断开拓多元化市场

面对错综复杂的市场环境，卧龙公司在经营过程中，除了电话营销和外出

推销产品等传统营销手段外，还不断实践和探索营销工作新思路，深化市场研究，强化市场开拓，灵活应用各种营销策略，从多方面对产品营销进行有效的实践和探索。目前，卧龙公司市场已覆盖到全国各县市，国际市场有美国、英国、挪威、韩国、东南亚等20多个国家和地区。随着网络对营销的影响，卧龙公司在2011年又增加了电子商务渠道，利用互联网开展业务洽谈等相关服务活动，传统商业活动的各环节逐步实现电子化、网络化，有效地增强了营销力度。在销售服务上，采取定期跟踪、推荐新品、来厂参观、售后服务等流程，做到一切以客户为中心，不断提高客户的满意度。针对外贸销售，在运用电子商务平台的同时，每年参加国际展会和国际技术交流活动，发掘潜在客户，加大文化产品出口，并通过交流，不断学习国际上文化产品设计、技术创新、销售管理等方面的先进经验，为企业产品的设计、制造和销售注入国际先进的技术和管理方法。另外，卧龙公司通过与知名企业合作、为重要赛事活动提供产品等方式，不断加大产品的宣传推广力度，如为北京奥运会制作水上比赛用警示浮标、为伦敦奥运会开幕式提供28只"微笑"透明球等，都极大地提升了公司的知名度。

（五）以产业链整合为重点，不断拓展多元化发展的路子

随着国内外充气游乐设施消费市场的扩大和变化，传统的产品和经营模式也在不断地变化。卧龙公司在稳定充气游乐设施销售的基础上，目前已拓展到水上运动休闲产品、移动乐园、配套设施、文化活动策划和服务等业务，实现了从单纯充气游乐设施生产向多元化综合市场的转变。在产品结构上，不断完善文化产品类型，加快文化服务项目的开发，满足客户多方面需求，并不断开发新产品和服务项目，不断增加文化创意和服务的出口。同时为了满足销售的需求，卧龙公司通过选择新设备，提高工作效率，改善作业环境和产品质量，在不断扩大自身生产能力的同时，采取多种合作方式整合现有资源，推动行业的快速发展。以"移动文化水上乐园"为例，该项目整合了充气游乐设施、支架水池、机械结构、水循环系统和一套完整的经营方案。公司不再是单纯地生产销售产品，而是参与到从产品量身设计、生产、安装到后期跟踪服务的整个链条。

三 发展过程中存在的困难和问题

卧龙公司经过多年的发展，已成为国内同行业中的领跑者，但行业内竞争激烈，同时产品附加值不高，与国外的发展水平还有一定的差距，卧龙公司在发展中还面临着许多挑战和困难。

（一）专业技术人才力量薄弱，科研创新能力不足

游乐设备产业的发展和强大需要机械制造、美术动漫、企业策划、声光电技术等专业性人才，然而，由于我国这类专业课程的欠缺使专业人才供给不足，再加上这个行业如雨后春笋般地迅速扩张导致专业人才的需求非常旺盛，加剧了专业人才力量的不足。卧龙公司也不例外，虽然公司在本地行业中的技术力量较强，但公司发展中依然面临着专业技术人才紧缺的情况，同时大中专院校中缺乏相应专业的设置和相关产业研究，而企业自己培养人才的成本又高，致使企业自身的科技创新能力无法在短期内提升，公司产品的创新和研发满足不了市场发展的需求，制约了公司的快速发展。

（二）文化科技结合的力度不够，产品结构层次和附加值偏低

当前就整个游乐设备行业来说，主要以低附加值的代工生产为主，拥有自主产权的企业极少，能叫得响品牌的企业更是少之又少。可以说，当前的游乐设备从"脸"到"心"多姓"洋"。然而，自主创新和民族原创是游乐设备产业发展的生命之源，突出个性和文化内涵是制胜的法宝，例如，美国迪士尼塑造的米老鼠、唐老鸭等家喻户晓的动漫形象，由于潜移默化地融入了美国的本土文化元素，使游客在享受感官刺激的同时，其包含的文化随之融入消费者的情绪中，从而实现硬件设备与软件的互融。以卧龙公司为代表的郑州游乐设备生产企业最早是以个体经营为主，发展初期更多关注的是产品的生产问题，对产品的文化内涵关注不够，产品结构层次和附加值偏低，发展到一定阶段后，就会阻碍向更高层次发展的步伐。随着社会的发展，人们对游乐的取向在不断向高级层面转变，然而企业产品依旧停留在满足感官的刺激上，而没有文

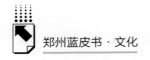
化底蕴，必然使产品的思想性欠缺、独特性不足，竞争力差，所以，企业的产品结构需要随着市场的需求进行不断的调整和提升。

（三）市场环境不断变化，行业竞争日趋激烈

虽然卧龙公司的产品销售不断攀升，但近几年来，竞争压力也逐步加大。一是由于创新不足，产品的科技水平不高，加之产权意识薄弱，其他企业模仿现象普遍存在，使卧龙公司的优势不再明显。二是市场需求旺盛，使周边企业迅速崛起，区域市场、人才、价格、渠道等竞争异常激烈。三是无证经营的小作坊的偷工减料、以次充好、低价销售等严重干扰着市场的正常秩序。四是随着手机和家用电脑的普及，手机游戏、网络游戏和掌上游戏等替代品不断出现，给游乐设备生产经营企业带来了较大冲击。五是随着劳动力、土地等基本生产要素价格的攀升，与国外同类企业相比，卧龙公司的生产成本优势正在逐年丧失，此外，随着人民币汇率的升温，原材料价格不断提升，价格优势越来越受到挑战。

（四）产业集群效应不明显，核心竞争力不强

尽管郑州市卧龙游乐设备有限公司在该行业有较大的市场占有率，正在逐步形成以该企业为中心的上下游产业链条，然而该企业的创新能力不足，龙头作用有限，以娱乐设备业为核心的产业集群还没有形成，从而形成资源共享率低、各项成本居高不下的局面。加之同行之间由于缺乏协调沟通机制，没有形成优势互补、资源共享的良好环境，无序竞争、恶性竞争充斥着市场，制约着市场向健康、有序的方向发展。同行业之间没有形成优势互补，而是在价格等方面进行无序竞争，制约了行业的长远发展。

（五）发展后劲不足，外部政策环境需要进一步优化

游乐设备行业起点低、见效快，市场前景广阔，从全国该行业发展较好的省市、地区来看，基本经历了一个从企业自我发展到政府引导，逐步形成产业集群的过程。郑州市游乐设备产业起步相对较晚，与传统行业还有很大差距，还缺乏游乐设备产业方面的政策规定，对该行业的扶持引导力度还不够。卧龙

公司在发展过程中，虽然获得了一些文化产业专项资金的扶持，但这只是在一定时期内对其资金周转上的单一扶持，然而一个企业的发展，乃至整个产业集群的集聚发展，必须有良好的外部环境。比如，中山市政府为培育港口镇游乐设备业产业集群的形成，带动区域经济的发展，从土地、政策等诸多方面全方面地予以支持和引导。目前，郑州市游乐设备产业从小作坊式的无序发展正在向正规化、产业化、规模化的方向发展，特别是像卧龙公司这样的龙头企业，更需要政府在产业引导、政策扶持上进一步加大力度。

四 推动卧龙公司游乐产业加快发展的对策思考

随着我国居民消费需求的变化，卧龙公司凭着较强的国内比较优势迎来了巨大的发展机遇。面对机遇，要想在竞争中站稳脚跟，获得更大的发展，卧龙公司需要在人才、技术、产品文化内涵、营销等各方面再上一个台阶。

（一）明确愿景目标，制定发展规划

共同愿景概括了团队的未来目标、使命及核心价值观，是企业全员为之奋斗的心愿和远景。建立共同愿景是创建学习型团队的关键环节，组织建立共同愿景可以激励全体队员为实现目标而不断学习、奋斗。否则会间接地让公司员工失去工作动力，简单地为工作而工作。目前，卧龙公司已经明确了2014～2017年的发展目标，即进一步提升品牌优势，加快对国际市场的开拓，增强企业的抗风险能力，力争使销售收入增长50%以上，利润增长10%以上，文化产品出口增长30%以上。虽然公司发展目标比较明确，但尚未有清晰的发展规划，这就需要公司结合自身发展实际，尽快制定清晰的发展规划和实施步骤，明确发展的阶段和任务，并在实践过程中根据实际情况不断调整，这样才能保证目标的逐步实现。同时，除近期目标外，公司还要制定长期的发展目标和发展战略，以便在市场竞争中立于不败之地。

（二）发挥政府引导作用，推动产业化、集聚化发展

良好的政策环境和行业环境是企业发展的重要基础，如果在外部环境方

面，企业没有一个明确的良好预期，必然会缺乏长远的信心，而无心大量地投入资金于技术开发和内容创意上，难以建立长期发展的战略规划。目前，郑州市在游乐设备行业方面已取得了一定的成绩，企业数量和规模在全国已占有一席之地，整个产业正在由无序向有序发展，亟须政府发挥引导扶持作用。一是要加强引导促进集聚。通过加强规划、出台政策，发挥龙头企业集群集聚优势，集成利用资源要素，完善强化产业化功能，提升龙头企业的辐射带动作用，加快郑州市游乐设备产业化、集群化发展。二是要进行产业整合促转型。通过狠抓淘汰落后、兼并重组、项目落地，不断推进全市游乐设备产业结构的优化升级。三是要强化龙头促品牌。建立重点企业定期访问制度，做好跟踪服务工作，及时帮助解决企业发展过程中的各类问题，对发展有潜力、产品有市场、实现利税有一定规模的企业加以重点培育，在规划、用地、外部配套、项目审批等方面给予重点支持，以此带动全市上规模游乐设备企业不断跃上新台阶。四是要对接动漫促创新。发挥郑州市动漫资源优势，构筑游乐设备企业与动漫企业的对接合作平台，推进动漫、游乐设备产业的双提升。

（三）加大人才培养力度，提升创意设计能力

产品的竞争力很大程度上取决于设计。美国哈佛大学教授海斯曾预言：过去企业竞争靠价格竞争，现在靠质量竞争，明天将靠设计竞争。所以要想获得长远发展，卧龙公司需要改变原有的经营模式，树立明确的经营目标和长期的品牌战略，不断提高研发设计能力，推出适应市场发展的新产品。一是进一步加大设计研发投入力度。制定企业设计研发方面的发展战略，在研发经费、研发人员方面不断加大投入力度，强化研发部门的职能作用，在设计研发方面持续提升。二是整合利用文化创意产业发展资源。现代的游乐设备概念不仅仅是人们休闲的物的范畴，而且是内含着人文情感的艺术表达形式，是一种以物化为载体，结合现代科技、人文精神、文化创意等的综合体，是一项以产品研发为核心，生产、管理、环保、投放市场等环环相扣的系统工程。随着人们需求的提升，游乐设备设计将与文化创意产业紧密联系，推动游乐设备产业提升能级。具体到卧龙公司，应该充分利用省市乃至全国的动漫游戏、电影、艺术设计、民间手工艺等文化创意资源，厘清思路，坚定信心，加大对产品设计人

力、物力、财力的投入，调动一切资源提升产品设计能力，塑造自己的品牌形象。三是加大人才培养力度。加强企业自主设计研发人才的培养，加大投入力度，通过培训、交流等多种形式，提升设计研发人员的综合能力；与相关大专院校开展广泛合作，争取相关院校设置相关设计专业，共同培养复合型人才，利用高校较强的研发力量来提升企业设计研发能力。同时，有针对性地开展国际技术的交流和合作，引进国际高端人才，提升企业的创新能力。

（四）创新发展模式，打造完整产业链

一个行业能否发展壮大，一定要看它是否具备完整的产业链。针对当前卧龙公司主要偏重于设备制造、在产业外延上不足的问题，建议重视上下游的产品链条的连通性，比如说，上游的技术开发、软件开发、创意文化发掘和融入为游乐设备加入了文化、科技元素，使其有灵魂；下游的主题公园的兴建与经营不仅是企业展示新产品的窗口，更可以直接了解市场的需求，两者互为促进，推动生产企业与游乐场的共同壮大。因此，企业可以尝试探索"研发生产销售终端市场一条龙"的产业发展模式。充分整合公司的有限资源，发挥企业的品牌、资金、技术、商誉等方面的优势，从研发领域到生产领域再到终端游乐场领域，通过连锁加盟、配套经营等方式，实现无缝对接，以实现资源的最优化利用。

（五）整合周边资源，探索产业发展的新途径

以现有资源为基础、以龙头企业为核心，整合周边资源，推动区域企业共同发展，是推动区域产业竞争力的必由之路。因此，卧龙公司应充分利用自身优势，通过研发合作、生产协作等方式实现资源整合，提高自身的品牌竞争力的同时，带动整个行业的发展。在研发方面，树立龙头老大的旗帜作用，组建专业的研发设计团队，以独特新颖的产品占领市场，从源头上避免低层次竞争。在生产设备方面，从短期来看，以统一的标准进行规模化生产；从长期来看，形成标准化流程之后，这些产业可以外包出去。在营销方面，充分利用国内国外两个市场，形成国内外市场齐头并进的局面。

B.26

郑州新密市密玉文化产业发展调研报告

郭金秀*

摘 要：

玉文化产业是一个特色产业，对提升文化产业的层级、加快产业转型发展都具有重要价值。密玉属于新密特有的文化资源，由于开发管理不够，目前的发展效果并不理想，需要通过深入研究、科学规划管理、加大人才培育，提升密玉文化产业的发展水平，增强城市的文化影响力。

关键词：

新密市 密玉 文化产业

玉文化产业是创意文化产业，被称为21世纪的"黄金产业"。该产业不仅包括玉资源的开采与加工，产业链条还延伸到玉创意、设计、雕刻、包装、运输、流通、销售等多个环节，已经是一个相对成熟的产业门类。玉文化产业属于特色的产业门类，对城市文化形象塑造、文化影响力提升都具有重大作用。为促进文化产业快速发展，郑州新密市充分利用密玉文化资源，积极发展密玉文化企业，推动玉器产业化生产，建设新密雕塑艺术专业学校，培育玉器销售管理人员、玉石雕刻大师，密玉文化产业形成了良好的发展势态，但是由于缺乏科学规划和管理，密玉品牌的影响力仍然较低，密玉产业的发展水平有待提升，因此需要进一步把握密玉文化产业发展面临的背景和基础，加快推进密玉文化产业提升发展。

---

* 郭金秀，新密市委宣传部。

一 新密玉文化产业发展的背景

（一）加快文化产业发展已成共识

党的十六大以来，文化建设被作为国家战略提上了议事日程，十七大提出要大力发展文化产业，推动文化大发展、大繁荣，兴起文化建设新高潮。党的十八大提出要"发展新型文化业态，提高文化产业规模化、集约化、专业化水平"。2005 年 7 月，河南省委、省政府第一次召开全省文化产业发展工作会后，相继出台了《关于大力发展文化产业的意见》、《河南省传统工艺美术保护办法》等一系列文件，郑州市委、市政府迅速行动，成立了文化产业推动机构，明确提出了文化产业的发展目标和任务。当今，经济文化一体化是时代的明显特征，未来社会经济的主流是文化经济。作为国民经济的重要领域，文化产业以其科技含量高、资源消耗少、环境污染小、发展潜力大的特点正成为各地转变经济增长方式的着力点、经济发展的新增长点，各地纷纷推出重大举措，加快文化产业发展步伐，形成了千帆竞发的局面。必须借助玉文化资源，加快发展文化产业，推动经济结构转型升级，提升城市经济可持续发展的能力。

（二）珠宝玉器文化消费大幅增长

珠宝玉器工艺品是一种特殊的、高附加值的文化产品，其制作在我国有着悠久的历史。考古发现，远在 5000 年前已有经过磨制的玉片，此后 4000 多年，劳动人民又以高度智慧和才能，雕刻出无数精美的受人们喜爱的玉石工艺品，具有很高的艺术性、欣赏性和收藏实用价值。据国际权威机构 HRD 发布的报告显示，目前我国珠宝玉石消费额高达 1800 亿元，且市场容量以年均 15% 的速度增长，我国现已成为世界上最大的玉石消费市场。文化具有抚慰心灵、舒缓情绪、感受美好的功能，在金融危机背景下，中国成为全球最具竞争力的珠宝首饰加工和消费中心、世界珠宝玉石贸易中心之一，珠宝玉石首饰消费已成为继汽车、房产之后新的消费热点，每年以超过国民经济的平均发展速

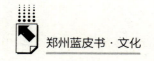

度快速增长。该行业作为文化产业的重要组成部分，在广东、上海以及河南省南阳已成为新的热门投资产业，这决定了密玉产业的发展有良好的市场前景。

（三）珠宝玉器产品生产红红火火

广东的平州、揭阳、四会，浙江的青田、诸暨，深圳的罗湖区，河南的镇平县，辽宁的阜新等地，珠宝玉器发展已经形成规模。广东揭阳市阳美村，在没有玉石资源的情况下，看准了发展珠宝玉石产业的巨大市场空间和经济效益，抓住了发展的大好时机，出台了政策，吸引了全国大批玉雕界人才，建起了多功能的大型玉石加工销售市场。近几年，该村每年购进300多亿元玉石料，加工玉器工艺品实现产值超过1000亿元，直接利润200多亿元。该村珠宝玉器产业的成功发展，拉动了第三产业快速发展，一举成长为中外极具影响力的珠宝市场。河南省的镇平县，玉雕大市场建设如火如荼。

（四）新密发展文化产业加大力度

新密市政府就发展壮大第三产业，提出要叫响"吃在新密、住在新密、玩在新密"，游客来了，若能从新密带走值得纪念和珍藏的特色物品——密玉工艺品等，还可实现"购在新密"的目标，把消费拉升到一个新档次、高品位。中央经济工作会指出：转变经济发展方式已刻不容缓。新密要保持经济平稳较快地发展，优化经济结构，必须重视发展文化产业。目前，新密市新兴文化产业还处在萌芽状态，发展壮大传统密玉工艺美术产业恰逢其时。

二 密玉的文化优势与产业发展条件

（一）具有极强的历史传承性

制玉工艺在红山文化与中原仰韶文化和龙山文化时期就已存在，一直延续到现代，玉文化工艺已经高度发达。密玉的加工使用历史悠久，在黄帝时期和汉文化中早有体现，史料曾有黄帝密山探玉记载。经过历代发展，到20世纪六七十年代，新密（原密县）国营、集体玉雕企业规模空前，是当时新密经济的支柱产业。改革开放后，煤炭、建材、耐火、造纸相继成为新密经济支柱后，密玉产业开始了分散经营。为发挥新密市玉雕业得天独厚的优势，振兴传统文化产业，新密市委、市政府曾于1993年举办了以玉雕业为主要内容的首届"四雕"（玉雕、木雕、石雕、砖雕）艺术节；2009年10月，在赵国安先生的争取下，河南省有关部门经过认真研究，又在新密成功举办了"密玉杯"河南省首届玉石雕刻技能大赛。据不完全统计，目前新密市共有密玉加工销售单位220多家，其中个体160多家，企业公司63家（加工企业7家、集团公司1家）。历史继承完整，这是其他新兴玉雕加工基地所不可比拟的。

（二）具有较好的区位优势

新密市位居中原腹地，公路、铁路、航空四通八达；新密毗邻中原商贸大都市郑州，人流密集，物流顺畅；新密与国际旅游热线登封少林寺同路，是中外游客必经之地；新密文化旅游业的开发，必将引来大量游客；新密经济发达，对外交往频繁，且大多人都有"黄金有价玉无价"的认识，这将为密玉珠宝工艺品的生产和销售提供强大动力和最佳市场。

（三）密玉文化资源的独特性

密玉唯新密独有，结构致密、硬度大，生成于二亿九千万年以前，不受酸碱腐蚀。因色泽鲜艳、质地细腻，在国际上被称为"河南翠"、"河南密玉"，被专家认定为创作绚丽多彩的玉石工艺品最好的原料。在国内与新疆和田玉、辽宁岫玉、南阳独山玉并称为"四大名玉"。它资源丰富、分布集中，1963年，河南省地质局矿调队对密玉勘探后，提交了D级储量71.8万吨，保有储量76.1万吨的储量报告。经过多年的开采，密玉现有储量约50万吨，分布于助泉寺、白河沟、寺里沟及井湾一带。密玉早已是新密的一张名片。

（四）密玉精品具有较强的影响力

利用密玉雕刻的国宝级工艺品，其价值是原材料价格的千万倍。1958年，地方国营密县玉石矿组建，开采出重达2.5吨、高1.6米的优质密玉，由上海玉雕厂13位顶级玉匠历时3年雕琢而成的工艺品"攀登珠穆朗玛峰"，生动表现了 1959 年中国人第一次成功登上珠峰的壮举，把 41 位登山运动员、105 座气势磅礴的山峰和变幻莫测的云海、冰天雪地的险境描绘得惟妙惟肖，玲珑剔透、精美绝伦，被定为国宝，收藏于上海博物馆。20 世纪 70 年代美国总统尼克松访华时，欲出 2 亿元人民币购买，被时任总理的周恩来婉言拒绝。1987 年，玉矿由新星集团公司接管，历经 50 余年规模采玉期，出产了大量质地纯正、晶莹通透的上乘特级玉石。21 世纪初，新密市国家级大师赵国安雕刻的密玉工艺品"蝶恋花"、"脱颖而出"，被列为国宝，用密玉雕刻的工艺品"笑口常开"等荣获金奖。2013 年，玉雕大师王冠军雕刻的"遍地黄花分外香"由北京军事博物馆收藏。还有众多密玉作品在国外获奖，在国内外业界反响巨大。

（五）产业人才的支撑性突出

悠久的密玉加工历史，代代相传，在新密形成了一支技术精湛的人才队伍。玉雕加工销售行业是劳动密集型产业，从原材料到制成工艺商品，需要大量人员从业。目前，新密市珠宝玉石及相关产业的从业人员近万人，却多数都在外地。新密形成规模化玉器生产销售市场后，加上产业的延展性，可使 20 万～25 万人在相关产业就业。新密还有全国唯一的玉雕加工专业人才培养基地——新密市雕塑艺术专业学校，雕塑学校是培养玉雕人才的"黄埔军校"，1992～2014 年培养玉雕人才近 10000 人，就业率 100%。引领全国玉雕业发展的人才集聚在新密，其中新密籍 6000 余人，多在广州、北京、上海等地创业，获得中、高级技术职称者 1000 余人。

三 制约密玉文化产业发展的"瓶颈"

（一）缺乏中长期发展规划

密玉是极具开发潜力的丰硕宝藏。而目前，密玉珠宝产业在新密发展中如何定位，向何处发展，没有确定可行的方案。现今密玉加工企业、玉器门店，均是以个体加工贸易形式自由经营，市场规模小、档次低、环境差、功能单一，在全国业内市场中份额较小，市场竞争能力有限。

（二）缺乏对玉雕行业指导管理

原来玉雕行业由轻工局管理，后转由外贸局管理，这些机构撤销后，没有明确哪个行政机构具体管理。此外，没有行业协会、理事会，缺乏专业技术研究机构，玉雕行业处于自由无序状态，产品整体水平低下，行业发展举步维艰。

（三）缺乏宽松发展环境，人才流失严重

新密地处内陆，在许多方面滞后于沿海或发达地区，专业人才所必需的发展环境不够宽松，导致新密籍近千名的中、高级工艺美术（雕塑艺术）技术人员多到外地打工。在玉雕业界形成这样一种现象：哪里有玉雕厂，哪里就有新密人，哪里有玉器店，哪里就有新密的玉器产品。人才大量流失，制约了该产业的快速发展。

（四）缺乏对密玉资源的开采保护

密玉资源属国家资源、稀缺资源，应当予以保护。要加强管理，有序开采，严禁乱采滥挖。过去，开采承包人轮番上阵，谁承包就竭力滥挖，采得玉料，据为己有，随意、廉价销售出境，致使多数新密玉雕加工者不能加工密玉，也使密玉从原料加工到成品销售的高额利润流失，对产业发展形成制约，也给新密经济带来不应有的损失。

（五）缺乏对玉文化和产业经济结合度的研究

密玉文化的价值不单是密玉原材料自身的价值，密玉产业发展迟缓，源于缺乏对玉文化和产业经济发展结合度的研究，认识不到发展密玉工艺美术事业的巨大市场空间和经济潜力。

四　加快密玉文化产业发展的对策建议

（一）适应形势需求，推动产业化发展

随着全球经济社会的发展，人们不仅需要殷实富足的物质生活，也同样需

要丰富健康的文化产品、文化服务、文化生活，玉石工艺品越来越被世人所接受和喜爱，行业的发展潜力和空间更加巨大，当前经济发展面临一定的困难。面对挑战和机遇，应充分发挥密玉资源优势，认真贯彻上级关于大力发展文化产业的意见，研究制定包括密玉产业在内的文化产业发展中、长期规划，把密玉珠宝产业作为重要产业予以扶持和培育，使其尽快成为推动新密经济发展的又一主导产业。

（二）建立健全管理机构，有序规范发展秩序

加快推进新密成立文化产业发展办公室，鉴于文化产业兼具意识形态和经济两种属性，办公室设在宣传部。《河南省传统工艺美术保护办法》规定，市政府应进一步明确相关行政主管部门及职能职责，加强对行业发展的领导。成立并发挥密玉珠宝工艺美术行业协会和密玉珠宝工艺美术研究会的作用，彻底改变自由无序状态。将密玉管理纳入法制轨道，制定密玉资源保护的地方性法规。坚决整合密玉资源，政府直接垄断管理，实行新工艺限量开采。依据市场需求，统一确定密玉等级价格，保证市内加工企业有足够的原材料。杜绝把密玉原材料销往外地，确保将原材料加工成工艺品的高增值利润留在新密。

（三）营造宽松政策环境，支持密玉文化产业发展

用好、用活、用足上级政策，及时出台新密市推动玉文化产业发展的政策，对密玉加工经营的企业，从税收、人才、基金等多方面进行"输血"，鼓励社会资金参与密玉珠宝行业的市场建设、教育科研、原料交易等，营造宽松、规范的投资环境，放水养鱼。以优越的条件，召回新密籍在外地玉雕加工企业、销售市场人员到家乡参与密玉珠宝工艺美术业的建设。完善人才培育政策，支持新密市雕塑工艺美术学校扩大办学规模、提高教育质量。鼓励支持各种办学模式创办雕塑工艺美术学校和珠宝玉石专业学校，逐步建立起初、中、高级人才培养机制。建立大师带徒政府奖励制度，设立"名师奖"等，提高玉雕业界从业人员的技术水平。

（四）加强密玉文化的研究和宣传

玉文化是中华民族璀璨文化的重要内容，密玉珠宝产业也是新密市文化产

业的一部分。一方面，要加强对古文献的研究，挖掘玉文化的浓厚底蕴。另一方面，用先进文化指导玉雕的开发和艺术创作，在玉雕工艺品传统设计和技艺的基础上，不断创新玉雕产品设计理念，丰富作品的文化内涵，提高作品的艺术品位。同时，要加大对密玉产业文化的宣传力度，利用现代媒体，全盘策划，塑造有个性和灵感的文化产品，打造新密新品牌，树立新密新形象。

（五）建设密玉珠宝工艺美术多功能市场

发展文化产业，产品是基础，企业是核心，市场是关键。政府应通过重点投资、招商引资等方式，培育、扶持龙头企业，可建立新密玉石珠宝工艺美术集团公司。同时，政府应规划建设一个高起点、高品位、大规模的珠宝玉石产业园区，把建设多功能市场锁定在从原料加工、成品制作及商品销售为一体的发展定位上。

大　事　记

Chronicle of Events

B.27

郑州文化发展大事记
（2013 年 1 ～ 12 月）

马志辉

　　1 月 26 日至 2 月 26 日　郑州市委宣传部、郑州市文化体制改革和发展办公室、郑州市文学艺术界联合会、郑州市文化广电新闻出版局共同举办"郑州本土电影展映月"活动。展映期间市民可免费在奥斯卡中州索克影院观看郑州本土电影。

　　3 月 5 日　由郑州市委宣传部、郑州市文化体制改革和发展办公室主办的"郑州本土电影进校园、进社区、进企业"活动正式启动。

　　4 月 12 日　癸巳年黄帝故里拜祖大典在新郑市黄帝故里景区举行，来自海内外的近 8000 位各界嘉宾喜聚盛典，拜谒中华民族的始祖轩辕黄帝。

　　4 月 26 日　文化部党组成员、副部长杨志今一行调研郑州市公共文化服务体系建设工作。

　　4 月 26 日至 5 月 1 日　郑州市组织参加第九届中国（杭州）国际动漫节。在动漫节上郑州 9 家动漫企业与法国、上海、福建、广东等海内外知名文化公司成功签约，签约金额近 1.2 亿元。

5 月 17 ~20 日　郑州市组织参加第九届中国（深圳）国际文化产业博览交易会。电影《念书的孩子》等 9 个项目集体亮相，全方位、多角度地展示了郑州市文化产业发展取得的新亮点、新成就。

5 月 18 ~20 日　"老家河南·郑州本土电影深圳展映"活动在深圳成功举办。本次活动在深圳 3 家影城同步展映 7 部影片，近千人次走进影院，免费观看影片。这是郑州本土电影第一次外出集体亮相，也是参加深圳文博会的省市第一次组织本地电影集中展映。

6 月 1 日　郑州人民广播电台"都市广播"、"音乐广播"两套节目正式在中原福塔启播。

6 月 7 日　《南方都市报》全媒体集群与《郑州晚报》正式签署战略合作协议。

7 月 15 日　郑州市文化消费地图正式印发，市民可免费领取或通过网络下载。

7 月 16 日　郑州市召开创建国家公共文化服务体系示范区工作推进会。

7 月 24 日　由郑州市委宣传部、金水区人民政府共同主办的金水区群众文化艺术节正式启动。本次活动共包含"流金七月"、"炫彩八月"和"温情九月"三大主题月共 21 项活动。

7 月 29 日　郑州市委宣传部、郑州市文化体制改革和发展办公室、郑州市文联共同举办郑州本土电影进军营活动。

8 月 3 ~4 日　第四届郑州市青少年动漫文化节在郑东新区国际会展中心举行。此次青少年动漫文化节设置有"乐次元"动漫游戏创意大赛、原创 cosplay 场景摄影大赛等 26 个分项，为动漫及文化创意企业搭建了一个引进动漫人才、获取市场信息、吸纳先进经验、完成作品交易的平台。

8 月 8 日　郑州图书馆新馆试运营。

8 月 28 ~31 日　文化部副部长、国家文物局局长励小捷率领国家创建公共文化服务体系示范区检查验收组对郑州市创建工作进行了检查验收。

9 月 7 ~9 日　"第二届天地之中（嵩山）——华夏文明与世界文明论坛"在登封举办。本届论坛以"人文精神与生态意识"为主题，包含"人文精神与生态意识"、"生态文明建设"和"生态文明与企业家精神" 3 部分。

来自海内外的政要、专家学者、企业家数百人参加了此次学术论坛，进一步弘扬了中原文明和华夏文化。

9月18日 应澳门民政总署邀请，郑州歌舞剧院舞剧《水月洛神》作为"濠江明月夜"大型中秋晚会专场，在首场"迎月夜"上演。这是该剧首次来到澳门特别行政区演出，吸引澳门各界近1500名观众前来观看。

9月19~21日 "美丽郑州·炫舞世界"首届中国（郑州）国际街舞大赛在郑州举行。该比赛是国内唯一一个由中舞协牵头主办，覆盖少儿及成人的专业性街舞赛事。大赛邀请了美国、俄罗斯、德国、加拿大、日本、韩国等国的国际街舞大师执裁，并由中国舞蹈家协会专家团坐镇，奖金丰厚，吸引来自全国23个省、4个直辖市和美、俄、德、加、日、韩、中国香港7个国家和地区的选手及裁判参赛。

10月25日 第二十三届中国新闻奖评选揭晓，中原报业传媒集团旗下网媒——中原网"心通桥"获得中国新闻奖一等奖（网络专栏）。

10月26日 在第十届中国艺术节上，郑州歌舞剧院原创大型舞剧《水月洛神》荣获"文华奖"优秀剧目奖，郑州市选送的舞蹈作品《手舞四季》、河洛大鼓《劝人要有好心态》荣获作品类"群星奖"，郑州市群众艺术馆副研究员馆员赵力民荣获"群文之星"称号。

10月27日 由郑州市委宣传部、郑州市记者协会举办的首届"郑州新闻奖"在京揭晓。

11月6日 全国首批公共文化服务体系示范区名单揭晓，郑州市作为河南省唯一一个示范区创建城市成功通过验收。

11月20日 郑州晚报拍摄的《父爱》荣获首届亚洲微电影艺术节"金海棠奖"一等奖。

11月21日 郑州召开全市宣传部长会议。会议传达学习党的十八届三中全会精神和全市领导干部会议精神，对全市宣传思想文化战线学习宣传全会精神进行安排部署。

12月23日 在国家文物局组织开展的第二批国家考古遗址公园评定工作中，经专家综合评定，郑韩故城考古遗址公园等31处遗址成功入围"国家考古遗址公园立项名录"。

中国皮书网
www.pishu.cn

发布皮书研创资讯，传播皮书精彩内容
引领皮书出版潮流，打造皮书服务平台

栏目设置：

- ☐ 资讯：皮书动态、皮书观点、皮书数据、 皮书报道、皮书新书发布会、电子期刊
- ☐ 标准：皮书评价、皮书研究、皮书规范、皮书专家、编撰团队
- ☐ 服务：最新皮书、皮书书目、重点推荐、在线购书
- ☐ 链接：皮书数据库、皮书博客、皮书微博、出版社首页、在线书城
- ☐ 搜索：资讯、图书、研究动态
- ☐ 互动：皮书论坛

中国皮书网依托皮书系列"权威、前沿、原创"的优质内容资源，通过文字、图片、音频、视频等多种元素，在皮书研创者、使用者之间搭建了一个成果展示、资源共享的互动平台。

自2005年12月正式上线以来，中国皮书网的IP访问量、PV浏览量与日俱增，受到海内外研究者、公务人员、商务人士以及专业读者的广泛关注。

2008年、2011年中国皮书网均在全国新闻出版业网站荣誉评选中获得"最具商业价值网站"称号。

2012年，中国皮书网在全国新闻出版业网站系列荣誉评选中获得"出版业网站百强"称号。

权威报告 热点资讯 海量资源

当代中国与世界发展的高端智库平台

皮书数据库 www.pishu.com.cn

　　皮书数据库是专业的人文社会科学综合学术资源总库，以大型连续性图书——皮书系列为基础，整合国内外相关资讯构建而成。该数据库包含七大子库，涵盖两百多个主题，囊括了近十几年间中国与世界经济社会发展报告，覆盖经济、社会、政治、文化、教育、国际问题等多个领域。

　　皮书数据库以篇章为基本单位，方便用户对皮书内容的阅读需求。用户可进行全文检索，也可对文献题目、内容提要、作者名称、作者单位、关键字等基本信息进行检索，还可对检索到的篇章再作二次筛选，进行在线阅读或下载阅读。智能多维度导航，可使用户根据自己熟知的分类标准进行分类导航筛选，使查找和检索更高效、便捷。

　　权威的研究报告、独特的调研数据、前沿的热点资讯，皮书数据库已发展成为国内最具影响力的关于中国与世界现实问题研究的成果库和资讯库。

皮书俱乐部会员服务指南

1. 谁能成为皮书俱乐部成员？

- 皮书作者自动成为俱乐部会员
- 购买了皮书产品（纸质皮书、电子书）的个人用户

2. 会员可以享受的增值服务

- 加入皮书俱乐部，免费获赠该纸质图书的电子书
- 免费获赠皮书数据库100元充值卡
- 免费定期获赠皮书电子期刊
- 优先参与各类皮书学术活动
- 优先享受皮书产品的最新优惠

社会科学文献出版社 皮书系列
SOCIAL SCIENCES ACADEMIC PRESS (CHINA)

卡号：129495676966
密码：

3. 如何享受增值服务？

（1）加入皮书俱乐部，获赠该书的电子书

　　第1步 登录我社官网（www.ssap.com.cn），注册账号；

　　第2步 登录并进入"会员中心"—"皮书俱乐部"，提交加入皮书俱乐部申请；

　　第3步 审核通过后，自动进入俱乐部服务环节，填写相关购书信息即可自动兑换相应电子书。

（2）免费获赠皮书数据库100元充值卡

　　100元充值卡只能在皮书数据库中充值和使用

　　第1步 刮开附赠充值的涂层（左下）；

　　第2步 登录皮书数据库网站（www.pishu.com.cn），注册账号；

　　第3步 登录并进入"会员中心"—"在线充值"—"充值卡充值"，充值成功后即可使用。

4. 声明

　　解释权归社会科学文献出版社所有

皮书俱乐部会员可享受社会科学文献出版社其他相关免费增值服务，有任何疑问，均可与我们联系
联系电话：010-59367227 企业QQ：800045692 邮箱：pishuclub@ssap.cn
欢迎登录社会科学文献出版社官网（www.ssap.com.cn）和中国皮书网（www.pishu.cn）了解更多信息

"皮书"起源于十七、十八世纪的英国，主要指官方或社会组织正式发表的重要文件或报告，多以"白皮书"命名。在中国，"皮书"这一概念被社会广泛接受，并被成功运作、发展成为一种全新的出版形态，则源于中国社会科学院社会科学文献出版社。

皮书是对中国与世界发展状况和热点问题进行年度监测，以专业的角度、专家的视野和实证研究方法，针对某一领域或区域现状与发展态势展开分析和预测，具备权威性、前沿性、原创性、实证性、时效性等特点的连续性公开出版物，由一系列权威研究报告组成。皮书系列是社会科学文献出版社编辑出版的蓝皮书、绿皮书、黄皮书等的统称。

皮书系列的作者以中国社会科学院、著名高校、地方社会科学院的研究人员为主，多为国内一流研究机构的权威专家学者，他们的看法和观点代表了学界对中国与世界的现实和未来最高水平的解读与分析。

自 20 世纪 90 年代末推出以《经济蓝皮书》为开端的皮书系列以来，社会科学文献出版社至今已累计出版皮书千余部，内容涵盖经济、社会、政法、文化传媒、行业、地方发展、国际形势等领域。皮书系列已成为社会科学文献出版社的著名图书品牌和中国社会科学院的知名学术品牌。

皮书系列在数字出版和国际出版方面成就斐然。皮书数据库被评为"2008~2009 年度数字出版知名品牌"；《经济蓝皮书》《社会蓝皮书》等十几种皮书每年还由国外知名学术出版机构出版英文版、俄文版、韩文版和日文版，面向全球发行。

2011 年，皮书系列正式列入"十二五"国家重点出版规划项目；2012 年，部分重点皮书列入中国社会科学院承担的国家哲学社会科学创新工程项目；2014 年，35 种院外皮书使用"中国社会科学院创新工程学术出版项目"标识。

法律声明

　　"皮书系列"（含蓝皮书、绿皮书、黄皮书）由社会科学文献出版社最早使用并对外推广，现已成为中国图书市场上流行的品牌，是社会科学文献出版社的品牌图书。社会科学文献出版社拥有该系列图书的专有出版权和网络传播权，其 LOGO（ ）与"经济蓝皮书"、"社会蓝皮书"等皮书名称已在中华人民共和国工商行政管理总局商标局登记注册，社会科学文献出版社合法拥有其商标专用权。

　　未经社会科学文献出版社的授权和许可，任何复制、模仿或以其他方式侵害"皮书系列"和 LOGO（ ）、"经济蓝皮书"、"社会蓝皮书"等皮书名称商标专用权的行为均属于侵权行为，社会科学文献出版社将采取法律手段追究其法律责任，维护合法权益。

　　欢迎社会各界人士对侵犯社会科学文献出版社上述权利的违法行为进行举报。电话：010 - 59367121，电子邮箱：fawubu@ ssap. cn。

社会科学文献出版社